古月齋叢刊 1

中國大學名師講義 李正中輯編

中國大學名師講義【第一冊】

國文講義　哲學概論

胥性荃 著／畢無力 著

LITERARY TIMES

蘭臺出版社

作者簡介

（二〇一一年秋 攝影師 駱金彪 攝于古月齋）

李正中

著名中國古瓷與歷史文化學家、教育家。

祖籍山東諸城，一九三〇年出生於吉林省長春市。

北平中國大學史學系肄業，畢業於華北大學。

歷任： 天津教師進修學院教務長。
天津大學冶金分校教務處長、教授。
天津社會科學院中國文化研究中心主任、研究員。

現任： 天津理工大學經濟與文化研究所特聘教授。
天津文史研究館館員。
天津市商業文化協會榮譽會長。
香港世界華文文學家協會顧問。
天津市語言文字培訓測試中心、專家學術委員會主任。

（《不敢逾矩文集》匯編組供稿）

序言　學術傳承與教學導師

一九一二年十月十日中華民國建立，孫中山先生為了培養國家棟樑人才以樹百年大計，決定創辦第一所國立大學；於民國二年（1913）成立「中國大學」並親任董事長。中山先生對辦此大學非常重視，草創初期以國家要員擔任該校長並以「中國」為其校名，第一任校長是宋教仁、第二任是黃興，這在近代教育史上是絕無僅有。

大學校址設在北平鄭親王府舊址，其正廳改名為「逸仙堂」，作為學校集會的禮堂。一九三六年何其鞏為當時校長，他原為北平市長，是位愛國者，他在大廳親書楹聯：「讀古今中外之書志其大者，以國家民族之任勉我學人」，作為校訓。學校當時設立文理法三個學院、九個系、一個研究院，又附設一所中學（今北京中山中學）。「九一八」日寇侵入東北，東三省淪陷，許多學生流亡北平都插班入中國大學就讀，在校生最多時曾達三千多人。

該校知名學者教授林立，如李大釗、藍公武、吳承仕、呂復、李達、黃松齡、曹靖華、呂振羽等。特別是抗日戰爭爆發後，學校受國民政府令留在北平繼續辦學，政府資援因戰爭中斷，學校需自籌辦學經費，於是改為私立大學。

這一時期，全校教職員待遇微薄，忍饑耐寒，但始終拒絕敵偽資助，堅持「我們是中國人的中國大學」，不受奴化教育，斥離日偽份子，優待忠貞之士。該校此舉獲得淪陷區愛國知識界的支持，皆爭以教授中國大學為榮，青年更以就讀中國大學為目標；一時留居在平津大學院校的教師，堅持民族氣節，不與日偽合作，紛紛到中國大學任教。如俞平伯、溫公頤、張東蓀、袁賢能、翁獨健等先生，寧可以微薄工資應聘任教，拒絕到有豐厚待遇的偽北大等日偽主辦的學校任職，體現出中國知識份子的高尚氣節。

中國大學是具有光榮愛國傳統的學校。「五．四運動」時，中大學生率先參加愛國反帝遊行，很多學生雖被捕、被打依然堅持抗爭，終於取得勝利，在中國近代史上留下光輝的一頁。「九．一八事變」後，學生自發投入積極的抗日運動，遼寧籍學生組織了抗日救國團，開赴東北，其中中大學生李兆麟、白乙化等後來都成了抗日名將。在一九三五年「一二．九」運動時，中大學生會主席董毓華率先領導學生到北洋政府新華門前請願，這次請願活動學生付出了血的代價。爲了紀念和發揚抗日愛國精神，學校於十二月廿二日在「逸仙堂」舉辦「一二．九」運動中各校受傷學生數百血衣展覽，激發了廣大青年的熱情。一九四九年北平解放後，當時號召一切向蘇聯學習，取消私立學校，於是將燕京大學併入北京大學，輔仁大學併入北京師範大學，中國大學理科併入師範大學、文科併入解放區華北大學（今中國人民大學）。中國大學校址也被徵用作為國家教育部。

李正中先生是中國大學最後一屆入學學生，現年八十三歲高齡。正中先生熱愛自己的母校中國大學，讀書時期，精心搜集學校教授前賢的講義，當時有的教授述而不作，先生認真記錄課堂筆記，共整理十餘部。遺憾的是，在毛澤東主席親自發動史無前例的無產階級文化大革命時，先生不僅被押入「牛棚」接受暗無天日的批鬥，其住所也由紅衛兵打、砸、搶、抄家，先生的藏書、用品被洗劫一空。

上天有眼，正如陳毅元帥所說「善有善報惡有惡報，不是不報時間未到」。林副統帥飛機失事死無葬身之處，唐山大地震後不久，被全國人民尊稱的「四個偉大」和被祝禱萬壽無疆的毛澤東主席也已棄世。十年浩劫終於結束。而隨著偉大領袖的逝世，「史無前例」的年代也隨之結束。先生恢復了「四書生活」，即「讀書、藏書、寫書、教書」。這部「古月齋珍藏：《中國大學名師講義》」就是劫後餘存並經過「文革」後四十年來由先生搜集珍藏的選本。

該講義是十位名師對文法哲和經濟學的撰述，這些講義當時不僅對本學科進行系統的闡述，同時在學術上也有新的突破，均為不易之作。我們從中可以看到民國時期高校的學術研究水準和當時百花盛開的學術生態。這些講義對當前的學術研究具有重要的參考價值，實屬值得出版的高校教材文獻。

正中先生是著名學者、歷史學家、教育家，著作等身，至今仍致力於學術研究及文獻傳承，承先啟後為己任戮力教育工作，有這樣的師長，當世者皆得受其福惠，實屬時代之幸。

臺北蘭臺出版社能出版先生古月齋珍藏系列叢書之《中國大學名師講義》，實屬出版社之幸運。先生不棄命我寫序，深知先生用心良苦，故不自量力，以粗淺學識作上述文以為序。

蘭臺出版社盧瑞琴謹識

癸巳年陽春，中國大學建校百周年紀念

第一冊　國文講義　哲學概論

國文講義

哲學概論

西洋哲學概論

嵇康將刑東市索琴彈之曰此廣陵散從今絕矣

斛律金北齊人字阿六敦善騎射嫌難書改名金猶以爲難司馬子如教爲金字作屋況之始就

庫狄干北齊人鮮卑直少言語有武藝之書名干字逆畫向上書之時人謂之穿錐

國文講義緒言

六洲互市。歐化東侵國粹等於廣陵散久矣。大凡一國文字之廣衍。學術之勃興。時勢爲之。又未嘗不關夫政治。起視神皋之域。民元而後。歲有戰爭。經書火於烽煙。學舍鞠爲茂草。益以人心胡越。世變滄桑。操政柄者。數屬扛鼎翹關之輩。斛律金署名比屋。綣庫干運筆成錐。馬上誇功。其不溲溺儒冠者蓋尠。國徽再易。北伐告成。海內時英。又別有所以赴風會競聲華之工具。商量舊學。羣笑其迂。甚且詆娸爲腐化焉。雖然世界公例。國之文化盛者其國强。國之文化衰者其國弱。即就個人論。文學一有根柢。微論研究何種科學。事半功倍。否則蔽於理境。治科學亦不能名家。此非吾人之讕言也。

今日國文問題。最重要者。文言語體之競爭。祖語體者攻擊文言。祖文言者攻擊語體。分門別戶。入主出奴。此實學者意見偏執之過。嘗論之。我國物質文明程度。較諸東西各國。誠不能與之頡頏。而原本於六經。古奡於秦漢。沉侵醲郁於魏晉六朝之際。縱橫錯落於唐宋金元明清之各種藝文。確能獨臻其妙。儻併此固有者。而不提挈之使振。鉅覙之使華。其何解於敝帚千金之喻。大抵文言之爲世詬病者。雕鏤堆砌失之晦。生呑活剝失之橫。矜奇立異失之夸。佶屈聱牙失之澀。而拘墟義法。

琴曲名

狄

胥性荃

藍本師承。亦有乖修詞立誠之道。尤西堂先生曰。鄧夫人之紅頰。吳絳仙之長蛾。楊太眞之金訶子。趙飛燕之留仙裙。薛夜來之曉霞粧。皆偶然作。而宮人傚之以要寵。豈紅頰即鄧。長蛾即吳。金訶子即太眞。留仙裙即飛燕。曉霞粧即夜來乎。來夢兒、止一韓俊俄。蕭妃雖振聳支節。不能奪此名也。遷固能史。屈宋能騷。相如子雲能賦、退之子瞻能文、太白子美能詩。秦少游柳耆卿能詞。是皆然矣。今人必學史於龍門。學騷於湘水。學賦於茂陵。學文於昌黎眉山。學詩於蓮卿浣溪。學詞於山抹微雲。曉風殘月。毋論都無是處。即使衣冠孫叔敖。亦未免寄人籬下。何異煑桃花作飯。就擔夫求書乎。其所言最爲精透。吾人果深知以上諸弊。而力袪之。發爲文章。詞通意達。則文言亦猶語體之易曉。以此知攻擊文言者非矣。

文字之本。肇於語言。古之康衢歌。擊壤歌。以及卿雲南風明良喜起等歌。都是俗語。即就三百篇而論。國風爲平民話。雅頌爲特殊階級話。當時作者之意。並無所謂詩歌。名其爲詩歌者。後人也。至屈子之離騷。宋玉之招魂九辯出。摛華摛藻。推波助瀾。文辭去語言始遠。究之所謂語體者。實未全廢。宋人語錄。可以覆按。程子曰。左氏作傳。文章始壞。文勝質也。楊龜山曰。作文要只說目前話。令自然分明。孟子所謂言近是也。亦足爲先儒道及語體之證。況夫吾人從學。一時代有一時之環境。昔之

胥性荃

學者。學文以外。別無功課。自可坐致其艱深。今者應習之科學甚多。支配時間。分程並進。於文學勢須造其易者。則語體宜焉。歐洲十六世紀以前。概用拉丁文。厥後文化範圍擴張。學問內容複雜。便無時間摹古。遂漸改用本國文。日本維新初年。漢文爲其所尚。後亦趨重言文一致。新刊書籍。口語維陳。俾國人便於誦讀。通其說。則語體爲近代文學之新生命。從而攻擊者。亦非也。

抑尤有進焉者。文化運動之本質。重在改造國民觀念與其思想。文學革命。特不過一種形式。文言語體。文之外象也。觀念思想。文之內律也。設以十六世紀以前之觀念思想構成語體。則死氣滿紙。閱者有不駭走乎。反之以進化的觀念思想構成文言。再出之以條暢之筆。其誰不欣賞。猶有惑焉者。其人必非此道中人也。學者須知語體文言。非觀念思想自身。乃是兩種表示觀念思想方法。觀念思想不陳腐。其表示也。文言可。語體亦可。至於主之以理。張之以氣。束之以法。精心結撰。以求其工。則語體與文言。並無二致。蓋文章之發。一方爲表示個人之觀念思想。一方即應考量吾文一出。是否能使讀者滿意。古今有目共賞之作。非特以立意勝。而遣詞亦必佳。苟其不然。觀念思想蘊於中。自不能達之於外。即勉强操觚灑墨。而句不成句。章不成章。人將以覆瓿物視之。縱有何等觀念。何等思想。知者其誰。此修詞學所以又不可忽與。

帷是國文之講授。較難于他種科學。蓋他種科學。皆有教科專書。而國文則無定本。類皆講授者隨意選擇。人於文各有所好。楊雄劉向盛譽龍門爲良史才。而歐蘇則不喜史記。蘇子美以漢書下酒。容齋隨筆。稱柳子厚爲文之旨要。參之穀梁氏。以勵其氣。參之孟荀。以暢其支。參之莊老。以肆其端。參之周語。以博其趣。參之離騷。以致其幽。參之太史公。以著其潔。推崇班柳至矣。而方望溪則不喜漢書柳文。契合之間。關夫性近。時至今日。文言語體。又儼成新舊鴻溝。以一人之主觀作教材之選擇。是否盡如人意。殊不可知。但默察我國文學之將來。美術文。不能盡廢文言。應用文。勢必趨重語體。兼收並蓄。所以括其全。拔粹選精。所以約其指。而於取列之作品。間或加以批評。藉以闡明。則亦託諸擁彗清道之數也。昔人謂養由基射楊葉於百步之外。百不失一。張七屬之甲。一發而洞胸貫札。此皆於藝至精者。而支離疏。攘臂其旁。談縱送之法。刺刺不休。試令之挾矢操弓。則捫指退矣。不佞論文。實不善文。正復類是。同學諸君。既躋大學。於文當各有心得。所望更造其極。以張吾軍。其庶收教學相長之益乎。

國文講義

涵芬樓文談（文言之部）

右涵芬樓文談。侯官吳翼亭先生曾祺著也。前人論文之書多矣。任彥昇文章緣起。劉彥和之文心雕龍。尤膾炙人口。任集秦漢以來。詩賦離騷。至於勢約。凡八十五題。各詳其體之創始。惟引據頗疏。四庫提要。疑為後人偽託。劉論文章之體製。及其工拙。頗有獨到之處。故隋唐以後學者多宗之。但彥和生際齊梁。其時駢儷盛行。所論亦詳於是。洎韓昌黎為古文倡導。文體一變。而於其中縱橫馳騁之勢。精微要眇之思。演迤淡宕之觀。沈鬱頓挫之旨。鮮有起而發之者。桐城姚氏。湘鄉曾氏。皆古文家之不龜乎。其所論洞合元契。然未著為專書。翼亭既輯涵芬樓古今文鈔。行之於世。而又就生平所得。著為文談。雖屬一家之言。未必盡當。要非於此道三折肱者不能。置諸案頭。資為考鏡。則亦文章得失之林也。道樞謹識

目錄凡四十

宗經　治史　讀子　誦騷　研許　辨體　闢泒　明法
養氣　儲才　命意　修辭　切響　鍊字　運筆　仿古
核實　稱量　設喻　徵故　省文　適機　存疑　詳載
寓諷　入理　切情　涉趣　因習　寫景　狀物　傳神
稱謂　含蓄　互異　從今　割愛　屬對　設問　欣賞

宗經第一

學文之道。首先宗經。未有經學不明。而能抾文章之勝者。夫文之能事。務在積理。而理之精者。莫經爲最。蓋出自聖人所刪定。其微言大義。自遠出諸子百家之上。吾人生平特論。常得此爲據依。自無偏駁不純之弊。至其文詞之美。如鐘鼎彝器。古色爛然，任後人極力摹擬。亦矣不可及。漢代作者。如董仲舒、司馬遷，楊雄，劉向，班固，之屬。大抵皆習於經生家言。非苟爲炳炳琅琅者比也。降及五代。經術及微。而文格亦日敝。唐興一百餘年。而昌黎韓氏出。一洗從前駢儷之習。其所作以氣爲主。後人尊之。爲一代大宗。然考其生平所得。亦於經爲多。其論易詩春秋左氏諸作。一字不可移易。

今之存者　猶有論語筆解一書。柳子厚與韓同起。隱然有晉楚爭霸之勢。其與韋中立書云。本之書以求其質。本之詩以求其恆。本之禮以求其宜。本之春秋以求其斷。本之易以求其動。皆自道其平生得力之處。降及宋世。如歐陽氏蘇氏父子兄弟王氏曾氏。其所爲經說。至今皆有存者。今之文家。以經爲人人共讀之書。不足以稱吾博洽之譽。於是搜取僻書。旁求逸典。以爲震世駭俗之具。見他人文中之引及經語者。則反以爲笑。是何異舍康莊而走狹徑。厭牢羞而索奇珍。適足以自貶其格也。

治史第二

文以積理爲主是固然矣然天下之理不能憑虛而構必有所附麗而始見則史學貴焉。上下數千年間。凡人才之盛衰。政治之得失。風俗之厚薄。國勢之强弱。未有此之不明。而可與於文章之事者也。然今之文人。固有治史甚精。而不足以語文事者。蓋所學又有不同。或專考據故實。而斷斷於地名官制之不同。或喜講明義例。而兢兢於褒貶予奪之互異。二者皆竭一生之心力。而後各有獨得之處。然而爲此者。遂自詡爲能文。則吾固未之許也。其有一二詞華之士、專喜獵取浮文。廣求雋語。此乃鞶帨中物。而不足爲論文之大者。文之大者。自宜以識爲主。使胸次廓然。常有仰俯今古之概。每論一事。而識解固自不凡。一切迂庸腐陋之談。可以一掃而盡。蓋凡事可襲而爲。惟識不可強。合一世之士大夫。而與論農商之務。凡田野之夫。市井之人。能縷縷言之者。或至于瞠目不能措一語。此則身不在其中。而識不足以及之也。吾甚恨夫一世自託於文人。而史事之不明。乃與乎士大夫。而談農商之事者。同類而共譏也。

讀子第三

子之爲書。大抵昔之通人碩士。各出其生平閱歷所得。自爲一家之言。其精語名言。時足以輔經訓之所不逮。而挹注不窮。蓋亦文章家之淵藪也。惟家數既繁。不能合而爲一。即以一家而論。其前後相蒙。彼此相襲。亦往往而是。善讀者在以類相從。始能旁通曲證。以明其得失之所在。太史公論六家要指一篇。可取以爲讀子書之法。而自來讀子書者。恒中於好多之弊。使九流之目。七畧之編。雜然前陳。而神志惛然。不知所適。此如山野之夫。一旦而適夫五都之市。祇有嘖嘖稱羨已耳。而於審其貴賤輕重。而別所取棄者。固未之及也。又古人著書。既有其宗旨所在。讀之者必首尾貫通。本末聯屬。

然後讀一書方得一書之益。蓋子部之書。鑄語之工。錬意之巧。固足以長益神明。發皇耳目。要其佳處。不專在此。大抵行文之勝。在於濃淡相宜。疏密相間。每有不經意之處反令人讀之不厭。今之讀子者則不然 祇知篇取一節。節取一句 擇其造語雋而陳義新者。卽錄而置之册子中。以供撏撦之用。而叩以一篇大意。茫然不能措一詞 至於臨文之頃。偶加徵引。便附于博極羣書之列。而不知天下之至陋者。莫是苦也。由吾前者之說。讀一書須參羣書之義、所以明派別之同。由吾後者之說。讀一書須畢全者之旨，所以究指歸之遠。二者說若相犯。而義則相成也。

誦騷第四

詞章之學。莫古於騷。騷者出於風雅之遺。而抑揚反覆以盡其變。其體遂與詩不同。自屈平始作離騷。其徒宋玉景差之屬。相率爲之。後則賈誼，東方朔，嚴忌，王襃，諸子。皆衍其旨趣。遞有述作。大抵皆文人學士。蹉跎不遇。以寫其抑鬱無聊之思。而卒歸於忠愛之旨。以其始於楚人。故統謂之楚辭。其獨至之詣。一本於幽。幽者非闇然無聲之謂。歛其光氣。而納之沈鬱頓挫之中。劉彥和稱爲金相玉式。豔溢錙毫是也。自後代賦家，間用是體　而推而廣之。如哀死之文。禮神之作。莫不以此爲大宗。而其奇怪譎詭之談。支離曼衍　不可究詰。又爲小說家之濫觴矣。唐宋以來作者。惟韓柳二家。於此實有所得。此外則金之元遺山。亦可稱爲入室弟子。凡不善學此者。其失在於風骨不騫。情韻易竭。而徒襲乎一二楚音。即强而名之曰騷體。此眞所謂老成不存。而虎賁入座者矣。

或謂騷人之作。詞賦家所宜問津。若爲散體文者。似可無事乎此。不古之爲文者。本無所謂駢散之分。自魏晉以後。偶語盛行。迄於梁陳。文體日敝。於是唐昌黎氏出。始倡爲古文。純以行氣爲主。以救從前靡曼之失。所謂文起八代之衰者此也。然二者究不可偏廢。學者擇其性之所近而從事焉。未嘗不可。舉一而棄之。則謬矣。大凡學駢體者。不可不知散體。學散體者不可通駢體。二者不惟不相背。且互相爲用。況古人集中。於無韻之文。居十之六七。於有韻之文。亦居十之二三。苟徒知議論叙事之爲古文。而不知銘誄頌贊箴銘之屬。皆爲古文。是三者已去其一矣，尙得謂之能文之士乎哉。今有人於蕭選一書。全未寓目。則其爲文。色不澤而枯。字不雅而俗。其去古也遠矣。而猶號

李夢陽
何景明

徐鉉
徐鍇

胥性荃

於人曰吾之文固以氣勝。其孰信之。故人當少時。不獨楚辭當讀。必取秦漢之文數十篇。朝夕諷誦。使吾之神明意象。日與之習。久而自化。則雖率意之作。而氣味固自不同。昔明之李何。倡言秦漢。而薄唐宋以下之文不讀。誠爲過當。然使反其道而爲之。專讀唐宋以下文。而置秦漢文於不問。則又似數典亡祖矣。

研許第五

自周禮教國子以六書。（象形會意諧聲指事轉注假借）文字之學始備。爾雅一書。附于羣經之後。言詁訓者祖焉　後人指爲專門之業。命曰小學。漢世通人。如司馬相如，揚雄諸人。皆著有專書。至後漢時洨長許氏。始合諸作而集其大成。其書言製字之意甚備。以小篆爲宗。而附古籀之文于下。全書凡十四卷。分爲五百四十部。後世字書之體。率導源於此。自唐以上不顯。宋初南唐徐氏兄弟。始各有纂述。比入有清。段王朱桂諸家。推闡不遺餘力。（段玉裁有說文解字注王筠有說文釋例說文句讀朱駿聲有說文通訓定聲桂馥有說文義証等書皆精核詳博之至）凡好古之士。亦多有能言之者。顧其書義法嚴密。兼以流傳既久。譌誤亦多。非可以淺嘗而得。惟講古文者。苟未嘗一踐其藩。則於用字之法。毫無所得。一切隨人作。附影應聲。亦是一生之恨。說文之外。如方言，廣雅，玉篇，釋名，諸書。皆宜以次涉獵。於其字異而義同。字同而義異者。尤宜留意。果能一一疏通而證明之。則于行文之頃。亦可以取用而不窮。昔人有言，讀書宜先識字。余則謂作文亦宜先識字。有通人出。當不以此言爲河漢也。

辨體第六

作文之法。首在辨體。人之一身。目主視而耳主聽。手職持而足職行。數者不能相假。惟文亦然。固有精語名言。而不足以爲吾文重者。體徽故也。陸士衡作文賦。歷舉詩賦碑誌箴銘頌論奏說諸體。梁任昉作文章緣起。所舉比陸氏爲詳。劉彥和文心雕龍。自二卷至五卷。皆論文體。約二十篇。先民矩矱。畢具於茲。至明代賀徵著文章辨體。一本吳訥之舊。而擴充之。分類比前人爲較詳。煌煌乎藝苑之鉅觀。而謂之精當不易則未也。歷參從前選本。自昭明文選而外。如廣文粹，文苑英華，宋文鑑，金文雅，元文類，明文典諸書。皆主分體。而離合之間。均不無可議。至桐城姚惜抱先生，始約之爲十三類。曰論辨。曰序跋。曰奏議。曰書說。曰贈序。曰詔令。曰傳狀。曰碑誌。曰雜記。曰箴銘。曰頌贊。曰辭賦。曰哀祭。湘鄉曾滌生著經史百家文鈔。因姚氏之舊。稍有變易。於是論文體者。莫不以此爲圭臬。大凡辨體之要。於最先者第識其所由來。於稍後者當識其所由變。故有名異而實則同。名同而實則異。或古有而今無。或古無而今有。一一爲之考其源流。追其派別。則于數千年間體製之殊。亦可以思過半矣。

闢派第七

古來文人。必有其生平得力之處。後因境候既成。遂能變化從心。而不見規摹之迹。要其字裏行間。出於無心流露者。時時有之。如韓文公之得力太史公。柳子厚之得力屈騷。歐陽永叔之得力昌黎。蘇明允之得力孟子。東坡之得力莊子。曾子固之得力劉更生然此數子者各自成一家言。非如爲人子孫者。自述其先人勳閥以自大也。固未嘗有派之名。至明李夢陽倡爲漢魏之學。謂唐宋以下之文爲不足讀。王何之徒。從而和之。海內之士。靡然向風。獨歸震川謹守歐曾義法。起而與之抗。於是雖無派之名。而有派之迹。迨姚惜抱出。用其師劉才甫之說。始崇奉震川 而上溯歐曾。爲入室弟子。學者翕然然宗之。衣缽相承。遞相流衍。儼然爲文中家法。以惜抱爲桐城人。號爲桐城派。其時有錢魯思者。曾從惜抱之師劉才甫問業。每以其師說，稱于陽湖惲子居。武進張皋言。

二人並善其言。遂盡去其生平聲韻考訂之學而從事焉。於是陽湖之古文特盛。號曰陽湖派。自嘉乾以來。爲古文者。入桐城者十之七八。入陽湖者十之二三。苟不入此二派。便不得與坛坫之列。竊謂文章爲天下公器。古來名篇鉅製。開卷具在。不妨各因所得。默契淵源。萬不宜私立派名。反示天下以不廣。昔宋人作江西詩派圖。識者。譏其多事。知此則詩派可廢。文派亦可廢也。

明法第八

體既明矣。然後可以言法。法者如規矩繩尺。工師所藉以集事者也。無法則雖有般輸之能。無所用其巧。大抵文章一道。其妙處不可以教人。可以教人者。惟法而已。法之可言者。有伏有應。有提有頓。有擒有縱。有伸有縮。或離之以寄諸空。或合之以徵諸實。或入焉以求其深。或出焉以期其顯。或飄然而來。而前不必有所因。或詘然而止。而後不必有所宿。或博以取之。而不厭其繁。或約而求之。而不嫌其簡。或舉一篇作意。而點明於發端之數語。或合通體大旨。而結穴於最後之一言。大抵論事之文。有案語斷證語難語諸法。所以反覆申辨。以求立說之安。叙事之文。有追叙補叙類叙插叙諸法。

所以布置合宜。以見用神之暇。此其大較也。總而言之。法之所在。守其常不可不知其變。明其一不可不會其通。昔人論作文如行雲流水。雲水之爲物。至無定也。則又何法之可言。惟於無法之中。未嘗不有法在。用法之處。反不見其有法存。嗚呼，此乃所謂神而明之。存乎其人。可與知者言。而不可與不知者道也。嘗見宋人呂祖謙之古文關鍵。清人林雲銘之古文析義。凡一字一句。評隲不遺餘力。然使人師其所言。直拘攣蹀躞。苦不得舒。何暇盡吾意之所至。此又知有法而不知用法之過與。

養氣第九

昔賢論文。莫不以氣爲主。曹子桓謂氣之清濁有體。不可勉强而至，韓文公謂氣盛則言之短長。與聲之高下皆宜。柳子厚謂未敢昏氣出之。懼其雜也。未敢矜氣作之。懼其驕也。李習之謂義深意遠。理辨氣厚。則辭盛而文昌。李文饒謂氣不可以不息。不息則流蕩而忘返，此數君子者。皆深於文者也。而其言之相似如此。吾則謂用氣如用力。有十分者祇可用到八九分。須在在留其有餘。則可以旋轉而不竭。譬如人雖有萬夫之勇。苟終日跳踉不已。則必至于一敗而不振。至于養氣之道。其中固有本焉。未可以强而致也。夫人任舉一事。苟未身歷其中。則雖有善辨之口。亦有時而窮。於是支吾遮飾。終不足以俟攻者之至。而神以多備而疲。心以逆億而怯。氣之得以自伸者罕矣。惟夫一一知其所以然。從容肆應。無不如志。而應對之間。如無事然。此固常處於必勝之勢。而尙何足撓吾氣之有。是故本之所在。如水之有源。山之有脉。其忽見忽伏。忽斷忽連。氣實使之。固有莫知其然而然者矣。嗚呼，此卽子輿氏之言。其爲氣也。配義與道。無是餒也。使道義常足于中。而天下猶有足餒吾氣者。未之有也。

儲才第十

語曰，長袖善舞。多財善賈。此儲才之說也。是故丹靑不具。雖善畫者不能爲采。醯醢不陳。雖善調者不能爲味。今進一無所知之人。而責以文事。何以異此。夫儲才之法。可蓄之於平日。而不能取之於臨時。甞見浮薄子弟。懶不讀書。枵然無有。一旦振翰操紙。旁皇四顧。神志蕭索。及至文成之後。非枯寂無聊。卽罅漏百出。韓文公所謂作文不可無學。職是故也。或疑居今之世。考據之書。汗牛充棟。用心尋檢。纖細畢具。何病于貧。不知類書之設。所以供能文之士。偶然探討。以備遺忘。若專恃乎此。譬如飢餓之夫。日仰食於鄰家。鮮不餒矣。況夫書者衆人所同。而用之之法。則一人所獨。善用之則木屑竹頭。可供緩急之備。不善用之。則天吳紫鳳。無救顚倒之譏。大抵鑒別主於識見。驅使恃乎筆力。剪裁賴乎意匠。變化本乎性靈。四者相須。缺一不可者也。昔唐人李延祚手注昭明文選一書。號爲賅洽。而文不工。時人比之書簏。宋劉貢父每譏歐陽永叔。謂其不讀書。今者貢父之文具在。其不及歐陽遠甚。此亦足知其所重矣。然使寒儉之輩。欲援此爲藉口。則又不量之甚者也。

命意第十一

昔劉彥和著附會一篇云。何謂附會。謂總文理。統首尾。定與奪。合涯際。彌綸一篇。使雜而不越者也。名曰附會。卽今之命意是已。作文之法。辭句未成。而意已立。旣立之後。於是乎始。於是乎終。於是乎前。於是乎後。百變而不離其宗。如賈生作過秦論。祇重仁義不施四字。柳子厚作梓人傳。祇言體要二字。韓文公作平淮西碑。祇主一斷字。蘇長公作司馬溫公神道碑。祇用誠一二字。雖其一篇之中。波瀾起伏。變化不窮。而大意總不外乎此。夫意祇一言可盡。而必多爲之辭者。蓋獨幹不能成林。獨緒不能成帛。獨木不能成　。獨腋不能成裘。五色比而後成章。五聲和而後成樂。五味調而後成和。五官具而後成人。意必須文而宣者。道亦如此。獨是天下之理。百出不窮。謂吾人之意一定。而天下遂無有易之者。此亦臨文者所敢任也。惟意之所主在此。忽然舍吾之所獨者。而從乎衆之所同。此則萬不可行之事。是故凡人作事不可護前。而惟行文不可不護前。如臨敵然。兵不出則已。軍入敵境。則祇有進戰之一法。今之行文者。不知此理。不能首尾堅持一說。於是不失之游移。即失之凌雜。不可之甚者也。更有一種之文。於末後數語。凡論人之惡者。必爲之恕辭。凡論人之善者。必爲之貶辭。名曰補筆。此皆無謂之至。

修辭第十二

孔子有言。辭達而已矣。夫達正未易言也。吾心不能知其所以然。必不能達。吾心能知其所以然。而入吾文者。不能如吾心之所欲出。猶之不能達也。是皆不善修辭之過也。修辭之道。在質而不枯。華而不縟。深而不晦。淺而不俗。輕而不浮。重而不滯。巧而不纖。拙而不鈍。博而不雜。簡而不陋。奇而不詭。正而不腐。此其大較也。昔人論爲古文者。不可入時文括帖語。不可入小學俳諧語。不可入漢人箋註語。不可入宋人學案語。四者皆修辭者之所宜知。不可不懸爲戒律。抑余更有一說於此。聽者易以爲妄。而余獨深信不疑。大抵修辭之法。取之古人者十之七八。不取之古人者十之二三。蓋徵求故實。考取典章。不能不以古人爲師。而至爭一字之奇。競一句之巧。苦思冥索。不妨有自我作古之意。若請古人所無者。便不宜爲今人所有。試問今人取之古人。取人所取者爲誰。若謂吾學不逮古人。此事非所敢議。不知學古文者。卽所以學爲古人也。雖當仁不讓可也。歷觀唐宋以來。造語之工。惟昌黎氏爲最。正以其善用生語故也。後之解此者希矣。

切響第十三

劉彥和文心雕龍聲律一篇。備言吃文之患。言音韻不調。如人之吃口也。蓋其時駢偶盛行。故文章家無不留意於此。迨其後散體既興。自然治詞賦者。卽已置之不講。不知音聲一道。其疾徐高下抑揚抗墜之分。不稱有韻之文有之。卽無韻之文亦有之。特寄之有韻之文者。其得失易見。寄之無韻之文者。其得失難知。湘鄉曾滌生深喜桐城姚惜抱之之文。而思救其懦緩之失。故論文每以音響爲立。即此意也。今試取古人之文讀之。有噌吰鏜鞳者。有細微要眇者。有急紘促管者。有緩節安歌者。大約言樂者多和。叙哀者善咽。施之廟堂之上。則有廣大之旨。敍及男女之私。則多靡曼之節。此其自然而然。雖作者亦有不自知者乎。今學者誠欲留意於此。既不可如度曲塡詞。按譜而得。惟有取漢魏之文之佳者，數十篇。讀之不厭。使吾之口。與古人之口。無一不相應。久亦與之俱化矣。人但知文選一書。爲講駢文者不可不講。余則講散文者亦不可不講。蓋以求音韻之諧者。莫此爲甚。夫昔之論詩者。動曰詩籟。詩既有籟。文獨無籟乎。今欲學古文。譬如閩粵人欲學京話。自非日與之居。決不可得。古文者猶之京中人語也。吾不能爲是語。而方竊竊焉求其應對之工。恐雖有蘇張之口。亦將囁囁而不敢出也已。

練字第十四

昔之譏不善作文者。曰知字而不知句。知句而不知篇。此言謀篇之難也。余則謂欲知篇必先知句。欲知句必先知字。蓋鍊字之難。固有一日可以千言。而一字之未安。思之累日而不可得者矣。而及其遇之也。則又全不費力。如取之懷中而付之者。雖善文者不能言其所以然。故古人作文。總以虛心善改爲貴。所謂一字師者是也。昔宋范希文作嚴先生祠堂記。其末歌詞云。雲山蒼蒼。江水泱泱。先生之德。山高水長。文成以示李泰伯。泰伯請改德字爲風字。希文凝坐頷首。殆欲下拜。由今思之。風字實勝德字遠甚。而當日竟思不及何也。然亦有改古而謬者。如宋子京修唐書。改韓昌黎進學解。招諸生立館下。改招字爲召字。障百川而東之。改障字爲停字。此則點金成鐵。不如原文多矣。子京一生好奇。宜有此笑柄也。至如好用險字。而流爲奇詭僻澁之弊。如宋人所譏天地軋萬物茁者。此種惡習。皆學者所當戒也。大抵胸有積軸。則觸手拈來。自然古雅。若有意爲之。臨時尋檢而得者。則痕迹不化。其爲全體之累多矣。反不如純任自然者。不失爲一篇清暢文字。至如文選中諸作。多云其山則某某。其水則某某。其木則某某。其草則某某。其鳥則某某。其獸則某某。皆累至數十言。而並無謬巧處。祇令人以掩沓取厭。此雖出自古人。正不必步其後塵也。

運筆第十五

古人文筆異稱。故曰沈長於文。任長於筆。後人因之。謂主於修詞者爲文。主於達意者為筆。文筆並重 然必先有筆而後有文。文而無筆。則雖有華章麗句。而運掉不靈。如土木偶人。被以丹青。而卒乏生氣。運筆之法。喜馳騁者。則以縱橫變化。極其所至為工。尚高潔者。則以簡削嚴重。約而不支為貴。二者各有所長。亦各有所短。喜馳騁者。往往力之所至。一瀉無餘。而不復有渟泓含蓄之趣。其失也粗。尚高潔者，每為法之所縛。跬步不失。而多拘攣蹀躞之態。其失也澀。善用筆者。或縱之數千言而不厭其詳。或約之數十言而不見其簡。詳之至而使人不見其有可刪。簡之至而使之不見其有可益。斯為妙矣。惟用功之始。使其能收。必先使其能縱。故不如先讀東坡議論文字。數玩其屈伸擒縱之法。則毫楮之間。常自汩汩不竭。然後徐而進之以澹宕之神。雋永之味。自能瘦而不枯。清而不薄。所謂絢爛之極。歸於平淡者。此之謂也。大抵少年文字。須看才力如何 偶有支詞累句。却不為病。若通體穩貼。而讀者覺其奄奄無生氣。此如垂死之人。雖有盧扁在旁。不能為之醫也。

仿古第十六

文章之體。往往古有是作。而後人則仿而為之。雖通人不以為病。其濫觴所自。始於揚子雲作大玄擬易。作法言擬論語。他加枚乘變賦體爲七發、後則有曹子建之七啟 張孟陽之七命、自是爲之者益衆。好事者合爲七林一書。東方朔始作答客難。揚子雲因之作解嘲。班孟堅固之作答賓戲。唐韓昌黎又因之作進學解。司馬相如作封禪書。揚子雲因之作劇秦美新、班孟堅因之作典引、唐柳子厚因之作晉問5此皆章章可見者也 又如陸士衡作辨亡論。全學賈生過秦論。杜牧之作阿房宮賦。全學楊敬之華山賦。乃若王子安作滕王閣序。其落霞與孤鶩齊飛。秋水共長天一色、當日稱爲名句。相與膾炙人口。然實脫胎於庾子山華林園馬射賦。落花與芝蓋齊飛、楊柳共青旗一色。劉夢得著徹舟篇云。越子膝行吳君忽、晉宣尸居魏臣怠。白公屬劍子西哂、李園養士春申易。俱效班書語。然此不過小小摹其句法而已。最不可解者。枚乘上吳王書、夫以一縷之任、繫千鈞之重、至難以復出。凡七十餘字。乃全用孔叢子語。垂一代作者、決不如此。或者孔叢子係僞書。人取乘語以入之 亦未可定 此則莫明其故矣。洪容齋語唐之王摩詰。宋之黃魯直。二人皆工詩。而其集中多竊前人所作、試考之確非妄言。此劉彥和所謂寶玉大弓。終非其有者也。

核實第十七

昔左太冲序三都賦　譏司馬長卿賦上林。忽及盧橘。揚子雲賦甘泉。動稱玉樹。班孟堅賦西都　乃有比目　張平子賦西京。妄引海若。以謂皆無其物。而姑爲夸誕以欺世者。此皆不求核實之過　然此種語，施之詞賦。尙無大謬。現劉彥和夸飾一篇。徵引甚衆。庶足爲諸子解嘲。以吾所見古人記事之作。其任意下筆。不必廣徵故實。往往有之。如賈生過秦論。言始皇吞二周而亡諸侯。按秦昭襄王十四年滅西周。其後七年莊襄王滅東周　又四年始皇方即位。是二周之滅。乃始皇之曾祖與父事。屬之始皇誤矣。陸士衡漢功臣頌有諸公伏軾　皇媼來歸語。按高祖母已前卒。歸者獨太公耳。蘇東坡作二疏圖贊云。孝宣中興。以法馭下。殺韓蓋楊。蓋三良臣。先生憐之。振袂脫屣。使和區區。不足驕士。試以其時考之。元康三年。二疏去位。後二年蓋寬饒誅。又三年韓延壽誅。又三年楊惲誅。是二疏之去。三人固無恙也。此與其所作刑賞忠厚之至論。用臯陶事之想當然者何異　均不得謂之小小疵累。是知考據家一種堆垜文字。固爲通人才士所不屑爲。然于下筆之時。留心檢點。使無歧誤之失。是亦不可以已也。

稱量第十八

聖人自言譽必有試。而於春秋名大夫。試許其清。或許其忠。而不許其仁。其稱人之善。必稱量而出之也如此。吾輩縱不能事事追媲聖人。亦不可不存此意。若信手而來。毫無限制。則使受者至踧踖不安。誠非君子愛人以德之道也。此弊于文體中。惟碑志爲甚。蓋往往徇人子孫之請而爲之。其勢不得不爾。然苟采其生平一二佳言善行。而於其不滿人意者。則略而不書。亦庶幾去直道不甚遠。吾嘗讀白香山秦中吟立碑篇云 銘勳悉太公 頌德皆仲尼。知古之有心人。已有同茲浩嘆者。至於碑志之外。書札次之。柳子厚集中有復杜溫夫書曰。三辱生書。皆逾千言抵吾。必曰周孔。周孔安可當也。語人必於其倫、生來柳州。見一刺史。卽周孔之。今而去我。道連而謁於潮。又得二周孔。去之京師。京師文人爲文詞立聲名以十數。又宜得周孔千百。何吾生胸中擾擾焉多周孔哉。子厚此書。可謂痛快之極。然使好諛者處此。夢寐間且不勝愉快矣。何暇發此等議論哉、至于漢魏六朝文中。更有一種習用語。如稱人之介必曰由夷 稱人之智必曰良平。稱人之孝必曰曾閔。稱人之忠必曰龍比。稱人之辯必曰蘇張、稱人之勇必曰賁育。稱人之貴必曰金張。稱人之富必曰陶猗。此等語數見不鮮。在今日已成芻狗。不如不用爲妙也。

設喻第十九

古人作文。最工設喻。蓋意所不能明者。設爲他語以明之也。其最古者。如易之爻辭。詩之比體。降而如國語戰國策諸書。以及諸子百家之作。其流益廣。又變而爲諧隱之詞，。近于小說家之窠臼矣。有全篇祇說一事。全係喻意。而正意祇在言外者。有正喻夾寫。而前後自爲照應者。其最妙者。一篇之中。作喻意者凡十餘則。自成篇法。如枚鄒二子上吳王書。及鄒陽獄中上書是也。韓文公送石洪序。及盛山詩序。皆建設數喻。文體如連山疊嶂。使人賞玩不盡。蓋韓公之文。善以大氣包舉。雖頭緒紛拏。自不見有凌雜堆垛之迹。此境極不易到。大凡韓公自喜才力。往往好以狡獪示人。觀其所作南山詩。即是此法。自宋以後。惟東坡之文。亦多作喻體。蓋東坡生平好讀莊子。莊子之書。託之寓意者十之八九。嘗謂設喻之失。凡有數端。一曰泛而不切。好取華辭。無關實義。二曰帶而不化。膠於實迹。反昧大意。三曰熟而不鮮。襲取舊聞。不得新義。四曰俗而不韻。雜用里言。有傷大雅。劉彥和謂物雖胡越。合則肝胆。則善言設喻之道者也。

徵故第二十

凡說理之文。恐不足徵信於人。則必取古事以實之。自漢魏以至六朝。率以矜鍊爲貴，往往有一節之中。連引十餘事。或一句爲一事。或二三句爲一事。皆以類相從。蓋其時偶儷之體盛行。故操觚家亦喜講剪鎔對仗之法。至唐昌黎公出。而文體一變。縱筆所至。一氣卷舒。故徵故之法。間有全錄舊文。而不必以襞續從事。然韓公之文。於此處却極有節制。如進學解云。孟軻好辨。孔道以明。轍環天下。卒老於行。荀卿守正。大論是宏。逃讒於楚。廢死蘭陵。韓辨云。周公此二諱。孔子不諱嫌名。及康王釗之孫。實爲昭王。曾參父名晳。曾子不諱昔。皆言簡意賅。不贅一字。夫必如此作法。然後氣盛勢厚。而可免於單文孤證之譏。至東坡作文。往往窮其才力所至。其引用史傳。必詳錄本末。有一事而至數十字者。如勤上人詩集序。引翟公罷廷尉賓客反覆事。晁君成詩集序。引李郃漢中以星知二使者事。上富丞相書。引左史倚相論衞武公事。答李琮書。引李固論發兵討交趾事。與朱鄂州書。引王濬活巴人生子事。蓋公堂記。引曹參治齊事。

滕縣公堂記。引徐公事。溫公碑。引慕容紹宗李勣事。密州通判題名記。引羊叔子鄒湛事是也。然東坡爲之。自屬一時意興所到。而後人欲引以爲法。恐終不免冗繁不節之譏。凡遇此等處。自當以漢魏作者爲師。至如江文通別賦云。韓國趙郡。吳宮燕市。總以八言括彼四事。此因其人人皆知。故有此語。非可常以爲例也。

省文第二十一

文章之道。最忌重複。故于上文所有者。輒以一二語結之。此是省文之法　如公羊傳叙郤克跛。孫良夫眇。季行父禿。下云齊使跛者迎跛者。眇者迎眇者。禿者迎禿者。唐人劉子元讀此文。謂宜省去跛者以下句。但云各以其類迎。所見未嘗不是。孟子寡人之于國也一節。上叙河內凶云云。以下但云河東凶亦然。齊人有一妻一妾章。上叙早起施從良人之所之云云。以下對妾之語　但云今若此。此皆可爲省文之法。然亦有不以省文爲妙者。如孟子今王鼓樂於此。百姓聞王鐘鼓之聲。管籥之音。今王田獵於此。百姓聞王車馬之音。見羽旄之美。與下節無以異。檀弓戴衞司寇惠子之喪云。子辱與彌牟之弟游。又辱臨其喪。又辱爲之服　句凡三見。史記魯仲連傳。秦圍趙。魯仲連見平原君曰。

事將奈何。君曰勝也何敢言事。魏客辛垣衍令趙帝秦。今其人在是。勝也何敢言事。仲連曰吾始以君爲天下之賢公子。吾今然後知君非天下之賢公子也。又如視居此圍城之中者。皆有求於平原者也。今觀先生之玉貌。非有求於平原者也。其文重沓。却自成爲千古絕妙文字。乃知文章一道。本無定質。視人用之何如。執一以求之。未有能通者也。

適機第二十二

行文有機。機之來如木之生春。水之赴壑。皆有自然而然之妙。固有一題到手。經營累日。而不得一字者。機未至也。此時且不必遽著思想。姑取平日所喜文字。讀之數十遍。胸中便有勃然不可遏抑之候。然後將所作之題 反覆研求。以期乘間而入。迨夫機之既至。援筆伸紙。頃刻之間。數千言可以立就。惟當信手疾書。雖明知有疵字累句。不妨置之不問。以俟將來改易。若稍加斟酌。便足以阻吾汩汩其來之勢。須知此境一失。以後雖復急起直追。而字裏行間。不免諸多痕迹。昔人所云。文章本天成。妙手偶得之者。機爲之也。然又必方寸之間。空靈四照。故能機來而與之應。此則劉彥和謂陶鈞文思。貴在靈靜。蓋不靈不靜。則如一物橫亙於中。而理之在外者。無自而入。意之在內者。無自而出、關鍵不通。皆足爲機之害。每見今人作文。神氣沮喪。情緒不屬。而姑以成篇爲事。搔頭抓耳。塵垢滿爪。久而得一語。枝枝節節。脈絡不通。縱使格律極諧。采色兼備。而形質塊然。生意已盡。尙何文之足言。然彥和之說。又以秉心養術。無務苦慮 金章司契。不必勞情。則是作文之秘。可付之機之自爲。而在我毫無所與。此則近於佛家之參禪理。道家之養元神。使人無可著力處。而古人所謂思之思之。鬼神通之者。當不如是。恐一偏之言。未可以爲定論也。

存疑第二十三

文中皆遇有神仙鬼怪之事。總以刪去不用爲是。其有不得已而及之者。不必加以斷語。此存疑之法也。太史公伯夷列傳曰。堯讓天下於許由。許由不受。恥之逃隱。及夏之時。有卞隨務光者。此何以稱焉。既疑其無是事。而下云余登箕山。其上蓋有許由冢云。又疑其有是人。又云孔子序列古之仁聖賢人。如吳太伯伯夷之論詳矣。余以所聞。由光義至高。其文辭不少概見何哉。是終不敢斷其有無。此其語意。神明變化。令人不可捉摹。誠極筆墨之妙。至三國時夏侯泰初作東方朔畫贊云。談者又以先生噓吸沖和。吐故納新。蟬蛻龍變。棄俗登仙。神交造化。靈爲星辰。此又奇怪惝恍。不可備論者也。亦用太史公序許由之法。特語意不及耳。至若韓文公作羅池廟碑。乃云廟成大祭。過客李儀嫚侮堂上。扶出廟門卽死。魂神卽能禍人。亦不應神速如是。是不過適逢其會。而巫祝之徒。倡此語以示靈異。而柳敬侯者。相與和之。不謀同辭。竊謂柳侯功德在人。朝食其上。並不爲僭。正不必藉此事爲重　而文公乃載其事於碑。殊爲不省。然至作子厚墓誌銘　則第言其在州政籍。而此事削而不書。似亦具有深意。此有如紀曉嵐論郭景純注山海經。備言周穆王會西王母事。至注爾雅。則西王母祇西方一國。蓋山海經特小說之濫觴。而爾雅乃六經之總匯　書既不同。注亦宜別。又凡論史之文。皆須闕其所不知。古人往矣　其事或曖昧難明。若據一二傳述之詞。指爲定讞。寧能有當。如晉元帝母夏侯氏　通於小吏牛金。生元帝。宋少帝入元封瀛國公　後學佛於西番。號合尊太師。生子未踰日。明宗乞以爲子。是爲元順帝。唐明皇。宋太祖。俱不得令終。明建文君。遜國而去　後復入宮。號天下大師。韓信之子。蕭相國爲匿之趙陀所。後爲韋姓　駱賓王佐徐敬業舉兵。既敗之後。遁而爲僧。唐之黃巢。明之李自成。皆傳其未死。奇聞異錄。半出於小說家言。而作文者中於好奇。動加援引。遂使古人蒙詬千載。此胡爲者。荒誕之談　酒後茶餘。資以發噱。原無傷夫大雅。若視爲兎園之祕本。獺祭之良材　其亦不思之甚者也。

詳載第二十四

碑碣之文　將舉其人之始終本末。昭示於世。故自姓名而外。凡邑里世系仕履。及生卒年月無不備載。蓋以歷年既久　親舊漸亡。而片石所留。自足資以徵信。至於墓銘墓志。納諸土中。將以備將來陵谷變遷。見者足知爲誰氏之墓。不至湮沒。乃所閱古人文字。咸但書祖某父某。子某孫某。其甚者則並其人之名亦不書。但云諱某　至於生卒年月日。則但云以某年某月生。某年某月卒。此則儼然一憑虛公子。烏有先生。雖不作可也。推原其故　蓋由作者於稿中不及登載。其後匆匆入集。又不及補列。故有此失。然歷觀古來石刻存者　往往如是。則似此說又不必然也。夫文本足以存人。今一切不書。則何存人之有　然此猶酬應之文。故簡畧不免。至文人自述家世。宜無不詳備　乃歐陽求於瀧岡阡表　但稱皇考崇公　並其曾祖皇祖。俱不載其名　意當時別有記載。故表中云乃列其世譜。並刻於碑。然何如並詳之文中。使人一覽而知之爲愈也。至汪容甫作其母行畧。乃並其姓失之。此尤錯謬之大者。殊不可以爲法已。

寓諷第二十五

文有意之所屬。而其人其事。不欲明言之者，於是爲隱約之詞。使其意全在文字之外。或主於規。或主於刺。所主不一。而其體則同。始於詩之三百篇。至屈宋之作。而其法益暢。漢人文字。尙多此種境界。如鄒枚上吳王書。泛論秦胡時勢。而不及七國事。班彪王命論。祇言高祖之興。而不及光武事。皆向空立論。而使讀之不覺恍然有悟。爲得寓諷之妙。若劉更生之列女傳。張茂先之女史箴。皆因感慨時事而作。皆諷體也。至蘇老泉之辯姦論。爲王介甫而作。其抉摘不遺餘力。固自託於先見之明。然鋒鋩太露。有似使酒謾罵之習。故雖子瞻見之。亦以爲太甚。即以文論。亦乏從容醞釀之趣。近於有才而無養者。然子瞻作六一居士文集序。末云自歐陽沒十餘年。士始爲新學。以佛老之似。亂周孔之眞。識者憂之。則譏毀介甫。比之乃父爲更甚。蓋心所不然。不覺隨意吐出。此陳孔璋所謂箭在弦上。不得不發也。然均不失爲古文義法。至後人又演爲游戲之作。如宋人所爲夏二子傳刺秦會之。明人所爲中山狼傳、刺李空同。則竟轉入小說家言。風斯下矣。

入理第二十六

文有陳義不失、而不足以存者、由於理之所在、能言其然。而不能言其所以然、假如言男以不盜爲賢。女以不淫爲美。此於義曷嘗有失。然其惡趣至不可耐。蓋無所以然之理。以貫乎其中也、陸士衡云。怵他人之我先。韓昌黎云。惟陳言之務去。故善爲文者。力求掃除門面語。而蔚然自擷精華。一篇中能得此種文字百餘言。便足以雄視一世。其餘祇是枝葉點綴，歸入閒筆、惟其中造言之雋。落想之高。亦非索諸題外。祇是人能言言其第一層。吾必透過第二層、如此即爲制勝之具。世固有一種文士。自知根柢淺薄。而欲取勝於言詞之末。鉤章棘句。使人聱口不可卒讀。更有胸中本無卓見。而好逞於偏鋒。顚倒是非。變亂黑白。自以爲不落人窠臼。此昔人所謂艱深文固陋者、學之亦適形其醜而已。

切情第二十七

古人云，文生情。情生文。蓋天下固有一種之文。非情至者不能作。而深於情者。則往往不求工而自工。此則又存乎才學識之外。而爲天下之至文也。司馬子長爲文之聖。而人所欲讀者。不過屈原伯夷貨殖游俠諸傳。蓋有感而言。遂不覺音節爲之一變。諸葛孔明之出師表。李令伯之陳情表。雖庸人讀之。猶爲感動。然二公固非深於文者。卽此二篇。亦不見其慘淡經營之迹。應手而成。遂爲千古絕作。至於唐之柳柳州。宋之歐陽文忠。俱一代通人。然柳州之文。獨有致許楊二京兆書。感懷身世。聲調淒楚。文忠之文。獨有石曼卿蘇子美梅聖愈墓誌銘數篇。述及生平朋友之喪。及離合存亡之感。不覺聲泪俱下。二子皆深於情者也。惟此等文斷不能無因而出。故非身入其境。卽作亦必不工。譬若在風雲夸闊之班。而偶爲香草美人之詠。處家國興隆之際。而忽作黍離麥秀之歌。非喪心病狂者。斷不至此。故凡文可以代作擬作。惟此等不可以代作擬作。縱使聲口俱肖。亦與佞哀何異。蓋嘉容在戚。固屬非宜。而無病呻吟。亦甚無謂。每見青年學子。將爲愁苦之音。識者憂其不祥。往往而驗。以此知文不可以春行秋令也。

涉趣第二十八

人之築室。有堂廡以迎賓客。有房闥以備寢處。有庖廚以供飲食。有倉庫以資蓋藏。四者之外。則必有隙地數十弓。攬水石之勝。羅化石之美。樓臺足以登臨。亭館足以憩息。惟文亦然。夫泥金檢玉之書。鏤版鐫碑之作。體制嚴重。苟一語梢涉纖佻。便不足以稱廣大清明之旨。蓋以莊諧之用殊。雅鄭之音別也。至於友朋通問之詞。書畫題識之語。談言微中。足以解頤。固亦通人韻士之所不廢者乎。其佳者索解不入常談。取裁常用成語。觸緒而生。隨機而應。握注不窮。而仍不失爲大雅吐屬。其有儕於優伶之誹諧。尖刺之虐謔。詞不雅馴。墜入惡道。亦下乘矣。凡欲學此種文字。須取徑於莊列之書。此外如魏晉間人文集。亦宜恣意涉獵。蓋所謂善談名理者。莫此爲近。唐以來以不多見。自宋以後。便成絕響。雖復蘇黃數君子。跌蕩風流。時有佳話。然比之揮塵清談。終覺氣韻稍別。大約作此等文者。一不容有道學氣。二不容有富貴氣。三不容有村俗氣。四不容有市井氣。凡此四端。同爲戒律。若能由此求之。則所謂玉屑清言。亦庶幾手近之矣。

因習第二十九

黃梨洲云所謂文者。寫其心之明者也。然則心之所不明者。固非作文者所宜有也。嘗謂百工衆技之人。惜其中無一文士。否則使圬者而言塗塈之事。必遠勝於韓退之。使梓人而言營造之功。必遠勝於柳子厚矣。大凡臺閣之人。必不工作山林語。老健之人。必不工作疾病語。太平之人。必不工作離亂語。家食之人。必不工作羈旅語。非不能作。蓋摹擬而來。終乏一種親切有味之旨。昔人謂齊梁之人。迷漫於聲色之中。故詞賦所傳。一字一句。均足以惑均頑豔、又人嘗恨劉伯倫一生祇有酒德頌一篇。爲人所傳頌。此外並無一字。要知伯倫縱有他文字。亦斷不如酒德頌之工。以非其所習故耳。然則習可僞乎。曰可。貪惏之人。開口喜說廉介。許僞之人。出言樂道忠誠。亡國之君。何嘗不知非桀紂。敗家之子。何嘗不能誚朱均。蓋理之麗諸虛者。可以規倣而得。物之徵諸實者。不能憑臆而談。二者不可一概論也。吾人每作一文。期於內信諸己。外信于人。苟非心之所明。即不必强作解人 嘗見古今人所刻文集。雖身在田間。未聞國政。亦必撰兵制財政一二篇。以示負財不遇之意。夫何異婢學夫人乎。

寫景第三十

文章之體。以言情說理爲大宗。此外又有寫景之法。寫景之妙。非身歷其境者不能言。每有作者意會神摹。偶然得一二佳話。而讀者漠然不知。直至親與之接。然後嗟嘆以爲不可及。此種境界。得之遊記者爲最多。昔嘗乘舟赴秦寧。日行萬灘中。巨石森列。不知路所從出。及舟人捩柁前行。忽曠然別有天地。始大悟柳子厚袁家渴記。舟行若窮。忽又無際二語。乃是絕妙寫法。惟此種文字。亦並非鎚幽鑿險而得。不過目之所遇。偶然拈出。遂爲千古至文。而自來文家之窮於詞者。又往往遁入設喻之訣。然設喻當求其似。不似則爲虛語。更有一種正面不能寫者。用旁面寫之。譬如欲寫水。先寫石。欲寫山。先寫樓是也。大抵寫實景易。寫虛景難。寫近景易。寫遠景難。世之作文者。往往意無所會。而意中先有一段籠統語。若者是寫山林。若者是寫城市。若者是寫臺閣。千篇一律。閱之令人欲唾。王摩詰詩中有畫。畫中有詩。苟能以畫意爲文。則亦拈得摩詰一瓣香也。

狀物第三十一

宋人於說理之文。大都言心言性。要知凡物莫不有理。不究其理。則任舉一物以告人。

胥性荃

而託之文字者。易至模糊惝怳而不得其眞。古之善狀物者。首推周官考工記一篇。每舉一物。而人未之見者。不啻口睬手摹。而心知其意。而用字之古雅。可爲後來嗣學家之祖。此書雖不出周公之手。然必漢代通人所爲無疑。他如內則之善言食品。投壺之詳載藝事。亦庶幾焉。後之能仿而爲者。惟韓文公畫記一篇。學者推爲從考工記脫出。明歸有光之石記。末段作形況之詞。祇是以偏師取勝。若魏學洢之核舟記。實爲工絕。大抵近世讀書之子。於昔人製字之法。多不甚留意。故欲狀一物。雖能知其所以。輒下筆而窘於詞。學者平日當講求倉雅之書。參之物情物態。互相比儗。以得其脗合之妙，則臨文自能汨汨來矣。

傳神第三十二

傳神與寫景狀物相類。而得之爲尤難　蓋寫景狀物。二者猶麗於有　傳神則幾遁於無。求有於無中。此其所以難也。夫人之一身。五官百體。其相去不甚相遠。而至於一言一動。則百人而無一相類者。神爲之也。苟一入吾文。不得盡得其肖。則一篇之精采全失。能者決不如是。史記項羽本紀。至鴻門一節。寫樊噲忠義激發。旁若無人之概。垓下

一節　寫項王英雄失路。嘆咤無聊之悲。一若身立其旁而見之也者。蓋由善於傳神之故。大抵傳神之作。不專以翰墨爲工。須極意體會。取古今可歌可泣之事。一一若親入其中而試之。譬如聞忠孝被禍。則涕泗爲之橫流。聞奸雄得志。則頭髮爲之上指。七情之用。果能若斯。則涉於不似者少矣。名伶登壇演劇。見者咸以爲眞。或問其道何由。曰吾身在場中。不自知其爲男子。故時扮貞女。雖偶然談笑。而不失莊重之容。時扮淫女。雖故意矜持。而時露冶蕩之態。時扮富貴家女。則不假修飾。而衣履之間。自具華美之氣。時扮貧賤家女　雖極意梳掠。而行動之頃。不免羞澀之形。嗚呼能得此意而爲文。夫何難傳神阿堵乎。

稱謂第三十三

凡官制地名。古今沿革不一。爲文者皆須用今語。不可以好古自亂其例。如書札往來。偶爾借用。尚無不可。至於傳狀碑志。所以傳信後世。便一字不可移易。若使今無此官。又無此地。而鐫諸金石　恐將來見之。將不知爲何代之人。豈不大謬。昔范文正公。嘗爲人作墓銘　以示尹師魯　師魯曰，公文名重一時。後世所取信。不可不愼。今謂轉

胥性荃

運使爲部刺史。知州爲太守、現無其官。後必疑之。文正憮然曰。幸以示子。不似幾失之。此妄稱官名之失也。又碑志之文。祇宜載其所居邑里。而近人作文。稱李必曰隴西。稱柳必曰河東。稱崔必曰淸河　稱王必曰瑯琊。遙遙華胄。奚當事實。又南北朝時。土宇分裂。故多置僑郡。如南揚南荆之屬；及天下一統。此名即已不用。而唐文猶有仍之者。此妄稱地名之失也、昔紀文達公之故人子。以所著蘇州府志進公。署曰姑蘇志。公一見却之。其人頗不悅。謂公未覩書之內容。何以知其不合。公言其名如此、其書可知。蓋以姑蘇乃臺名、以之名志　至爲無謂。好古者可不戒與。

古人所作行狀稱其以上祖父皆作死者之詞此例昉于列傳惟列傳出自史官之手行狀則多其子孫爲之於是所列曾祖及祖悉以生者爲主後來相承習爲故事承學之士對於此種問題往往爭辯斷斷不休其從死者之稱見于穆員白樂天所作其從生者之稱見於韓昌黎歐陽永叔所作後世皆有主之者須知行狀之作不必出于其子或以孫而狀其祖父或以曾孫而狀其曾祖年湮代遠讀者易惑殊不若從死者之稱幸勿因韓歐爲大家而謂其所見不謬也

含蓄第三十四

文有不肯一說而盡。而詘然輒止。使人自得其意於語言之外者。則以含蓄爲妙。然語盡於此。而意見于彼。凡使人思索而不得者。非善含蓄者也。使人不待思索而卽得者。亦非善含蓄者也。如左傳紀宋華耦來聘。自言君之先臣督。得罪於宋殤公。而左氏譏之曰魯人以爲敏。言魯鈍之人。皆以爲敏。則其不敏可知（說本史通）紀鞍之戰。辟司徒之妻。對齊頃公語曰。君免乎。曰免矣。曰銳司徒免乎。曰免矣　曰苟君與吾父免矣。可若何。此三字。蓋欲問辟司徒而不敢也。此二處極見含蓄之妙。後則惟太史公亦善用此筆。史記封禪書。歷言封禪之事。而收處祇云此其效可覩矣。明言其種種無益　語意全然不露。而尖刺已極。昔人謂爲謗書。誠不誣也。劉彥和所謂餘味曲包。正指此類。大抵含蓄文字。從正面少。從旁面多。寫實處少。寫虛處多。或道古而今自見。或語後而前益彰。或付諸毀譽之口。而此中已寓微詞。或明其功罪之分。而到底未加斷語。此如善寫人者。不寫人而寫影。善繪水者。不繪水而繪聲。微乎微乎　其精思冥想。可以意會　不可以言傳。此惟漢魏之文。間有此境界。自唐宋以下。蓋亦不多得矣。

互異第三十五

主意既定，則一篇中語。皆由此而生。所謂理以立幹　而詞以結繁也。乃文人之患。每有興之所列。而不暇顧及本旨者。昔劉彥和譏崔瑗作汝陽王哀詞。有駕雲乘龍。爲仙而不哀。卽是此意。按江文通恨賦、俱以恨人言恨事。而中間數句云、左對孺人、左顧稚子。脫畧公卿。跌宕文史、則極寫山林之樂。與恨字太不近矣、（此方廷珪語）又如韓昌黎送孟東野序云。凡物不得其平則鳴。此明指東野懷才不遇。至遁爲詩人。而其下乃云伊尹鳴商。周公鳴周。此二人行道濟時。功在天壤。尙何不平之有。（此章實齊語）大抵文人縱筆所至。此種不經意處、在所不免、而不害其全體之佳。昔有人讀劉夢得陋室銘、至可以調素琴。閱金經。無絲竹之亂耳。無案牘之勞形。故設一問曰。琴獨非絲類乎。解之者曰。此言無他樂以間之。獨有琴在。譬如孟子言夫貉五穀不生。惟黍生之。黍亦在五穀之內。讀古人文者。不可以辭害意。其所解固言之成理。然畢竟矛盾也。

從今第三十六

文宜求古、體製不可以不從今、蘇子瞻表忠觀碑。全作趙清獻奏事語。文辭古雅。較原奏尤爲過之、然篇首用臣抃言。篇末用制曰可、此蓋揣摩秦本紀丞相斯昧死言。及制曰可，等句、仿之以爲古雅。而不知非宋時奏議上陳、詔旨下達之體。汪堯峯撰睢州湯烈婦旌門頌。序列巡按御史奏報、首曰粹然言。末云臣僅昧死以聞，亦用東坡之法。但清

代奏報　實無此語。一時代文字　自有一時代之程式。作此時代文字。而用彼時代程式。後之覽者。將不知爲何時代文字。否則疑爲贗鼎矣。大凡作傳狀碑志。或必須以公牘入文者。不妨摘其中要語。使有事實可稽便足。若必錄其全篇。則仍之旣以不典爲疑。而改之又以失眞爲病。二者交譏。其足以爲吾文之累．則一也。

割愛第三十七

行文之道　有疎有密。二者相須而不可偏廢。譬如一室之中。左列圖書。左陳鐘鼎。一切坐臥之處。無所不有。然其中必留少許隙地。以供散步。若塡門溢戶。度置皆滿。則欲爲一日之居而不可得。惟文亦然。一篇之中。凡經營慘澹者。率不過一二百言。其餘則若不經意而爲之者。謂之閒筆。苟無此一種閒筆。則所謂慘澹經營者。亦大爲減色矣。大抵能文之士。有時病于佳句太多。層見疊出。使人應接不暇。然其文氣必不舒。文心必不活　以至於累墜而不舉。以陸士衡之才。而識者猶以患多爲誚。甯都魏冰叔論姜西溟之文。亦以好意太多。不能捨割於病　正爲此也。行文有二患。一不足之患。一有餘之患。不足之患。當開濬其心思。充拓其才力。以免於枯寂無聊之譏。有餘之患。

胥性荃

當限制以範圍。約束以法度。以去其泛濫不節之失。古人云要言不煩。嗚呼能知不煩之爲美。庶可與論文格矣。

屬對第三十八

自散體別于駢儷爲名。於是談古文者。以不講屬對爲自立風骨。然平心而論。二者如陰陽畸耦。不可偏廢。自六經以外。以至諸子百家。於數百字中。全作散語。不著一偶句者。蓋不可多得。此無他文以氣爲主。而氣之所趨。苟一洩無餘。而其後必易竭。故其中必間以偶句。以稍止其汪洋恣肆之勢。而文之地步。乃寬綽有餘。此亦文家之秘訣。而從來無有人焉。嘗舉以告人者也。惟屬對之法。與駢儷不同。駢儷之句法。或力求工整。或務在諧叶。漢魏以前。尚不甚拘。自齊梁以降。日嚴一日。其作法與詩賦相近。若散文之對法。自以參錯不齊爲妙。凡字之多少。句之長短。皆所不禁。且駢語則多兩句爲偶。或四句爲偶。散體則均無不可。韓文公爲一代文宗。實首變燕許之格。然其文中用偶語者。亦往往而是。而運用之法。亦在在以金針度人。蓋此中機括。全由音節而生。駢文有駢文音節。散文有散文音節。二者對法。亦自不同。互易而用之。則必至於不可復讀。惟陸宣公之奏議。間于不騈不散之間。善以偶語寓單行者。實爲自闢畦町。而爲宋四六之濫觴。此視人筆性之所近。以不必强爲學步　他若蘇東坡作秦始皇扶蘇論。上半篇結句云。吾故表而出之。以戒後世人主如始皇漢宣者。下半篇結句云。吾故表而出之。以戒後世人主之果於殺者。此所謂遙對之法也。或謂東坡此作。實與孟子逢蒙學射一章相近　殆具有靈眼者與。

設問第三十九

古人欲有所作。恐已意不伸。則設爲賓主問答之辭。先爲難端。然後徐出已意。有一之不已。至於再三者。其體皆歸于詘賓而伸主。此其通用之例。昉於周秦諸子。其後能文之士。仿而爲之。入之賦者。則有東西都東西京三都子虛上林之屬。入之論者。則有非有先生，四子講德之屬。在楚辭中。則屈原之漁父卜居。宋玉之對楚王問是也。其見諸雜體文中。如枚乘之七發。東方曼倩之答客難。揚雄之解嘲。班孟堅之答賓戲諸篇。然此體既前人屢見。襲而爲之。亦屬無味。故自唐宋以後。間有效顰。而率不爲人所傳誦如韓昌黎之進學解。柳子厚之晋問。頗爲彼善於此。而均非其本集中文之至者。惟議

論之文　中間遇文勢窮處。間入一二段。亦足以爲展局之法。故古今承用不廢。雖名家之文。亦往往有之。然不必强立主名。如某某公子。某某先生之類。以其近於矜心作意而爲之者。至於宋以來之學案。則有置問語於前。列答辭於後。得數十條。或百餘條。而因成一編者。此則不在作文之例。而其意固未始不相符也。

欣賞第四十

文章一道。其生平得力處。大都可爲知者言。不可爲不知者道也。韓文公與馮宿書。謂稱意者。人以爲怪。下筆令人慙。則人以爲好。然則世俗之愛惡。其不足爲吾文之輕重固也。今之爲文者。見一人譽之則沾沾然喜。見一人毀之則竊竊然憂。此惟揣摩求合之不暇。何足與言自立之計哉。古之通人。其得名多在數百年以後。揚子雲著太玄。同時有覆瓿之譏　韓文公能起八代之衰。然而閱唐及宋　一旦遇歐陽子。始顯於世。歸熙甫爲歐曾嫡派。方姚二老。翕然宗之。譽震川者亦在風微人往之餘。驗得失於寸心。待知音於異世。此太史公所以謂藏之名山。而傳之其人與。今夫玉之寶者其光必藏。劍之良者其鋒必斂，理勢然也。苟作文者而有汲汲人知之心。則其品格必卑。理趣必淺。風骨必弱。氣味必醨。極其佳者。亦時世妝而已、然非此則又索解人不得，嗟夫，藏山著作。固應獨出胸裁、售世文章。未可盡違風氣。此莫可如何之事。學者又不可不知也。

附雜說

凡引書之語必明其所出如某曰某云之類此通例也而古人却不拘於此如論語不恒其德或承之羞不指爲易語不忮不求何用不臧誠不以富亦祇以異不指爲詩語允執厥中之述堯言有罪不敢赦之述湯語皆不言見在何處至於古人文中或云古有之曰或云語有之曰或云傳有之曰與此一例乃若第稱故曰則不必皆引人語或自出己意爲之與左傳中有論斷君子曰三字意正相仿

文中引用他人語無分古今均無不可乃有自引己語者如蘇東坡爲文潞公作德威堂銘云元祐之初起公以平章軍國重事期年乃求去詔曰西伯善養老而太公自至魯穆公無人乎子思之側則長者去之公自爲謀則善矣獨不爲朝廷惜乎又曰唐太宗以干戈之事尚能起李靖於既老而穆宗文宗晏安之際不能用裴度於未病治亂之數於斯可見公讀詔聳然不敢言去此二詔卽坡所作也

胥性荃

古人用經不必盡主本義如班彪王命論末云福祚流於子孫天祿其永終矣與論語四海困窮天祿永終意異范蔚宗後漢書皇后紀序云昔宣王晏朝關雎作刺與詩序關雎爲序夫人之德意異朱考亭與人書曰廣青衿之疑問與自作子衿詩說指爲淫奔之詩意異然不過諸說之偶有不同隨意用之附於漢儒各從師說之義至如陸士衡作辨亡論稱長沙桓王之功曰挾天子以令諸侯此一句乃諸葛公斥曹孟德語責其跋扈之罪非美事也而士衡用之且與下句肅天步而清舊物語意不類又如謝希逸作敬皇后誄用讚述聖善語以人子而稱其母明係祖凱風之章果爾則詞意之間疵謬甚矣

凡引書太長者可畧剪潤而括用之漢人引書有此法只可減不可增然此指引案漢以後書言若引古書不宜輕改魏氏禧云國策載王蠋史記載趙良語司馬公采入通鑑簡要蘊藉格味之妙十倍原本於此悟剪裁書牘之法顧亭林謂引古有必用原文及路其文而用其意二法倪正父曰前人援引經語欲合律度截長爲短避重就輕一字之間亦加審訂若祇引數句可悉依全文與自作文氣不合者可酌減易其虛字

凡史書如遼金元三史國語譯音多乖失清乾隆中欽定遼金元三史國語解以國語及蒙古語證合本音本義皆得眞確御批通鑑覽及畢氏續資治通鑑皆改從之作文有引用此三國

語者皆宜遵用不可仍舊文近日西書譯音繁歧今人有瀛寰國地異名記以董理地名然用者多從最先之瀛寰志略所譯亦可依之

凡引近譯西書如諸大國之名可舉首一字稱某國如英吉利稱英國俄羅斯稱俄國之類 亦有宜舉全名舉一字則混者如日本不可稱日國以免混於日斯巴尼亞之類 其他地名人名均可以此例推之其格致書中多仿前人葡萄琵琶假胡音作華字之例以偏旁拼音代中國所無之字用時只宜于作此等文移之他則非典要

凡一義而各家訓詁皆同者編引則繁但引最先之一二家而疏辨之如欲全賅可用小注別之云某某同

凡引書名如經不必稱某經易但稱易詩但稱詩嚴氏說文校議言許氏引書皆稱書或尙書如史史記則稱史記或稱遷史 漢書則稱漢書或稱班書 不必加作史之人名於其上但經史大名之下宜舉小名如經則稱易繫詞詩國風春秋三傳某公某年之類史記則史記某本紀某列傳漢書某志之類子部於某子以下舉其篇目以求確實其他說經論史之書不甚著名者宜稱某氏某書

凡一篇中接聯 引前人相同 成說宜以年代先後 爲序若分疏 異同則主義在文理又不以此論陳蘭甫曰援引古書當有倫次凡引古書二條即當知何者當先引何者當後引若倒置之則謬矣引至三四條以上尤當知何者當先引何者當次二何者當次三次四以免雜亂 作史之法有曰美 惡不嫌同 辭作文亦然如 中庸二字程明 道申以不偏不易 爲入聖之諧而

賈誼過秦論云。材能不及中庸。則以中庸作中才解。過秦論中，向使胡亥有庸主之行，過秦論下，子嬰有庸主之才，皆言中才之主後漢書胡廣傳。天下中庸有胡公。則以中庸作模稜兩可人解。與禮經命名之旨。大相違戾矣。蕩蕩二字，爲廣大之貌。故論語曰，蕩蕩乎民無能名焉。而于令升晉紀總論云。又況惠帝以蕩蕩之德臨之哉。則指一蠢然無知之人。此殆用反以相譏刺與。因循二字。爲優柔不斷之人。下一砭鍼。而魏鄭公作九成宮醴泉銘云。事貴因循。何必改作。則以因與創對文。因循乃率由舊章之義。且施之奏御之作。而當時並不以爲詬病。客氣二字。乃謝人致敬之語。而左傳有曰，盡客氣也。則謂其辭色加人彊很不遜之狀。佞有才義故自稱曰不佞以示謙。如不才不敏之類。而論語有佞人佞口之語。則以佞爲利口之譏。以上所引。皆義之極相反者。而可以通用如此。

後漢書光武紀云。三七之際火爲王。又李康辨命論，引河洛之文云。以文命者。七九而衰。以武興者。六八而謀。所稱三七，七八，六八。乃出自讖緯之書。從來多作隱語。不足爲異。而古人文中相承。言相者必稱二八。言將者必稱四七。二八爲十六。指虞廷十六相也。四七爲二十八。指光武二十八將也。又云上感五。下登三。五指五帝。三指三皇也。又曰五帝可六。三皇可四。此等句法。竟似算學家口吻。非文體也。及昌黎作送窮文云。子之朋儔。非四非六 在十去五。滿七除二。蓋指下五窮而言。此係游戲之作。自無不可。若施之堂堂正正之文。想韓公亦必不作是語矣。

文中間用刑于，友于，貽厥，宴爾，爰立，殆庶，盍各，等字。皆爲歇後之詞。若以文義求之。不詞甚矣。後人以其習用。俱不之察。又以詩有日居月諸句。遂以居諸代日月用．此由詞賦之家。欲叶四聲。故有此語。然居諸乃語助辭。於日月字全無義。而竟以易之。殊不成理。

凡引用古人。間有以類相及者。如臯夔稷契。則各舉其名。顏曾冉閔。則各舉其姓。乃有一名一姓。錯舉成文者。如馬融長笛賦曰彭胥。謂彭咸伍子胥也。潘岳之夏侯常侍誄曰閔參。謂閔子騫曾參也。江淹之別賦曰巖樂。謂巖安徐樂也。更有于稱號二字中．錯舉上下一字者。如班固兩都賦曰春陵。謂春申君信陵君也。陶詩曰夷叔 謂伯夷叔齊也。此在今人用之。具爲不合矣。

古人有以名字分麗兩句。視之竟似兩人者。如張衡思玄賦曰。穆負天以悅牛兮豎亂叔而幽主。謂穆叔豎牛也。沈約宋書恩倖傳論曰。胡廣累世農夫。伯始致位宰相。黃憲牛醫之子。叔度名動京師。伯始廣子。叔度憲字也。此等句法。詩中亦有之。如謝靈運詩。雖學相如達。不同長卿慢。宣尼悲獲麟。西狩涕孔邱。蘇軾作獨園詩。亦學是語曰。兒童識君實。走卒知司馬。本前人所有。故不以杜撰爲嫌也。

凡用人名。有二名而用其一者。如晉重衞武見於左傳是己。至班孟堅幽通賦。稱重黎曰重。稱王莽字巨君曰巨。稽叔夜琴賦。稱王昭君曰王昭。晉之師曠字子野曰晉野。潘安仁馬汧督誄。稱齊萬年曰齊萬。唐書韓擒虎傳。因避國諱。改爲韓禽。故唐李太白亦本此法。送汪倫節詩。稱之曰汪倫。古今相承如此。然究不可爲訓。不如陸士衡詩，稱世祖武皇帝曰世武。潘安仁詩，稱梁王爲征西將軍曰梁征。更爲又成句法。乃若以東方朔爲方朔。司馬長卿。司馬遷，爲馬卿馬遷。諸葛亮爲葛亮。減去複姓一字。此猶爲近理者矣。

文有二字對舉爲詞。而今人用之全不覺者。如契闊者離合之情也。一說離。一說合。夏虞者悲喜之詞也。一說悲。一說喜。堨來者者去來之謂也。一說去。一說來。淹數者遲速之意也。一說遲。一說速。正與軒依違，依違，然疑，可否，一例。

顧亭林日知錄云。古人用字之法。有以二字作一字用者。如不可爲叵。奈何爲那。何不爲盍之類。人人知之。更有單用一字而作二字用者。如左傳若愛重傷。則如勿傷。愛其二毛。則如服焉。孫良夫曰，若知不能。則如勿出。蔡朝吳曰。二三子若能死亡。則如違之。以待所濟。若求安定。則如與之。以待所欲。皆以如作不如用。周書弗愼厥德。雖悔可追。言不可追也。敢辱高位。以速官謗。言不敢也。孟子言褐寬博，吾不惴焉。言豈不惴也。皆以一字作二字用。按語助之字。本無意義。隨人語意之緩急。而吾爲之詞。故有長言短言之別。長言之則一字者皆爲二字。短言之則二字者皆爲一字。是文字聲音語言。本合而爲一。而非有數事也。

禮言臨文不諱。若吾人自作文字。不能不避諱。古人自諱國諱之外。尙有避其家諱者。如司馬子長與任少卿書云。同子驂乘。袁絲變色。同子者。宦人趙談。子長父名談。故改之。史記張孟同。即戰國策之張孟談。與此一例。晉人尤重諱。故王右軍父名正。法帖中多改正月爲一月。在宋時蘇家父子兄弟。以其先有名序者。凡序皆作引。如送石昌言引是也。或以叙字代之。須知避諱誠美事。然使人人皆然。必至錯雜歧誤。不可辨識。此亦古人不宜學處。

周禮考工記。天下大獸五。脂者，膏者，臝者，羽者，鱗者。是禽可以名獸。後漢書華陀語吳普曰。吾有一術。名曰五禽之戲。一曰虎。二曰鹿。三曰熊。四曰猿。五曰鳥。是獸可以名禽。此語見焦氏筆乘。大抵古人於禽獸二字。可以通稱。如曲禮鸚鵡能言。不離飛鳥。猩猩能言。不離禽獸。使後人爲之。必將曰不離走獸。以與上飛鳥對文。然此等句法。究不可學。

古人語妙。有出於無意中者。如枕石漱流。常語也。忽誤爲漱石枕流。遂爲一時佳話。而文人鍊句之法。亦有如此者。如江文通恨賦。孤臣危涕。孽子墜心。心宜言危。涕宜言墜。別賦心折骨驚。心宜言驚。骨宜言折。於此亦見顛倒之妙。

作史之法。其後自述己意者。始於左傳用君子曰。以後或作太史公曰。或作史臣曰或作論曰。或作贊曰。或作評曰。皆異名同詞。文家則用亂曰。用誶曰。用訊曰。

用嘆曰。用重曰。亦同此例。

作文不必好用古字。然或古字全然不知。亦無以爲讀古文之法。故學者須明漢讀。如某讀若某者。言此字與彼字音同也。某讀爲某者。言此字與彼字義同也。蓋古人字少。多以假借爲之。注家申而明之。故有此語。若一一於其本義求之。則字之不可通者多矣。讀漢魏以上文。皆須得此意。

碑志之文。謂有位者曰公。皆爲施之尊者之詞。然考史記鼂錯傳。錯父稱曰錯公。是以父而稱子也。後漢書孝獻帝紀。帝呼郄慮爲郄公。是以君而稱臣也。大抵古人稱謂之詞。本無定說。其有與此相反。而可爲比例者。如爾汝乃賤者之稱。而周公之告太王王季文王。乃曰爾之與我。爾不與我。固不以爲賤也。後世乃有一定格律。萬不能相假。

晉書載胡毋輔之、其子字之曰彥國。以爲一時放誕之失。然考離騷朕皇考曰伯庸。則以子而字父也。中庸仲尼祖述堯舜。是以孫而字祖也。

干支之字。古人以之紀日。不以紀歲。紀歲者則以閼逢至昭陽。凡十名。如日之有千也。自攝提格至赤奮若。凡十二名。如日之有支也。自秦漢時。作文者皆不以干支紀歲。楚辭攝提貞於孟陬兮。惟庚寅吾以降。攝提言歲。孟陬言月。庚寅言日。賈生鵩鳥賦。單閼之歲兮。四月孟夏。庚子日施兮。鵩集予舍。單閼言歲。孟夏言月。庚子言日。自魏晉以後。則概用干支。紀歲不復作是語。相承既久。亦有一二強而學古者。反爲多事矣。

語錄中有一種語助辭。不可以入古文。雙字如不成，這個，那個，這般，那般，裏許，恁地，恁麼，者麼，什麼，兀底，怎生，能個，索性，之類。單如者，殺，底，之類。詩詞有一種助辭。不可以入古文。雙字如耐可，眞個，至竟，究竟，畢竟，怎教，儘教，那教，無那，那堪，儘著，隔是，之類。單字如兒，管，眞，纔，很，緣，之類，公牘中有一種語助辭。不可以入古文。雙字如等因，須至，立即，照得，前來，之類。單字如著，該，仰，之類

自唐以上，無以年號減去一字而兩者並稱。宋以後文字簡易。故有熙豐政宣乾寧之語 明之因之。稱洪永成弘正嘉慶歷者，凡屢見。清朝亦稱康乾嘉道道咸同光，用

之既久。亦爲常見。然律以漢人文法。則此爲不詞矣。

摭采新譯字句。中無雅言高義。徒飾外觀。此亦文家之病。夫甄述東西政治學術。及筆札有涉時故者。自宜用譯家名詞。若隨風而偃。亦若非此不爲工者。則淺陋甚矣。蓋中國文體。自具謹嚴界域。有墻壁以爲之防。作中國文字。守中國法度。如衣服飲食之各適其宜。趨風尚而不顧。此心之安。賢者不爲也。

至若南朝齊士之學鮮卑語。五代漢兒之學胡兒語。元代漢人之學蒙古文。乃神州陸沈時之所爲。華風挫敗極矣。西人修詞學中有云。凡人知本國語言之正當用法。乃爲國民當盡之義務。日本人佐佐政一之修詞法云。我國文章。文法糅雜。今當新舊思想變遷時代。故稍急激。未能改革。世人猶得暫寬假之。及過渡時代一終。則文法混亂時代。亦從而終。尚欲用不合格之文詞、其敗壞可立而待也。觀西人之寶貴本來語言。與東人之鄙文章糅雜。而自繩墨若是。吾華學子。其能如飲酒濡首。喪失本眞乎。

古人文章之能佳妙。由其有一種迷溺之風氣。普及文家。而文始稱工。有精感之至。形於夢寐者。如揚雄夢五臟出地。紀少瑜，江淹，李嶠，和凝等。皆夢人授筆。李白夢筆生花。韓愈夢吞丹篆。王仁裕夢剖腸胃。滌以江水之類甚多。或有成痴成病。變生平常態者。如揚子雲作甘泉賦。病至一歲。桓譚作小賦。亦以成病。薛道衡隱空齋撰文。聞戶外有人便怒。楊欽有文癖。江總爲文。至得意則起稿於窗上。不壞則投置溷中。王維苦吟。至走入醋甕。賈島敲詩。至衝長官儀仗。周樸吟詩。日旰忘返。張祜苦吟。妻孥喚之不應。王勃引被覆面。楊億作文，必飲博諧笑。范蜀公終日默坐。萬適構思。必匿深草中　歐公作文。多在馬上枕上廁上。羅屺每有撰述，必棲喬樹之巔。或閉坐一室。容色枯槁。有死人氣。常爲人銘墓。暈去四五度。所傳圭峯稿。大率樹巔死去所得。及泰西詩人希利作詩。喜原野外。或屋脊上。格利讀他人之詩。興湧之時始執筆。披雪羅於臥牀作之。撒地於暗室作之。李白斗酒百篇　西詩人加爾刺。亦言不帶酒氣。不能發揮其思想。皆是也。有窮年月。殫畢生。而不捨者。如陳善謂唐人小詩。皆旬煆月煉。王鏊謂唐人用一生心於五字。故能巧奪天工。杜荀鶴詩。謂生平心力盡于文。陳后山詩。謂生平心力盡于詩。

及日耳曼文家。格斯德懷草稿而寢。排魯闢庫。繫其身於機而鎖之。皆是也。劉彥和謂曹公懼爲文之傷命。陸雲歎用思之困神。歐公謂勤一世以盡心於文字間。邵青門謂須數十年攻苦。自立根底。東坡謂生平樂事。無踰于此。子由謂東坡晚年。以文章爲鼓吹。英人常語。謂可失印度帝國。寧勿失沙第。(大詩人沙古士坡獨也)通中外眞切愛好。對照觀之。可知文家迷溺之狀態矣。

黃梨洲論作文。不可倒却架子。爲二氏作文。須如堂上之人。分別臧否。然既爲此輩作文。而必持吾敎與之一一較量。亦屬多事。昔歐陽公爲祕演惟儼作文集序。祇淡淡說到平日交情。而於彼敎一語不及。最爲得法。若復演說本論中語。豈不令人生厭。

自六經而外。至於百家諸子。往往多用諺語。而其語類多善喻人情。甚趣而韻。偶然用之。使文章爲之生色。自魏晉以後。便不復見。使今人爲文。而羼入里巷之談。便俗不可耐。令人噴飯矣。

臨文無主意而好爲長篇。實爲大病。昔人所譏爲錦繡屏風者也。元周昂謂文章以意

胥性荃

爲主。言語爲役。故作文首要在主意。東坡嘗言之。其教葛延之曰。市肆諸物。無種不有。可以攝得者惟錢。文章詞藻事實。乃市肆物。意者錢也。爲文立意。古今所有。翕然並起。皆赴吾用。東坡此論。可謂扼要。證以魏曾兩家之說而益信。魏叔子謂作文貴先立意。不必求異。但須有獨到處。既有好意。須思此意如何方能發得透確。用何陪賓。用何引證。前後當如何位置。一一要合古人法度。文成乃燦然可觀。曾文正雜箸。嘗取譬於李伯時畫七十二賢像。謂其妙全在鼻端一筆。以生變化。而卒不離其宗。若山之有主峯。水之有幹流。畫龍之有睛。物不能兩大。人不能兩首。文之主意。不能兩重。諸言均可味也。

作文不可不避俗。然亦有看似俗字。而實有所本者。如什物見後漢書宣秉傳。什器見鮑昱傳。上司見楊震傳。司官見陳寔傳。底裏見竇融傳。細弱見杜林傳。文書見鮑昱傳。人事見黃琬傳。小便見張湛傳。及絕交書。公館見禮曾子問。乾沒見史記張湯傳。加一見左傳陳氏三量皆登一焉杜注。兒戲見史記絳侯世家。把戲見元史百官志。無數見詩萬億及秭疏。門風見世說新語。當家見史記始皇紀。雨衣見左傳陳

成子衣製杖戈杜注　烏龜見韓愈月蝕歌。生活見史記日者傳。獻醜見後漢書郭皇后紀註、見錢見漢書王嘉傳。財主見周禮朝士注。留心見史記蒙恬傳。中意見漢書江充傳。樂得見禮記。生氣見晋語。何苦見史記黥布傳。孟浪見莊子齊物論。不通見論衡別通篇。整頓見張耳陳餘傳，多謝見漢書趙廣漢傳。多事見家語　生事見公羊傳。能幹見後漢書循史傳。容易見漢書東方朔傳。行李見左傳，欺貧見史記高祖紀。以上凡數十條。皆從通俗篇中摘出。雖不必皆常用之語。作文者要當知也。

游戲之語。雖亦有所本。不可以入典重文字。如稱許曰言午。見三國志魏文帝紀注稱張曰弓長。見宋書王景文傳注。稱楊曰木易。見隋書宗室傳。稱裴曰非衣　見唐書裴度傳。稱李曰李子。見宣室志。按此等語　實始於止戈爲武，皿蟲之類。其來亦舊。

凡作文不可不認定主人翁。然亦有以客爲主者。如蘇老論三國。却專論劉項。陳同甫論李靖。却專論諸葛孔明。此文體之變也。

曾文正謂文之造句。約有二端。一曰雄奇。一曰愜適。雄奇者瓌瑋俊邁。以揚馬爲最。詠詭恣肆。以莊生爲最。兼弦瓌瑋詠詭之勝者。則莫盛於韓子。愜適者漢之匡、劉。宋之歐曾。均能細意熨貼。樸屬微至。雄奇者得之天事。非人力所可強企 愜適者詩書醞釀 歲月磨鍊。皆可日起而有功。愜適者未必能兼雄奇之長。雄奇則未有不愜適者。學者之識。當仰窺於瓌瑋俊邁詠詭恣肆之域。以期日進於高明。若施乎之處。則端從平實愜適始 據此知雄奇本天生 愜適可人爲。下手之方法。則致力愜適。以仰窺雄奇焉

柳子厚復杜溫夫書、有用助字不當律令之語、故古人用助字。有自然之律令。即見後錄，稱柳子厚用助字。論當否不論重複。蓋助字以傳達其神氣 靈變其文心 前人有內七竅外七竅之目。故文有助詞、猶禮之有儐 樂之有相也。禮無儐則不行。樂無相則不諧 文無助則不順、古書有一句而三字連助不嫌多者。檀弓曰勿之有悔焉耳矣。孟子曰。寡人盡心焉耳矣。檀弓曰我弔也與哉 又左氏傳曰。獨吾君也乎哉。 有一句六字成句，已四字爲助不嫌多者。左氏傳曰。其可以知之矣。又曰其無乃是也乎。 有一句中不嫌用之字多者、檀弓曰。有宮縚之妻之姑之喪。樂記曰。不知手之舞之足之蹈之也。 有不嫌用矣字多者、禮記曰言則大矣美哉盛矣 有四字成句而助詞半之者。檀弓曰美哉輪焉。論語曰富哉言乎。 有每終用助。讀之殊無鉏鋙

艱辛之態者。左傳曰。美哉泱泱乎。大風也哉。表東海者。其太公乎。國未可量也。容齋四筆。則舉歐公醉翁亭記。東坡酒經。皆以也字絕句。歐用二十二 坡用十六。皆主多用助字之說也 費袞梁谿漫志曰。文字中用助語太多。或令文氣卑弱。典謨訓誥之文。其文都無耶歟者也之詞。而渾渾灝灝噩噩。列於六經。此不主多用助字之說也。梁又云。退之祭十二郎文。大率皆用助語。而反覆出沒。如怒濤驚湍。變化不測。歐翁醉翁亭記繼之。又特盡紓徐不迫之態。此用之得當。而不嫌重複之說也。主多用與主不多用相對。而以用得當折衷之。文之用助字視此矣。

文以轉折分段落。轉折分明。斯段落亦分明。故文有小題目。主意之謂也。文有小篇幅。段落之謂也。闡段落之奧。以魏曾二說爲精。魏叔子曰。古文轉折處用提法。人所易知。轉處用駐法。人所難曉。凡文之轉。易流便無力。故每於字句未轉時。情勢先轉。少駐而後下。則頓頓沉鬱之意生。譬如駿馬下阪。雖疾驅如飛。而四蹄著石處。步步有力。若駑馬下峻阪。只是滑溜將去。四蹄全主不得。有當轉而不用轉語。以開爲轉。以起爲轉者。以起爲轉 轉之能事盡矣。曾文正日記曰。爲文全在氣盛。欲氣盛全在段落淸。每段分束之際。似斷不斷。似咽似咽。似吞非吞。似吐非吐。古人無限妙境。難于領取。每段張起之際。似承非承。似提非提。似突非突。似紓非紓。古人無限妙用。亦難領取。蓋昔人之論書勢者。曰有轉皆收。無垂不縮。故轉法貴無迹而賤有迹。有迹易。無迹難。駐與提相對。而魏云駐難于提。難其無迹也。分束與張起相對。而曾云兩者各有難領取之處。無迹則難領取也。

文之妙處。能用不測之筆法。而使人震愕。取對待之法。而靈變用之。成法雖不多。而奧妙已得。魏叔子曰。歐文之妙。只是說而不說。說而又說。是以極吞吐往復參差離合之致。此善用向背之法之證。不在多也。

文之局勢。須明空處與實處多少之比較。旁面與正面多少之比較。眉目線索。或隱或見。亦須加意經營。曾文正公曰。古文之道。謀篇布勢。是一段最大工夫。書經左傳。每一篇空處較多。實處較少。旁面較多。正面較少。精神注於眉宇目光。不可周身皆眉。到處皆目也。線索要如蛛絲馬跡。絲不可過粗。跡不可太密也。蓋文以虛實旁正等法。相間爲相成。以眉目線索等法。相生而相應。分之以虛實旁正等法。合之以眉線索等法。而文之篇法盡矣。

文體有清疏濃密之分。朱蓉生謂西京文。莫盛於兩司馬。史公源出左國。長卿源出詩騷。皆以氣法主。氣有毗陰毗陽之分。故其文一縱一斂。一疏一密。一爲散體之宗。一爲駢體之宗。皆文家之極軌。班揚多學相如。崔蔡又學班揚。氣已漸薄。遂成偶體。然偶文在晉宋。體較疏。猶有東京遺意。至永明變而日密。故駢文之有任沈。猶詩家之有李杜。李存古意。杜開今體。任沈亦然。任體疏。沈體密。梁陳尤密。日趨綺靡。羣以繁麗相尚矣。朱氏此論。於漢代則區並時兩家之爲疏爲密。於江左則區永明前爲疏。永明後爲密。劉氏歸潛志。稱金趙秉文之文頗疑。故其文止論氣象。李之純之文甚細。故其文必論賓主關鍵抑揚。亦以疏密論並世之文也。疏則其氣縱。密則其氣斂。惟縱故奡宕。惟斂故遒緊。學者擷此類橫論縱論之意。以通觀前後之變遷。與並世之宗主。及臨文或主清密。或主濃密。各詣純潔之宜。而又能去其龐雜之忌。朱氏所謂知駢散之分。乃能知駢散之合。實兩體文交關中。與兩體文分道中。所不可不辨。深心而細意。求之可得也。

作文有識到而臨文不逮所見一境。魏時曹植。已有劉季緒才不逮於作者。而好詆呵文章。掎摭利病之說。李氏懷麓堂詩話。則以之證驗古人　嘗謂識得十分　祇做得八九分。其一二分。乃拘於才力。其滄浪之謂乎。惲子居則以之證驗近人　其上曹侍郎書曰。近日朱梅崖等。於望溪有不足之詞。而梅崖所得。視望溪益庳隘。文人之見。日勝一日。而其力則日遜焉。是亦可慮者也。鄧彌之輔綸則以之證驗古人。其意謂劉彥和之文心雕龍。劉子元之史通　其於文史二者。可謂獨具卓識　而彥和之自爲文。子元之修唐史。均不逮所見也。宋子京云知幾工呵古人而拙於用己鼂武公謂其言不誣東坡取以證驗自己。而有昔有見於中口不能言之語。曾文正亦取以內自證驗。其言曰。每一作文　未下筆之先　若有佳境。既下筆則無一是處。又云余終年不動筆作文　而自度能知古人堂奧。以爲將來爲之。必有可觀。不料今年試作數首。乃無一合於古人義法。乃知昔年自詭爲知文。爲不可恃也　總觀以上諸說。則知天下事知得十分。則知文家但有妙解文理之識。未可。爲能事已畢。妙解文理。而爲文復能自臻其所至。則誠善於文者矣。

捫蝨新語曰。文章雖工。而觀人亦自難識。知九方皋相馬法。始可觀人文章。焦竑經籍志曰。作之固難。解之亦不易。故妙解文理之識。亦正非易幾 是以古來文家。有定價之文。有無定價之見。柳子厚有文爲之難。而知之愈難之說。林下偶談因柳說。遂謂知文之難。甚于爲文之難。蓋有定價之文。往往不見知於當時之人。揚雄太玄法言。張伯松不肯一觀。昌黎毛穎傳。楊誨之猶大笑以爲怪。東坡謂南豐編太白集。而濫收贈懷素等僞作。劉原父文醇雅。而歐曾蘇王。亦不甚稱其文。劉嘗嘆百年後。當有知我者。至東萊水心。而論方定。東萊編文鑑。而朱子不以爲然。此文遇有識者。所見尙如其不同也。至昌黎爲時人笑且排。下筆稱意。則人必怪。歐公作尹師魯墓志。或以爲疵謬。歐公亦自言其平生文。惟師魯一見疾讀。便曉深意。歐公初取東坡。則羣嘲聚者滿千百。而東坡亦言張文潛秦少游之超軼絕塵者。士駭所未聞。而不能無異同。因作太息一篇 使秦少章藏於家。三百年後出之。蓋謂三百年後當論定也。水心汲引後進。晚得篔窗陳耆卿。即傾倒。付屬以文字。時士論猶未厭。水心舉太息一篇爲證。且謂他日之論終當定。此文遇無識者見知若是

中國大學國文講義

徐翼講授代姚

姚姬傳李斯論

蘇子瞻謂李斯以荀卿之學亂天下是不然秦之亂天下之法無待於李斯斯亦未嘗以其學事秦當秦之中葉孝公即位得商鞅任之商鞅教孝公燔詩書明法令設告坐之過而禁遊宦之民因秦國地形便利用其法富強數世兼並諸侯迄至始皇始皇之時一用商鞅成法而已雖李斯助之言其便利益成秦亂然使李斯不言其便始皇固自爲之而不厭何也秦之甘於刻薄而便於嚴法久矣其後世所習以爲善者也斯逆探始皇二世之心非是不足以中侈君而張吾之寵是以盡舍其師荀卿之學而爲商鞅之學掃去三代先王仁政而一切取自恣肆以爲治焚詩書禁學士滅三代法而尙督責斯非行其學也趨時而已設所遭値非始皇二世斯之術將不出於此非爲仁也亦以趨時而已君子之仕也進不隱賢小人之仕也無論所學識非也即有學識甚當見其君國行事悖謬無義疾首頻蹙於私家之居而矜夸導譽於朝廷之上知其不義而勸爲之者謂天下將諒我之

無可奈何於吾君而不吾罪也知其將喪國家而爲之者謂當吾身容可以免也且夫小人雖明知世之將亂而終不以易目前之富貴而以富貴之謀貽天下之亂固有終身安享榮樂禍遺後人而彼宴然無與者矣嗟乎秦未亡而斯先被五刑夷三族也其天之誅惡人亦有時而信也耶易曰眇能視跛能履履虎尾咥人凶其能視且履者倖也而卒於凶者蓋其自取耶且夫人有爲善而受教於人者矣未聞爲惡而必受教於人者也荀卿述先王而頌言儒效雖間有得失而大體得治世之要而蘇氏以李斯之害天下罪及於卿不亦遠乎行其學而害秦者商鞅也舍其學而害秦者李斯也商君禁遊宦而李斯諫逐客其始之不同術也而卒出於同者豈其本志哉宋之世王介甫以平生所學建熙甯新法其後章惇曾布張商英蔡京之倫曷嘗學介甫之學耶而以介甫之政促亡宋與李斯事頗相類夫世言法術之學足以亡人國固也吾謂人臣善探其君之隱一以委曲變化從世好者其爲人尤可畏哉尤可畏哉

魯通甫蓋寬饒論

漢宣帝時蓋寬饒爲司隸刺舉無所回避又好犯上意下吏自剄死天下哀之魯子曰是宰相之過也魏侯於是溺其職矣宰相者將佐人主進賢退不肖以宣帝之明魏侯爲相同心一德而使國有

徐鼒代姚

殺諫之名時諫大夫鄭昌傷寬饒如此爲文吏所詆上書訟之假令相以此時從容出一言繼昌之後如辛慶忌免冠救朱雲諫收劉輔上未必不從即不從相可告無罪於天下且夫慶忌一武夫耳猶能出萬死叩頭流血爭一罪在不測之朱雲而回庸主之聽於俄頃之間况以孝宣之明哲寬饒之任職魏相之得君假令不知此義不可謂賢知而不爲不可謂忠不識二者將何處焉史稱寬饒深刻在位大臣貴戚人與爲怨則意相於寬饒有利其死之心許伯之入第也寬饒後往曰毋多酌我我乃酒狂丞相笑曰次公醒而狂何必酒也則相之不滿於寬饒久矣夫以趙廣漢之賢徒以案事不實擢辱丞相夫人竟坐腰斬方是時吏民守闕號泣欲代趙京兆而死者數萬人也使相爲賢者身先請於帝曰廣漢雖按臣不實及有他坐然臣相實爲國家惜此人臣不敢以私怨殺天下良吏如此上獲忘私憂國之忠下有負荊請罪之效豈不光明震耀照千古哉大抵漢之賢相皆嚴覈幹練之才而識度有所不足如魏相殺趙廣漢蕭望之殺韓延壽翟方進黜陳咸皆非大臣器不學無術之誚獨一霍子孟也與

曾滌笙致劉孟容書（劉名蓉號霞仙湘鄉人入公幕府以諸生累薦官至陝西巡撫同治間罷歸著有養晦堂集）

去歲辱惠書所以講明學術者甚正且詳而於僕多寬假之詞意欲誘而進之且使具述爲學大指良厚良厚蓋僕早不自立自庚子以來稍事學問涉獵於前明本朝諸大儒之書而不克辨其得失聞此間有工爲古文詩者就而審之乃桐城姚郎中鼐之緒論其言誠有可取於是取司馬遷班固杜甫韓愈歐陽修曾鞏王安石及方苞之作悉心而讀之其他六代之能詩者及李杜蘇軾黃庭堅之徒亦皆泛其流而究其歸然後知古之知道者未有不明於文字者也能文而不能知道者或有矣烏有知道而不明文者乎古聖觀天地之文獸迒鳥迹而作書契於是乎有文文與文相生而爲字字與字相續而成句句與句相續而成篇口所不能達者文字能曲傳之故文字者所以代口而傳之千百世者也伏羲既深知經緯三才之道而畫卦以著之文王周公恐人之不能明也於是立文字以彰之孔子又作十翼定諸經以闡顯之而道之散列於萬事萬物者亦略盡於文字中矣所貴乎聖人者謂其立行與萬事萬物相交錯而曲當乎道其文字可以教後世也吾儒所賴以學聖賢者亦藉此文字以考古聖之行以究其用心之所在然則此句與句續字與字續者古聖之精神語笑胥寓於此差若毫釐謬以千里詞氣之緩急韻味之厚薄屬文者一不慎則規模立變讀書者一不慎則鹵莽無知故國藩竊謂今日欲明先生之道不得不以精研文字爲要務三古盛時聖君

徐翼代姚

賢相承繼熙洽道德之精淪於骨髓而學問之意達於閭巷是以其時雖罝兎之野人漢陽之游女皆含性貞嫻吟詠若伊萊周召凡伯仲山甫之倫其道足文工又不待言降及春秋王澤衰竭道固將廢文亦殆殊已故孔子覩獲麟曰吾道窮矣畏匡曰斯文將喪於是慨然發憤修訂六籍昭百王之法戒垂千世而不刊心至苦事至盛也仲尼既沒徒人分布轉相流衍厥後聰明魁傑之士或有識解撰著大抵孔氏之苗裔其文之醇駁一視乎見道之多寡以爲差見道尤多者文尤醇焉孟軻是也次多者醇次焉見少者文駁焉尤少者尤駁焉自荀揚莊列屈賈而下次第等差畧可指數夫所謂見道多寡之分數何也曰深也博也昔者孔子贊易以明天道作春秋以衷人事之至當可謂深矣孔子之門有四科子路知兵冉求富國問禮于柱史論樂于魯伶九流之說皆悉其原可謂博矣深則能研萬事微芒之幾博則能究萬物之情狀而不窮于用後之見道不及孔子者其深有差焉其博有差焉能深且博而屬文復不失古聖之誼者孟氏而下惟周子通書張子之正蒙醇厚正大邈焉寡儔許鄭亦能深博而訓詁之文或失則碎程朱亦且深博而指示之語或失則隘其他若杜佑鄭樵馬貴與王應麟之徒能博而不能深則文流於蔓矣游楊金許薛胡之儔能深而不若博則文傷於易矣由是漢學宋學之分斷斷相角非一朝矣僕竊不自揆謬欲兼取二者之長見道既

深且博而爲文復臻於無累區區之心不勝奢願譬若以蚊而負山盲人而行萬里也亦可哂已蓋上者仰企於通書正蒙其次則篤嗜司馬遷韓愈之書謂二子誠亦深博而頗窺古人屬文之法今論者不究二子之識解輒謂遷之書憤懣不平愈之書傲兀自喜而足下或不深察亦偶同於世人之說是猶覩盤誥之聱牙而謂尙書不可讀觀鄭衛之淫亂而謂全詩可删其毋乃漫於一槪而未之細推也乎孟子曰君子所性雖大行不加焉雖窮居不損焉僕則謂君子所性雖破萬卷不加焉雖一字不識無損焉離書籍而言道則仁義忠信反躬皆備堯舜孔孟非有餘愚夫愚婦非不足初不關乎文字也卽書籍而言道則猶道人心所載之理也文字猶人身之血氣也血氣誠不可以名理矣然舍血氣則性情亦胡以附麗乎今世雕蟲小夫既溺於聲律繢藻之末而稍知道者又謂讀聖賢書當明其道不當究其文字是猶論觀人者當觀其心所載之理不當觀其耳目言動血氣之末也不亦誣乎知舍血氣無以見心理則知舍文字無以窺聖人之道矣周濂溪氏稱文以載道而以虛車譏俗儒夫虛車誠不可無車又可以行遠乎孔孟歿而道至今存者賴有此行遠之車也吾輩今日苟有所見而欲爲行遠之計又可不早具堅車乎哉故凡僕之鄙願苟於道有所見不特見之必實體行之不特身行之必求以文字傳之後世雖曰不逮志則如斯其於百家之著述皆就其

徐翼代姚

以校其見之多寡剖其銖兩而殿最焉於漢宋二家構訟之端皆能不左袒以附一鬨於諸儒崇道貶文說尤不敢雷同而苟極知狂謬爲有道君子所深屏然默而不宣其文過彌甚聊因足下之引誘而一陳涯畧伏維憫愚而繩其愆幸甚幸甚

徐翼代姚

司馬子長十二諸侯年表序

太史公讀春秋歷譜諜至周厲王未嘗不廢書而歎也曰嗚呼師摯見之矣紂爲象箸而箕子唏周道缺詩人本之衽席關雎作仁義陵遲鹿鳴刺焉及至厲王以惡聞其過公卿懼誅而禍作厲王遂奔于彘亂自京師始而共和行政焉是後或力政彊乘弱興師不請天子然挾王室之義以討伐爲會盟主政由五霸諸侯恣行淫侈不軌賊臣篡子滋起矣齊晉秦楚其在成周微甚封或百里或五十里晉阻三河齊負東海楚介江淮秦因雍州之固四國迭興更爲霸主文武所褒大封皆威而服焉是以孔子明王道干七十餘君莫能用故西觀周室論史記舊聞興於魯而次春秋上記隱下至哀之獲麟約其文辭去其煩重以制義法王道備人事浹七十子之徒口受其傳指爲有所刺譏褒諱挹損之文辭不可以書見也魯君子左邱明惟弟子人人異端各安其意失其眞故因孔子史記具論其語成左氏春秋鐸椒爲楚威王傳爲王不能盡觀春秋采取成敗卒四十章爲鐸氏微趙孝成王時其相虞卿上采春秋下觀近世亦著八篇爲虞氏春秋呂不韋者秦莊襄王相亦上觀尚古删拾春秋集六國時事以爲八覽六論十二紀爲呂氏春秋及如荀卿孟子公孫固韓非之徒各往往捃摭春秋之文以著書不可勝紀漢相張蒼歷譜五德上大夫董仲舒推春秋義頗著文焉太史

公曰儒者斷其義馳說者騁其辭不務綜其終始歷人取其年月數家隆於神運譜牒獨紀世謚其辭畧欲一觀諸要難於是譜十二諸侯自共和訖孔子表見春秋國語學者所譏盛衰大指著於篇爲成學治國聞者要刪焉

莊子外篇馬蹄

馬蹄可以踐霜雪毛可以禦風寒齕草飲水翹足而陸此馬之眞性也雖有義臺路寢無所用之及至伯樂曰我善治馬燒之剔之刻之雒之連之以羈馽編之以阜棧馬之死者十二三矣饑之渴之馳之驟之整之齊之前有橛飾之患而後有鞭筴之威而馬之死者已過半矣陶者曰我善治埴圓者中規方者中矩匠人曰我善治木曲者中鉤直者應繩夫埴木之性豈欲中規矩鉤繩哉然且世世稱之曰伯樂善治馬而陶匠善治埴木此亦治天下者之過也吾意善治天下者不然彼民有常性織而衣耕而食是爲同德一而不黨命曰天放故至德之世其行塡塡其視顚顚當是時也山無蹊隧澤無舟梁萬物羣生連屬其鄉禽獸成羣草木遂長故其禽獸可係羈而遊烏鵲之巢可攀援而闚夫至德之世國與禽獸居族與萬物並惡乎知君子小人哉同乎無知其德不離同乎無欲是謂素樸而民性得矣及至聖人蹩躠爲仁踶跂爲義而天下始疑矣澶漫爲樂摘擗爲禮而天下始

徐翼代姚

分矣純樸不殘孰爲犧樽白玉不毁孰爲珪璋道德不廢安取仁義性情不離安用禮義五色不亂孰爲文采五聲不亂孰應六律夫殘樸以爲器工匠之罪也毁道德以爲仁義聖人之過也夫馬陸居則食草飲水喜則交頸相靡怒則分背相踶馬知已此矣夫加之以衡阨齊之以月題而馬知介倪闉扼鷙曼詭銜竊轡放馬之知而能至盜者伯樂之罪也夫赫胥氏之時民居不知所爲行不知所之含哺而熙鼓腹而遊民能已此矣及至聖人屈折禮樂以匡天下之形縣跂仁義以慰天下之心而民乃始踶跂好知爭歸於利不可止也此亦聖人之過也

韓愈諱辯

徐翼代姚

愈與李賀書勸賀舉進士賀舉進士有名與賀爭名者毀之曰賀父名晉肅賀不舉進士爲是勸之舉者爲非聽者不察也和而唱之同然一辭皇甫湜曰若不明白子與賀且得罪愈曰然律曰二名不偏諱釋之者曰謂若言徵不稱在言在不稱徵是也律曰不諱嫌名釋之者曰謂若禹與雨丘與蓲之類是也今賀父名晉肅賀舉進士爲犯二名律乎爲犯嫌名律乎父名晉肅子不得舉進士若父名仁子不得爲人乎夫諱始於何時作法制以教天下者非周公孔子歟周公作詩不諱孔子不偏諱二名春秋不譏不諱嫌名康王釗之孫實爲昭王曾參之父名晳曾子不諱昔周之時有騏期漢之時有杜度此其子宜何如諱將諱其嫌遂諱其姓乎將不諱其嫌者乎漢諱武帝名徹爲通不聞又諱車轍之轍爲某字也諱呂后名雉爲野雞不聞又諱治天下之治爲某字也今上章及詔不聞諱滸勢秉機也惟宦官宮妾乃不敢言諭及機以爲觸犯士君子言語行事宜何所法守也今考之於經質之於律稽之以國家之典賀舉進士爲可邪爲不可邪凡事父母得如曾參可以無譏矣作人得如周公孔子亦可以止矣今世之士不務行曾參周公孔子之行而諱親之名則務勝於曾參周公孔子亦見其惑也夫周公孔子曾參卒不可勝勝周公孔子曾參乃比於宦官宮妾則是

宦官宮妾之孝於其親賢於周公孔子曾參者耶

韓愈師說

古之學者必有師師者所以傳道受業解惑也人非生而知之者孰能無惑惑而不從師其爲惑也終不解矣生乎吾前其聞道也固先乎吾吾從而師之生乎吾後其聞道也亦先乎吾吾從而師之吾師道也夫庸知其年之先後生於吾乎是故無貴無賤無長無少道之所存師之所存也嗟乎師道之不傳也久矣欲人之無惑也難矣古之聖人其出人也遠矣猶且從師而問焉今之衆人其下聖人也亦遠矣而恥學於師是故聖益聖愚益愚聖人之所以爲聖愚人之所以爲愚其皆出於此乎愛其子擇師而教之於其身也則恥師焉惑矣彼童子之師授之書而習其句讀者也非吾所謂傳其道解其惑者也句讀之不知惑之不解或師焉或不焉小學而大遺吾未見其明也巫醫樂師百工之人不恥相師士大夫之族曰師曰弟子云者則羣聚而笑之問之則曰彼與彼年相若也道相似也位卑則足羞官盛則近諛嗚呼師道之不復可知矣巫醫樂師百工之人君子不齒今其智乃反不能及其可怪也歟聖人無常師孔子師郯子萇弘師襄老聃郯子之徒其賢不及孔子孔子曰三人行則必有我師是故弟子不必不如師師不必賢於弟子聞道有先後術業有專攻如是而

徐翼代姚

已李氏子蟠年十七好古文六藝經傳皆通習之不拘於時學於余余嘉其能行古道作師說以貽之

柳宗元桐葉封弟辯

古之傳者有言成王以桐葉與小弱弟戲曰以封汝周公入賀王曰戲也周公曰天子不可戲乃封小弱弟於唐吾意不然王之弟當封耶周公宜以時言於王不待其戲而賀以成之也不當封耶周公乃成其不中之戲以地以人與小弱者爲之主其得爲聖乎且周公以王之言不可苟焉而已必從而成之耶設有不幸王以桐葉戲婦寺亦將舉而從之乎凡王者之德在行之何若設未得其當雖十易之不爲病要於其當不可使易也而況以其戲乎若戲而必行之是周公教王遂過也吾意周公輔成王宜以道從容優樂要歸之大中而已必不逢其失而爲之辭又不當束縛之馳驟之使若牛馬然急則敗矣且家人父子尙不能以此自克況號爲君臣者耶是特小丈夫缺缺者之事非周公所宜用故不可信或曰封唐叔史佚成之

柳宗元晉文公問守原議

晉文公既受原於王難其守問寺人勃鞮以畀趙衰余謂守原政之大者也所以承天子樹霸功致

命諸侯不宜謀及媟近以黍王命而晉君擇大任不公議於朝而私議於宮不博謀於卿相而獨謀於寺人雖或衰之賢足以守國之政不爲敗而賊賢失政之端由是滋矣況當其時不乏言議之臣乎狐偃爲謀臣先軫將中軍晉君疏而不咨外而不求乃卒定於內豎其可以爲法乎且晉君將襲齊桓之業以翼天子乃大志也然而齊桓任管仲以興進豎刁以敗則獲原啟疆適其始政所以觀視諸侯也而乃背其所以興跡其所以敗然而能霸諸侯者以土則大以力則彊以義則天子之冊也誠畏之矣烏能得其心服哉其後景監得以相衛鞅弘石得以殺望之始之者晉文公也嗚呼得賢臣以守大邑則舉非失舉也蓋失問也然猶羞當時陷後代若此況於問與舉又兩失者其何以救之哉余故著晉君之罪以附春秋許世子止趙盾之義

蘇洵管仲論

管仲相威公霸諸侯攘戎翟終其身齊國富強諸侯不叛管仲死豎刁易牙開方用威公薨於亂五公子爭立其禍蔓延訖簡公齊無甯歲夫功之成非成於成之日蓋必有所由起禍之作不作於作之日亦必有所由兆則齊之治也吾不曰管仲而曰鮑叔及其亂也吾不曰豎刁易牙開方而曰管仲何則豎刁易牙開方三子彼固亂人國者顧其用之者威公也夫有舜而後知放四凶有仲尼而

徐翼代姚

後知去少正卯彼威公何人也顧其使威公得用三子者管仲也仲之疾也公問之相當是時也吾以仲且舉天下之賢者以對而其言乃不過曰豎刁易牙開方三子非人情不可近而已嗚呼仲以爲威公果能不用三子矣乎仲與威公處幾年矣亦知威公之爲人矣乎威公聲不絕乎耳色不絕乎目而非三子者則無以遂其欲彼其初之所以不用者徒以有仲焉耳一日無仲則三子者可以彈冠相慶矣仲以爲將死之言可以縶威公之手足耶夫齊國不患有三子而患無仲有仲則三子者三匹夫耳不然天下豈少三子之徒哉雖威公幸而聽仲誅此三人而其餘者仲能悉數而去之耶嗚呼仲可謂不知本者矣因威公之問舉天下之賢者以自代則仲雖死而齊國未爲無仲也夫何患三子者不言可也五霸莫盛於威文文公之才不過威公其臣又皆不及仲靈公之虐不如孝公之寬厚文公死諸侯不敢叛晉晉襲文公之餘威得爲諸侯之盟主者百有餘年何者其君雖不肖而尚有老成人焉威公之薨也一敗塗地無惑也彼獨恃一管仲而仲則死矣夫天下未嘗無賢者蓋有有臣而無君者矣威公在焉而曰天下不復有管仲者吾不信也仲之書有記其將死論鮑叔賓胥無之爲人且各疏其短是其心以爲是數子者皆不足以託國而又逆知其將死則其書誕謾不足信也吾觀史鰌以不能進蘧伯玉而退彌子瑕故有身後之諫蕭何且死舉曹參以自代大

臣之用心固宜如此也夫國以一人興以一人亡賢者不悲其身之死而憂其國之衰故必復有賢者而後可以死彼管仲者何以死哉

蘇洵權書六國

六國破滅非兵不利戰不善弊在賂秦賂秦而力虧破滅之道也或曰六國互喪率賂秦耶曰不賂者以賂者喪蓋失彊援不能獨完故曰弊在賂秦也秦以攻取之外小則獲邑大則得城較秦之所得與戰勝而得者其實百倍諸侯之所亡與戰敗而亡者其實亦百倍則秦之所大欲諸侯所大患固不在戰矣思厥先祖父暴霜露斬荊棘以有尺寸之地子孫視之不甚惜舉以與人如棄草芥今日割五城明日割十城然後得一夕安寢起視四境而秦兵又至矣然則諸侯之地有限暴秦之欲無厭奉之彌繁侵之愈急故不戰而強弱勝負已判矣至於顛覆理固宜然古人云以地事秦猶抱薪救火薪不盡火不滅此言得之齊人未嘗賂秦終繼五國遷滅何哉與嬴而不助五國也五國既喪齊亦不免矣燕趙之君始有遠略能守其土義不賂秦是故燕雖小國而後亡斯用兵之效也至丹以荊卿爲計始速禍焉趙嘗五戰于秦二敗而三勝後秦擊趙者再李牧連郤之洎牧以讒誅邯鄲爲郡惜其用武而不終也且燕趙處秦革滅殆盡之際可謂智力孤危戰敗而亡誠不得已向使

徐冀代姚

三國各愛其地齊人勿附於秦刺客不行良將猶在則勝負之數存亡之理當與秦相較或未易量嗚呼以賂秦之地封天下之謀臣以事秦之心禮天下之奇才幷力西嚮則吾恐秦人食之不得下咽也悲夫有如此之勢而爲秦人積威之所刦日削月割以趨於亡爲國者無使爲積威之所刦哉夫六國與秦皆諸侯其勢弱於秦而猶有可以不賂而勝之之勢苟以天下之大而從六國破亡之故事是又在六國下矣

蘇軾志林范增

漢用陳平計間疎楚君臣項羽疑范增與漢有私稍奪其權增大怒曰天下事大定矣君王自爲之願賜骸骨歸卒伍歸未至彭城疽發背死蘇子曰增之去善矣不去羽必殺增獨恨其不蚤耳然則當以何事去增勸羽殺沛公羽不聽終以此失天下當於是去耶曰否增之欲殺沛公人臣之分也羽之不殺猶有人君之度也增曷爲以此去哉易曰知幾其神乎詩曰相彼雨雪先集維霰增之去當於羽殺卿子冠軍時也陳涉之得民也以項燕扶蘇項氏之興也以立楚懷王孫心而諸侯叛之也以弑義帝且義帝之立增爲謀主矣義帝之存亡豈獨爲楚之盛衰亦增之所與同禍福也未有義帝亡而增獨能久存者也羽之殺卿子冠軍也是弑義帝之兆也其弑義帝則疑增之本也豈必

待陳平哉物必先腦也而後蟲生之人必先疑也而後讒入之陳平雖智安能間無疑之主咸吾嘗論義帝天下之賢主也獨遣沛公入關而不遣項羽識卿子冠軍於稠人之中而擢以爲上將不賢而能如是乎羽既矯殺卿子冠軍義帝必不能堪此羽弑帝則帝殺羽不待智者而後知也增始勸項梁立講帝諸侯以此服從中道而弑之非增之意也夫豈獨非其意將必力爭而不聽也不用其言而殺其所立羽之疑增必自是始矣方羽殺卿子冠軍增與羽比肩而事義帝君臣之分未定也爲增計者力能誅羽則誅之不能則去之豈不毅然大丈夫也哉增年已七十合則留不合則去不以此時明去就之分而欲依羽以成功名陋矣雖然增高帝之所畏也增不去項羽不亡嗚呼增亦人傑也哉

蘇軾荀卿論

嘗讀孔子世家觀其言語文章循循然莫不有規矩不敢放言高論言必稱先王然後知聖人憂天下之深茫乎不知其畔岸而非遠也浩乎不知其津涯而非深也其所言者匹夫匹婦之所共知而所行者聖人有所不能盡也嗚呼是亦足矣使後世有能盡吾說者雖爲聖人無難而不能者不失爲寡過而已矣子路之勇子貢之辨冉有之智此三者皆天下之所謂難能而可貴者也然三子者

徐冀代姚

每不爲夫子之所悅顏淵默然不見其所能若無以異於衆人者而夫子亟稱之且夫學聖人者豈必其言之云爾哉亦觀其意之所向而已夫子以爲後世必有不足行其說者矣必有竊其說而爲義者矣是故其言平易正直而不敢爲非常可喜之論要在於不可易也昔者嘗怪李斯師荀卿既而焚滅其書盡變古先聖王之治於其師之道不啻若寇讎及今觀荀卿之書然後知李斯之所以事秦者皆出於荀卿而不足怪也荀卿者喜爲異說而不讓敢爲高論而不顧者也其言愚人之所驚小人之所喜也子思孟軻世之所謂賢人君子也荀卿獨曰亂天下者子思孟軻也天下之人如此其衆也仁人義士如此其多也荀卿獨曰人性惡桀紂性也堯舜僞也由是觀之意其爲人必也剛愎不遜而自許太過彼李斯者又特甚者耳今夫小人之爲不善猶必有所顧忌是以夏商之亡桀紂之殘暴而先王之法度禮樂刑政猶未至於絕滅而不可考者是桀紂猶有所存而不敢盡廢也彼李斯者獨能奮而不顧焚燒夫子之六經烹滅三代之諸侯破壞周公之井田此亦必有所恃者矣彼見師歷詆天下之賢人以自是其愚以爲古先聖王皆無足法者不知荀卿特以快一時之論而不自知其禍之至於此也其父殺人報讎其子必且行劫荀卿明王道述禮樂而李斯以其學亂天下其高談異論有以激之也孔孟之論未嘗異也而天下卒無有及者苟天下果無有及者則

尙安以求異爲哉

蘇軾留侯論

古之所謂豪傑之士者必有過人之節人情有所不能忍者匹夫見辱拔劍而起挺身而鬭此不足爲勇也天下有大勇者卒然臨之而不驚無故加之而不怒此其所挾持者甚大而其志甚遠也夫子房授書於圯上之老人也其事甚怪然亦安知其非秦之世有隱君子者出而試之觀其所以微見其意者皆聖賢相與警戒之義而世不察以爲鬼物亦已過矣且其意不在書當韓之亡秦之方盛也以刀鋸鼎鑊待天下之士其平居無罪夷滅者不可勝數雖有賁育無所復施夫持法太急者其鋒不可犯而其勢未可乘子房不忍忿忿之心以匹夫之力而逞於一擊之間當此之時子房之不死者其間不能容髮蓋亦已危矣千金之子不死於盜賊何者其身之可愛而盜賊之不足以死也子房以蓋世之才不爲伊尹太公之謀而特出於荆軻聶政之計以僥倖於不死此圯上老人所爲深惜者也是故倨傲鮮腆而深折之彼其能有所忍也然後可以就大事故曰孺子可教也楚莊王伐鄭鄭伯肉袒牽羊以迎莊王曰其君能下人必能信用其民矣遂捨之句踐之困於會稽而歸臣妾於吳者三年而不勌且夫有報人之志而不能下人者是匹夫之剛也夫老人者以爲子房才有

徐翼代姚

餘而其度量之不足故深折其少年剛銳之氣使之忍小忿而就大謀何則非有平生之素卒然相遇於草野之間而命以僕妾之役油然而不怪此固秦皇之所不能驚而項籍之所不能怒也觀夫高帝之所以勝而項籍之所以敗者在能忍與不能忍之間而已矣項籍惟不能忍是以百戰百勝而輕用其鋒高祖忍之養其全鋒而待其弊此子房敎之也當淮陰破齊而欲自王高祖發怒見於詞色由此觀之猶有剛强不忍之氣非子房其誰全之太史公疑子以爲魁梧奇偉而其狀貌乃如婦人女子不稱其志氣嗚呼此其所以爲子房歟

徐翼代姚

蘇子瞻志林　戰國任俠

春秋之末至於戰國諸侯卿相皆爭養士自謀夫說客談天雕龍堅白同異之流下至擊劍扛鼎雞鳴狗盜之徒莫不賓禮靡衣玉食以館於上者何可勝數越王句踐有君子六千人魏無忌齊田文趙勝黃歇呂不韋皆有客三千人而田文招致任俠姦人六萬家於薛齊稷下談者亦千人魏文侯燕昭王太子丹皆致客無數下至秦漢之間張耳陳餘號多士賓客厮養皆天下豪傑而田橫亦有士五百人其畧見於傳記者如此度其餘當倍官吏而半農夫也此皆姦民蠹國者民何以支而國何以堪乎

蘇子曰此先王之所不能免也國之有姦也猶鳥獸之有猛鷙昆蟲之有毒螫也區處條理使各安其處則有之矣鋤而盡去之則無是道也吾考之世變知六國之所以久存而秦之所以速亡者蓋出於此不可以不察也

夫智勇辯力此四者皆天民之秀傑者也類不能惡衣食以養人皆役人以自養者也故先王分天下之富貴與此四者共之此四者不失職則民靖矣四者雖異先王因俗設法使出於一三代以上出於學戰國至秦出於客漢以後出於郡縣吏魏晉以來出於九品中正隋唐至今出於科舉

雖不盡然取其多者論之六國之君虐用其民不減始皇二世然當是時百姓無一人叛者以凡民之秀傑者多以客養之不失職也其力耕以奉上皆椎魯無能爲者雖欲怨叛而莫爲之先此其所以少安而不卽亡也始皇初欲逐客用李斯之言而止既并天下則以客爲無用於是任法而不任人謂民可以恃法而治謂吏不必才取能守吾法而已故墮名城殺豪傑民之秀異者散而歸田畝向之食於四公子呂不韋之徒者皆安歸哉不知其能槁項黃馘以老死於布褐乎抑將輟耕太息以俟時也秦之亂雖成於二世然使始皇知畏此四人者有以處之使不失職秦之亡不至若是速也縱百萬虎狼於山林而饑渴之不知其將噬人世以始皇爲智吾不信也楚漢之禍生民盡矣豪傑宜無幾而代相陳豨從車千乘蕭曹爲政莫之禁也至文景武之世法令至密然吳濞淮南梁王魏其武安之流皆爭致賓客世主不問也豈懲秦之禍以爲爵祿不能盡縻天下士故少寬之使得或出於此也耶

若夫先王之政則不然曰君子學道則愛人小人學道可易使也嗚呼此豈秦漢之所及也哉

徐翼代姚

史記季布列傳

季布者楚人也為氣任俠有名於楚項籍使將兵數窘漢王及項羽滅高祖購求布千金敢有舍匿罪及三族季布匿濮陽周氏周氏曰漢購將軍急迹且至臣家將軍能聽臣臣敢獻計即不能願先自剄季布許之迺髡鉗季布衣褐衣置廣柳車中并與其家僮數十人之魯朱家所賣之朱家心知是季布迺買而置之田誡其子曰田事聽此奴必與同食

朱家迺乘軺車之洛陽見汝陰侯滕公滕公留朱家飲數日因為滕公曰季布何大罪而上求之急也滕公曰布數為項羽窘上上怨之故必欲得之朱家曰君視季布何如人也曰賢者也朱家曰臣各為其主用季布為項籍用職耳項氏臣可盡誅耶今上始得天下獨以己之私怨求一人何示天下之不廣也且以朱之賢而漢求之急如此此不北走胡即南走越耳夫忌壯士以資敵國此伍子胥所以鞭荊平王之墓也君何不從容為上言耶汝陰侯滕公心知朱家大俠意季布匿其所迺許曰諾待閒果言如朱家指上迺赦季布當是時諸公皆多季布能摧剛為柔朱家亦以此名聞當世季布召見謝上拜為郎中

孝惠時為中郎將單于嘗為書嫚呂后不遜呂后大怒召諸將議之上將樊噲曰臣願得十萬

衆橫行匈奴中諸將皆阿呂后意曰然季布曰樊噲可斬也夫高帝將兵四十餘萬衆困於平城今噲奈何以十萬衆橫行匈奴中面欺且秦以事於胡陳勝等起於今創痍未瘳噲又面諛欲搖動天下是時殿上皆恐太后罷朝遂不復議擊匈奴中

季布爲河東守孝文時人有言其賢者孝文召欲以爲御史大夫復有言其勇使酒難近至留邸一月見罷季布因進曰臣無功竊寵待罪河東陛下無故召臣此人必有以臣欺陛下者今臣至無所受事罷去此人必有以毀臣者夫陛下以一人之譽而召臣一人之毀而去臣臣恐天下有識聞之有以闚陛下也上默然慚良久曰河東吾股肱郡故特召君耳布辭之官

楚人曹邱生辯士數招權顧金錢事貴人趙同等（徐廣曰漢書作趙談司馬遷以父名談故改之）與竇長君善季布聞之寄書諫竇長君曰吾聞曹邱生非長者勿與通及曹邱生歸欲得書請季布竇長君曰季將軍不說足下足下無往固請書遂行使人先發書季布果大怒待曹邱曹邱至卽揖季布曰楚人諺曰『得黃金百斤不如得季布一諾』足下何以得此聲於梁楚閒哉且僕楚人足下亦楚人也僕游揚足下之名於天下顧不重邪何足下距僕之深也季布迺大悅引入留數月爲上客厚送之季布名所以益聞者曹邱揚之也

徐翼代姚

季布弟季心氣蓋關中遇人恭謹爲任俠方數千里士皆爭爲之死嘗殺人亡之吳從袁絲匿長事袁絲弟畜灌夫籍福之屬嘗爲中司馬（索隱漢書作中尉司馬）中尉郅都不敢不加禮少年多時時竊籍其名以行當是時季心以勇布以諾著聞關中

季布母弟丁公爲楚將丁公爲項羽逐窘高祖彭城西短兵接高祖急顧丁公曰兩賢豈相危哉於是丁公引兵而還漢王遂解去及項王滅丁公謁見高祖高祖以丁公徇軍中丁公爲項王臣不忠使項王失天下者迺丁公也遂斬丁公曰使後世爲人臣者無效丁公

中國大學講義

姚嶽

論文名著集略

序一

文學穨靡。無踰今日矣。戎馬生郊，賢豪奮起，欲康世屯，方治圖勵精，枕戈磨盾，誰能屈首受書，役役牖下，而勤旦夕不急之業哉，後生學子，惑於時流，茫昧詩書，浮慕西哲，遽語以古先聖哲微精一之詣，將奔走駭異之不遑，尙何冀其黽勉乾惕乎，上無以倡。下無以應，標新炫異，又復煽惑鼓簧，必欲蕩滅斯文而後快，余甚憂焉，夫文學之於國，猶人身之有血氣也，氣血竭而形骸亡，殄絕文字，而家國能久存者，未之聞也，今年秋，余承乏教次，與總長劉敬輿先生，謀有以矯厲澄淸之，慨學風窳替，乃改組國立九校。京師大學於是乎成立。余秉長法科，諄諄以文學爲諸生倡，閱數月，樂從者日益衆，先聖有言，上有所好者下必甚，一人之趨向，可蔚成天下之風俗，況反流遁以里居，渡迷津以寶筏，豈有不歡忻鼓舞者哉，講授桐城姚君維崑，出所編論文集畧上下篇，余讀而善之，夫天池巨浸，莫識津涯，杭所恃而不失指者，以有南鍼故也，文之精微，于態萬狀，莫可窮詰，姚君集往哲之微言奥義而臚陳之，是亦滄海之南鍼也，學者誦而習。孑孑焉爲義。充其類。一鄉之善士而已。惡在其能過亂畧哉。人之爲文。奈何囿於篇章句字。起承轉合。若鳥之投樊。蠶之作繭歟。人亦有言，取法乎上，僅得其中。然則欲得上。將取法乎。抑不取法乎。而況所取以爲法者。又僅僅於篇章字句。起承轉合之間乎。後魏祖瑩嘗語人曰。文章須自出機杼。何能共人同生活。斯可謂能毀法者歟。且夫作文之道。孰重於行兵。然史記之傳李廣。則曰不正部曲。不擊刁斗。宋史之記岳武穆。則曰運用之妙存乎一心。夫亦可以知其故矣。雖然。爲作文計。則不容有法。爲今之學子作文計。則不可以無法。曷言之。今之學校教科之繁。甚於唐虞之造士。孔門之四科　河汾，湖州，鹿洞之課程。勢不能專其力於文。而國人又萬無不習國文之理。則非有法以範圍之。勢必錯雜瞀亂。如刑夭之斷其首然。目於乳而口於臍。如舊繡之移曲折然。倒天吳而顚紫鳳。文之不成。意將焉達。故必有法以導之。椶。然後麒麟成。範，然後瓴甋成。好學深思之士。致力數年。庶得其蠡犓　亦足以應今日國家社會之求矣。故曰不可以無法。國立法政大學教授桐城姚君維崑與毓桂交最摯。論文尤莫逆。嘗取昌黎柳州以後論文之作爲諸生講貫。其文不斤斤於篇章句字起承轉合諸法。而所以爲

姚嶽

文之道。畢宣而無蘊藏。治標之方。蓋莫善於此矣。學者率是而求焉。明其理。守其法。於應用之文。庶無格格不吐之病。毓桂知是編出。凡學子不欲爲張爽劉晝之續者。其諸奉爲暗室之法輪歟。

中華民國十七年十月閩侯范毓桂序

論文名著集略卷一

桐城姚嶽維崑纂述

韓退之論文

愈白李生足下。生之志將蘄至於古之立言者。則無望其速成。無誘於勢利。養其根而俟其實。加其膏而希其光。根之茂者其實遂。膏之渥者其光曄。仁義之人。其言藹如也。抑又有難者。愈之所爲。不自知其至猶未也。雖然。學之二十餘年矣。始者非三代兩漢之書不敢觀。非聖人之志不敢存。處若忘行若遺。儼乎其若思。茫乎其若迷。當其取於心而注於手也。惟陳言之務去。戛戛乎其難哉。其觀於人。不知其非笑之爲非笑也。如是者亦有年。猶不改。然後識古書之正僞。與雖正而不至焉者昭昭然白黑分矣。而務去之。乃徐有得也。當其取於心而注於手也。汩汩然來矣。其觀於人也。笑之則以爲喜。譽之則以爲憂。以其猶有人之說者存也。如是者。亦有年。然後浩乎其沛然矣。吾又懼其雜也。迎而拒之。平心而察之。其皆醇也。然後肆焉。雖然不可以不養也。行之乎仁義之途。遊之乎詩書之源。無迷其途。無絕無源。終吾身而已矣。氣水也。言浮物也

水大而物之浮者。大小畢浮。氣與言猶是也。氣盛則言之短長。與聲高下皆宜。（摘錄答李翊書）

大凡物不得其平則鳴。人之於言也。亦然。有不得已而後言。其歌也有思。其哭也有懷。凡出乎口而爲聲者。其皆弗平者乎。人聲之精者爲言。文辭之於言又其精也。擇其善鳴者。而假之鳴。其在唐虞。咎陶禹其善鳴者也。而假以鳴。夔弗能文辭鳴。又自假於韶以鳴。夏之時。五子以其歌鳴。伊尹鳴殷。周公鳴周。凡載於詩書六藝。皆鳴之善者也。周之衰。孔子之徒鳴之。其聲大而遠。傳曰。天將以夫子爲木鐸。其弗信矣乎 其末也。莊周以荒唐之辭鳴。楚大國也。其亡也。以屈原。鳴臧孫辰。孟軻。荀卿。以道鳴者也。楊。朱墨翟。管夷吾。晏嬰。老聃。申不害。韓非。昚。到田。騈鄒衍。尸佼。孫武。張儀。蘇秦之屬。皆以其術。鳴秦之興。李斯鳴之。漢之時 司馬遷。相如。揚雄 最爲善鳴者也。其下魏晉氏。鳴者不及於古。然亦未嘗絕也。就其善者。其聲清以浮。其節數以急其辭淫以哀。其志弛。以肆其爲言也。亂雜而無章。天將醜其德而莫之顧邪 何爲乎不鳴其善鳴者也。唐之有天下。陳子昂。蘇源明元結。李白。杜甫。

姚嶽

李觀。皆以其所能鳴者。其存而在下者。孟東野始以詩鳴。其高出魏晉。不懈而及於古。其他浸淫漢氏矣。從吾遊者。李翺。張籍。其尤也。三子者之鳴信善矣。（摘錄送孟東野序）

口不絕吟於六藝之文。手不停披於百家之編記事者。必提其要。纂言者。必鈎其玄。貪多務得。細大不捐。焚膏油以繼晷。恒兀兀以窮年。先生之業。可謂勤矣。觝排異。端攘斥佛老。補苴罅隙。張皇幽渺。尋墜緒之茫茫。獨旁搜而遠紹。障百川而東之。廻狂瀾於旣倒。先生之於儒。可謂有勞矣。沈浸醲郁。含英咀華。作爲文章。其書滿家。上規姚姒渾渾無涯。周誥殷盤佶。屈聱牙。春秋謹嚴。左氏浮誇。易奇而法。詩正而葩。下逮莊騷。太史所錄。子雲相如。同工異曲 先生之於文。可謂宏其中。而肆其外矣。（摘錄進學解）

有來問者。愈不敢不以誠答。或問爲文宜何師。必謹對曰。師其意不師其辭。又問。曰文宜易宜難。必謹對曰。無難易。惟其是爾。如是而已。非固開其爲此而禁其爲彼也。夫百物朝夕所見者。人皆不注視也。及覩其異者。則共觀而言之。夫文豈異如是乎 漢朝人莫不能爲文。獨司馬相如太史公劉向揚雄爲之最。然則用功深者。其收名也。遠若皆與世浮沉。不自樹立。雖不爲當時所怪。亦必無後世之傳也。足下家中百物。皆賴而用也 然其所珍愛者。必非常物。夫君子之於文。豈異於是乎。今後進之爲文。能深探而力取之。以古聖賢人爲法者。雖未必皆是。要若有司馬相如。太史公。劉向。揚雄之徒出。必自於此。不自於尋常之徒也。若聖人之道。不用文則已。用則必尙其能者。能者。非他。能自樹立。不因循者是也。（摘錄答劉正夫書）

愈白尉遲生足下。夫所謂文者。必有諸其中。是故君子愼其實。實之美惡其發也不揜。本深而末茂。形大而聲宏。行峻而言。厲心醇而氣和。昭晰者無疑。優游者有餘。體不備不可以爲成人。辭不足。不可以爲成文。愈之所聞者如是。有問於愈者。亦以是對。今吾子所爲皆善矣。謙謙然若不足 而以徵於愈。愈又敢有愛於言乎。抑所能言者。皆古之道。古之道不足以取於今。吾子何其愛之異也。（摘錄答尉遲生書）

愈性本好文學 因困厄悲愁。無所告語。遂得究窮於經傳史記百家之說。沈潛乎訓義。反復乎句讀。礱磨乎事業。而奮發乎文章。凡自唐虞已來編簡所存。大之爲河海高之爲

山嶽。明之。爲日。月出之。爲鬼神纖之爲珠璣華實。變之爲雷震風雨。奇辭奧句。靡不通達。（摘錄上兵都李侍郎書）

僕爲文久每自測意中以好。則人必以爲惡矣。小稱意。人亦小怪之。大稱意。即人必大怪之也。時時應事作俗下文字。下筆令人慙。及示人。則人以爲好矣。小慙者亦蒙謂之小好。大慙者即必以爲大好矣。不知古人直何用於今世也。然以俟知者知耳。昔揚子雲著太玄。人皆笑之。子雲之言曰。世不我知無害也。後世復有揚子雲。必好之矣。子雲死近千載。竟未有揚子雲。可歎也。其時桓譚亦以爲雄書勝老子。老子未足道也。子雲豈止與老子爭彊而已乎。此未爲知雄者。其弟子侯芭頗知之。以爲其師之書勝周易 然侯之他文不見於世。不知其人果何如耳。以此而言 作者不祈人之知也明矣。直百世以俟聖人而不惑。質諸鬼神而無疑耳。足下豈不謂然乎。（摘錄與馮宿論文書）

竊惟自古神聖之君。既立殊功異德。卓絕之跡。亦有奇能博辨之士。爲時而生。持簡操筆。從而寫之。各有品章條貫 然後帝王之美。巍巍煌煌。充滿天下。其載於書。則堯舜二典。夏之禹貢 殷之盤庚。周之五誥。於詩則玄鳥長發。歸美殷宗。清廟臣工。小大二雅。周王是歌。辭事相稱。善並美具號以爲經。列之學官。置師弟子讀而講之。從始至今 莫敢指斥。嚮使撰次不得其人 文字曖昧。雖有美實。其誰觀之。辭跡具亡善惡惟一。然則慈事至大。不可輕以屬人。（摘錄進撰平淮西碑文表）

夫和平之音淡薄。而愁思之聲要妙。懽愉之辭難。工而窮苦之言易好也。是故文章之作。恒發於羇旅草野 至若王公貴人。氣滿志得。非性而能好之。則不暇以爲。今僕對裴公……乃能存志乎詩書。寓辭乎詠歌。往往循環。有唱斯和 搜奇抉怪。雕鏤文字。與韋布里閭憔悴專一之士。較其毫厘分寸。鏗鏘發金石幽眇感鬼神。信所謂材全而能鉅者也。（摘錄荆潭唱和詩序）愈之所志於古者。不惟其辭之好。好其道焉爾。讀吾子之辭而得其用心。將復有深於是者。與吾子樂之。況其外之文乎。（摘錄答李秀才書）

其詩劌目鉥心 刃迎縷解。鈎章棘句。掐擢胃腎。神旋鬼設。間見層出。唯其大翫於詞。而與世抹摋。人皆劫劫。我獨有餘。（摘作孟郊墓誌銘）

讀書以爲學讚言以爲文。非誇多而鬬靡也。蓋學所以爲道。文學所以爲理耳。（摘錄送陳彤序）

姚嶽

愈之。爲古文。豈獨取其句讀不類於今者耶思。古人而不得見。學古道則欲兼通其詞。通其辭者。本志乎古之道也。古之道。不苟毀譽於人（摘錄歐陽生哀辭）

諫草毋太文。文上弗省也。毋太多多。上弗竟也。（摘錄順宗實錄）

姚嶽

柳宗元論文

始吾幼且少。爲文章以辭爲工。及長乃知文者以明道。是故不苟爲炳炳烺烺務采色夸聲音而以爲能也。……故吾每爲文章。未嘗敢以輕心掉之。懼其剽而不留也。未嘗敢以怠心易之。懼其弛而不嚴也。未嘗敢以昏氣出之。懼其昧沒而雜也。未嘗敢以矜氣作之。懼其偃蹇而驕也。抑之欲其奧。揚之欲其明。疏之欲其通。廉之欲其節。激而發之欲其情。固而存之欲其重。此吾所以羽翼夫道也。本之詩，以求其恒。本之禮以求其宜。本之春秋以求其斷。本之易以求其動。此吾所以取道之原也。參之穀梁以厲其氣。參以荀以暢其支。參之老莊以肆其端。參之國語以博其趣。參之離騷以致其幽。參之太史以著其潔。此吾所以旁推交通。而以爲之文也。（摘錄荅韋中立論師道書）

大都文以行爲本。在先誠其中。其外者當先讀六經。次論語孟軻。書皆經言。左氏國語莊周屈原之辭。稍采取之穀梁子太史公。甚峻潔。可以出入。餘書俟文成。異日討也。其歸在本出孔子。此其古人賢士所懍懍者。求孔子之道。不於異書。秀才志於道。愼勿怪勿雜。勿務速顯。道苟成。則勃然爾久時蔚然爾。源而流者。歲旱不涸。蓄穀者。不病凶年。蓄珠玉者。不虞殍死矣。然則成而久者。其術可見。雖孔子在。爲秀才計。不過如此。(摘錄報袁君陳秀才避師名書)。退之所敬者。司馬遷揚雄。遷於退之固相上下。若雄者，如太玄法言及四愁賦。退之獨未作耳。决作之 如恢奇。至他文過揚雄遠甚。雄之遺言措意。頗短局滯澀。不若退一猛猖恣睢肆意有所作。若然者。使雄來尚不宜推避。而況僕耶。「摘錄荅韋衍示韓愈相推以文墨事書」

凡人可以言古。不可以言今。桓譚亦云。親見揚子雲。容貌不能動人。安肯傳其書。誠使博如莊周。哀如屈原。奥如孟軻。壯如李斯。峻如馬遷。富如相如。明如賈誼。專以揚雄。猶爲今之人。則世高者至少矣。由此觀之。古之人未必不薄於當世。而榮於後世也。「摘錄與楊京兆憑書」

商周之前。文簡而舒。魏晉以降。則蕩而靡。得其中者漢氏。漢氏之東則衰矣。當文帝時。始得賈生。明儒術。武帝尤好焉。而公孫宏，董仲舒，司馬遷，相如之徒。作風雅益盛。敷施天下。自天子至公卿大夫。士庶人咸通焉。於是宣於詔策達於奏議諷於辭賦傳於歌謠。由高祖訖哀平。四方之文章。蓋爛然矣班固修其書。拔其尤者充於簡册。則

姚嶽

二百三十年間列辟之通道。名臣之大範。賢能之志業。黔黎之風美列焉。「摘錄西漢文類序」

見生用助字不當律令。唯以此奉答。生所謂乎歟耶哉夫者疑辭也。矣耳焉也者。決辭也今生則一之宜考前聞人所使用與吾言類且異詳思之則一益也。『摘錄答杜溫夫書』

吾子文甚暢達。恢恢乎其闢大路將疾馳也。攻其車。肥其馬。長其策。調其六轡。中道而行。大都舍是又奚師與。謀於知道而考諸古師之不乏矣。（摘錄與嚴厚輿書）

夫爲一書。務富文采。而不顧事實。而益之以誣。怪張之以闊誕。以炳然誘後生而終之以僻。是猶用文錦覆陷穽也不明而出之則顚者衆矣（摘錄答吳武陵論非國語書）

聖人之言。期以明道學者。務求諸道。而遺其辭。辭之傳於世者。必由於書。道假辭而明。辭假書而傳　要之之道而已耳。（摘錄報崔黯秀才書）

姚嶽

李習之論文

列天地。立君臣。親父子。別夫婦。明長幼。浹朋友。六經之旨也。浩乎若江海。高乎若邱山。赫乎若日火。包乎若天地。掇章稱詠。津潤怪麗。六經之詞也。創意造言。皆不相師。故其讀春秋也。如未嘗有詩也。其讀詩也。如未嘗有易。其讀易也。如未嘗有書也。其讀屈原莊周也。如未嘗有六經也。故義深則意遠。意遠則理辨。理辯則氣直。氣直則辭盛。辭盛則文工。如山有恒華嵩衡焉。其同者高也。其草木之榮。不必均也。如瀆有淮濟河江焉。其同也出源到海也。其曲折淺深。色黃白。不必均也。百品之雜焉。其同者飽於腸也。其味鹹酸苦辛。不必均可。此因學而知者也。此創意之大歸。天下之語文章。有六說焉。其尚異者。則曰文章。辭句奇險而已。其好理者。則曰文章。敘意茍通而已。其溺於時者。則曰。文章必當對其病於時者。則曰。文章不當對其愛難者。則曰文章宜深不當易其愛異者。則曰。文章宜通不宜難。此情皆有所偏。滯而不流。未識文章之所主義也。不深不至於理。言不信不在於教勸。而詞句怪麗者有之矣。劇秦美新。王褒僮約是也。其理往往有是者。而詞章不能工者有之矣。劉氏人物表。王氏中說。俗傳太公家教是也。古之人能極于工而已。不知其詞之對與否。易與難也。詩曰憂心悄悄慍於羣小。此非對也。又曰。遘閔既多。受侮不少。此非不對也。書曰。朕塈讒說殄行震驚朕師。詩曰。菀彼桑柔 其下侯旬。將採其劉 瘼此下人此非易也。書曰。允恭克讓。光被四表。格於上下。詩曰。十畝之間兮。桑者閑閑兮。行與子旋兮。此非難也。學者不知其方。而稱說云云。如前所陳者。非吾之敢聞也。六經之後。百家之言興。老聃，列禦寇，莊周，鶡冠，田穰苴，孫武，屈原，宋玉，孟軻，吳起，商鞅，墨翟，鬼谷子，荀況韓非，李斯，賈誼，枚乘、司馬遷，相如，劉向，揚雄，皆足以自成一家之文學者之所師歸也。故義雖深理雖富。詞不工者不成文。宜不能傳也。文禮義三者兼並。乃能獨立於一時。而不泯滅於後代能必傳也。仲尼曰。言之無文。行之不遠。子貢曰。文猶質也。質猶文也。虎豹之鞟。猶犬羊之鞟。此之謂也。陸機曰。怵他人之我先。韓退之曰。惟陳言之務去。假令述笑哂之狀。曰莞爾。則論語言之矣。曰啞啞。則易言之矣。曰粲然 則穀梁子言之矣。曰攸爾。則班固言之矣 曰輾然。則左思言之矣。吾復言之。與前文何以異也。此造言之大歸。吾所以不協於時而學古文者。悅古

姚嶽

人之行也。悅古人之行者。愛古人之道也。故學其言。不可以不行其行。行其行。不可以不重其道。重其道。不可以不循其理。古之人相接有等。輕重有儀。列於經傳。皆可詳引。如師之於門人則名之。於朋友則字而名。稱之于師。則雖朋友亦名之。子曰吾與回言。又曰參乎吾道一以貫之。又曰若由也。不得其死然。是師之名門人驗也。夫子於鄭。兄事子產。於齊兄事晏嬰平仲。傳曰。子謂子產。有君子之道四焉。又曰。晏平仲不與人交。子夏曰。言遊過矣。子張曰。子夏云何。曾子曰。堂堂乎張也。是朋友字而善名驗也。子貢曰。賜也何敢望回。又曰。師與商也孰賢。子游曰。有澹臺滅明者。行不由徑。是稱於師雖朋友亦名驗也。孟子曰。天下之達尊三。曰德爵年。惡得有其一以慢其二哉。足下之書曰。韋君詞。楊君潛。足下之德。與二君未知先後也。而足下齒幼而位卑。而皆名之。傳曰吾見其與先生並行。非求益者欲速成。竊懼足下不思。乃陷於此。「摘錄答王載言書」

僕以西漢十一帝。高祖起布衣。定天下。豁達大度。東漢所不及。其餘惟文宣二帝爲優，自惠景以下　亦皆不明於東漢明章兩帝。而前漢事跡。灼然傳在人口者。以司馬遷班固敍赴高簡之工。故學者悅而習焉其讀之詳也足下。讀范曄漢書。陳壽三國志。王隱晉書。生熟何如左邱明司馬遷班固書之溫習哉故溫習者事跡彰。西罕讀者事迹晦。讀之疎數。在詞之高下理必然也。「摘錄答皇甫湜書」

凡人之事跡。非大善大惡。則衆人無由知之。故舊例皆訪問於人。又取行狀謚議以爲一據。今之作行狀者。非其門生。即其故吏。莫不虛加仁義禮智。妄言忠肅惠和。或言盛德大業。遠而愈光。或云直道正言。歿而不朽。會不直敍其事。故善惡混然不可明。至如許敬宗李義甫李林甫。國朝之奸臣也使其門生故吏使行狀既不指其事實。虛稱道忠信加之。則可以移之房元齡，魏徵，裴炎，徐有功矣。此不惟處其心不實。苟欲虛美於所受恩之地而已。蓋亦爲文者。又非游夏遷雄之列。務於華而妄其實。溺於辭而棄其理。故爲文則失六經之古風。記事則非。史遷之實錄不如此。則辭句鄙陋不能自成其文矣。由是事失其本文害於理　而行狀不足以取信。若使指事書實不飾虛言。則必有人知其眞僞不然者。縱使門生故吏爲之。亦不可以謬作善德而加之矣。臣今請作行狀者。不要虛說仁義禮智和。忠肅惠。盛德大業。正言直道。蕪穢簡册。不可收信。但指事說說實。直載

姚鼐

其詞。則善惡功跡。皆據事足以自矣。假令傳魏徵。但記其諫爭之詞。足以爲正直矣。如傳段秀實。但記其倒用司農寺印以追逆兵。又以象笏擊朱泚。自足以爲忠烈矣。今之爲行狀者。都不指其事。率以虛詞稱之。故書魏徵之諫爭。而加之以正直。無秀實之義勇。而加之以忠烈皆是也。其何足以爲據「摘錄百官行狀奏」

汝勿信人號文章爲一藝。夫所謂一藝者。乃時世所好之文。或有盛名於近代者是也其能到古人者。則仁義之辭也。惡將以一藝而名之哉 仲尼孟軻。歿千餘歲矣。吾不及見其人。吾能知其聽且賢者。以吾讀其辭而得之者也。後來者不可期。安知其讀吾辭也。而不知吾心之所存乎。亦未可誣也。夫性於仁義者。未見其無文也。有文而能到者。吾未見其不力於仁義也。由仁義而後文者性也。由文而後仁習也。猶誠明之必相依爾。貴與。富在乎外者也。吾不能知其有無也。非吾求而能至者也。吾何愛而屑屑於其間哉。仁義與文章。生乎內行者也。吾能求而充之者也。吾何懼而不爲哉。(摘錄荅從弟正辭書)

皇甫持正論文

姚嶽

當朝之作。則燕公悉以評之。自燕公以降。試爲子論之。燕公之文。如楩木構枝。締構大厦。上棟下宇。孕育氣象。可以燮陰陽閱寒暑。坐天子而朝羣后。許公之文。如應鐘鼖鼓。笙簧錞磬。崇牙樹羽。考以宮縣。可以奉神明享宗廟。李北海之文。如赤羽玄甲。延亘平野。如雲如風。有貙有虎。闐然鼓之吁可畏也。賈常侍之文。如高冠華簪。曳裾鳴玉。立於廊廟。非法不言。可以望爲羽儀。資以道義。李員外之文。則如金轝玉輦。雕龍米鳳。外雖丹靑可掬。內亦體骨不飢。獨孤尙書之文。如危峰絕壁。穿倚霄漢。長松怪石。傾倒谿壑。然而畧無和暢。雅德者避之。楊崖州之文。如長橋新構。鐵騎夜度。雄震威厲。動心駭目。然而鼓作多容。君子所愼。權文公之文。如朱門大第。而氣勢宏敞。廊廡廩廐。戶牖悉周。然而不能有新規勝概。令人竦觀。韓吏部之文。如長江大注。千里一道。衝飆激浪。瀚流不滯。然而施於灌溉。或爽於用。李襄陽之文。如燕市夜鴻。華亭曉鶴。嘹唳亦足驚聽。然而才力偕鮮。悠然高遠。故友沈諫議之文。則隼擊鷹揚。滅沒空碧。崇蘭繁榮。曜英揚蕤。雖迅舉秀擢。而能沛艾絕景。其他握珠璣。奮

組綉者。不可一二紀矣。（摘錄論業）

書所謂今之工文。或先於奇怪者。顧其文工與否耳。夫意理則異於常。異於常。則怪矣。詞高則出衆。出出於衆則奇。虎豹之文。不得不炳於犬羊鸞鳳之音。不得不鏘於烏鵲。金玉之光。不得不炫於瓦石。非有意先之也。乃自然也。（摘錄答李生第一書）

夫文者非他言之華者也。其用在通理而已。故不務奇。然亦無傷於奇也。使文奇理正。是尤難也。生意便其易者乎。夫言亦可以通理矣。而以文爲貴者。非他。文則遠無文卽不遠也。以非常之文。通至正之理。是所以不朽也。生何疾之深耶。大繪事後素。旣謂之文豈苟簡而已哉。聖人之文。其難及也。作春秋游夏之徒。不能措一辭。吾何敢擬議之哉。秦漢已來。至今文學之盛。莫如屈原宋玉李斯司馬遷相如揚雄之徒。其文皆奇。其傳皆遠。生書文亦善矣。比之數子。似猶未勝。何必心高之乎。傳曰。言之不出。耻躬之不逮也。生自視何如哉。書之文不奇易之文可謂奇矣。豈碍理傷聖乎如龍戰於野。其血玄黃。見豕負塗。載鬼一車。突如其來。如焚如死如棄如此何等語也。生輕宋玉而稱仲尼班馬相如爲文學。按司馬遷傳屈原曰。雖與日月爭光可矣。生當見之乎。若

姚嶽

相如之徒。卽祖習不暇者也。豈生稱誤耶將識分有所至極耶。將彼之所立卓爾。非强爲所庶幾。遂讐嫉之耶。其何傷于日月乎。生笑紫貝闕兮珠宮此。與詩之金玉其相何以異。天下人有金玉爲之質者乎。披薜荔兮帶女蘿。此與贈之以芍藥何異。文章不當如此說也。豈謂怒三四而喜四三。識出之白而怪入之黑乎。生云虎豹之文非奇夫長本非長。短形之則長矣。虎豹之形於犬羊。故不得不奇也。他皆倣此。（摘錄答李生第二書）

先生之作。無圓無方。至是歸工。抉經之心。執聖之權。尙友作者。跂邪觝異。以扶孔氏。存皇之極。知與罪。非我計。茹古涵今。無有端涯。渾渾灝灝。不可窺校。及其酣放毫曲。快字凌。紙怪發鯨，。春麗驚。燿天下。然而栗密窈眇。章妥句適精能之至出神入天嗚呼。極矣。後人無以加之矣。自姬氏以來。一人而已足。（摘錄作韓文公銘文）

十

九

中國大學講義　論文名著集畧卷一

姚嶽

李南紀論文

文者貫道之器也。不深於斯道。有至焉者不也。易繇爻象。春秋書事。詩詠謌。書禮剝其僞。皆深矣乎。秦漢以前。其氣渾然迨乎司馬遷相如董生揚雄劉向之徒。尤所謂傑然者也。至後漢曹魏氣象萎爾。司馬氏已來。規範蕩悉。謂易以下爲古文。剽掠潛竊爲工耳。文與道蓁塞。固然莫知也……先生爲文。詭然而蛟龍翔蔚然而虎鳳躍鏘然而韶鈞鳴日光玉潔周情孔思。千態萬貌。卒澤於道德仁義炳如也。(摘錄昌黎先生集序)

十二 十一 十 九 一

姚嶽

孫可之論文

玉川子月蝕詩。楊司城華山賦。韓吏部進學解。馮常侍清河壁記莫不找天倚地。句句欲活。讀之如手捕長蛇。不施控騎。生馬急不得暇。莫可捉搦又似遠人入太興城茫然自失。詎此十家縣足。未及東郭目已及西郭耶（摘錄與王霖秀才書）

古今所謂文者。辭必高然後爲奇。意必深然後爲工。煥然如日月之經天也炳然如虎豹之異犬羊也。是故以之明道。則顯而微以之揚名。則久而傳今天下以文進取者。歲叢試於有司。不下八百輩。人人矜執。自大所得。故其習於易者。則斥澀艱辭。攻於難者則鄙平淡之言。至有破句讀以爲工。摘俚句以爲奇。秦漢以降古文。所稱工而奇者。莫能揚馬。吾觀其書乃與今之作者。異耳。其二子所工不及今之人乎。此樵所以惑也。（摘錄與友人論文書）

古史有直事俚言者。有文飾者。有特紀前人一時語。以立實錄。非爲俚言奇健。能爲史筆精魄。故其立言序事。及出沒得失。皆字字典要。何嘗以俚言拍其間哉。今世俚言文章。謂得史法。因牽韓吏部曰。如此如此。樵不知韓吏部以此欺後學耶韓吏部亦未知史法耶。又史家紀職官山川地理禮樂衣服。亦宜直書一時制度。使後人知某時如此。某時如彼。不當以秃學淺俗。則取前代名品以就簡絕。夫史家條序人物。宜存警訓。不當徒以官大寵濃，講文張字。故大惡大善。雖賤必紀尸，生溷職。雖貴得黜。至如司馬遷序周。繆班孟堅傅蔡義。尙可用耶。爲史官明不顧刑。僻幽不見神怪若梗避於其間其書可焚也。（摘錄與高錫望書）

姚嶽

蘇東坡論文

軾竊。以天下之事。雖於改爲。自昔五代之餘。文教衰落 風俗靡靡。日以塗地。聖上慨然太息。思有以澄其源。疏其流。明詔天下。曉諭厥旨於是招來雄俊魁偉敦厚朴直之士。罷去浮巧經媚叢錯采繡之文。將以追兩漢之餘。而漸復三代之故。士大夫不深明天子之用心用意過當。求深者。或至于迂。務奇者。怪僻而不可卒讀。餘風未殄。新弊復作。大者鏤之金石。以傳久遠。小者轉相摹寫。好稱古文。紛紛肆行。莫之或禁。蓋唐之古文。自韓愈始。其後學韓而不至者爲皇甫湜。學皇甫湜而不至者。爲孫樵。自樵以降。無足觀矣。（摘錄謝臨陽內翰書）

孔子曰。辭達而已矣。辭至于達止矣。不可以有加矣。……西漢以來。以文設科。而文始衰。自賈誼司馬遷。其文已不逮先秦古書。況其下焉者。文章猶爾。況所謂道德者乎。……軾少時好議論古人。既老涉世變更。往往悔其言之過也。（摘錄答王庠書）

孔子曰。言之不文。行之不遠。又曰辭達而已矣。夫言止于達。意。疑若不文。是大不然。求物之妙。如繫風捕影 能使是物然於心者。蓋千萬人而不一遇也。而況能使了然於口與手者乎。是之謂辭達。辭至于達。則文不可勝用矣。揚雄好爲艱深之詞。以文淺易之說。若正言之則人人知矣。此正所謂雕蟲篆刻者。其太玄法言皆是類也。能獨悔於賦何哉。終身雕蟲。而獨變其音節。便謂之經可乎。屈原作離騷經。蓋風雅之再變者。雖與月日爭光可也。可以其似賦而謂之雕蟲乎。使賈誼見孔子。升堂有餘矣。而乃以賦鄙之。至與司馬相如同科。雄之陋於此。比者甚衆。可與知者道。難與俗人言也。因論文偶及之耳。歐陽文忠公言文章如精金美玉。市有定價。非人所能以口舌定貴賤也。（摘錄與謝師民推官書）

子由之文實勝僕。而世俗不知。乃以爲不如。其爲人深不願人知之。其文如其爲人。故汪洋澹泊。有一唱三歎之聲。而其秀傑之氣。終不可沒。作黃樓賦。乃稍自振厲。若欲以警發積積者。而或者便爲僕代作。此尤可笑。是殆見吾善者機也。文字之衰。未有如今日者也。有源實出於王氏。王氏之文。未必不善也。而患在好使人同己。自孔子不能使人同。顏淵之仁。子路之勇。不能以相移。而王氏欲以學問同天下。地之美者。同於生物。不同於所生。惟荒瘠斥鹵之地。彌望皆黃茅白葦。此則王氏之所同也。（摘錄答

姚 嶽

張文潛書）

梁蕭統變文選。世以爲工。以軾觀之。拙於文而陋於識者。莫統若也。宋玉高唐神女。其初略陳所夢之因。如子虛亡是公相與問答皆賦矣。而統謂之叙。此與兒童之見何異。李陵蘇武贈別長安。而詩有江漢之語。及陵與武書。詞句儇淺。正齊梁間小兒所擬作。決非西漢文。而統不悟。劉子玄獨知之。范曄作蔡琰傳。載其二詩亦非是。董卓已死。琰乃流落。方卓之亂。伯喈尚無恙也。而其詩乃云以卓亂故。流入於胡。此豈眞語哉。其筆乃效建安七子者。非東漢詩也。李太白韓退之白樂天。詩文皆爲庸俗所亂。可爲太息。（摘錄答劉沔都曹書）

夫昔之爲文者。非能爲之爲工。乃不能不爲之爲工也。山川之有雲。草木之有華。實充滿勃鬱而見於外。夫雖欲無有。其可得耶。自少聞家君之論文。以爲古之聖人。有不能自已而作者。故軾與弟轍爲文至多。而未嘗敢有作文之意。（摘錄南行前變序）

晁君騷詞細看甚奇麗。信其家多異材也。然有之意。欲魯直以己意微箴之。凡人文字。當務使和平至足之餘。溢爲怪奇。蓋出於不得已。晁文奇麗似差早。（摘錄答黃

魯直書）

示諭治春秋學。比儒者本務。又何疑焉。然此書自有妙用。學者罕能領會。若求之繩約中。乃近法家者流。苛細繳繞。竟亦何用。雖丘明識其妙用。然不肯盡談。微見端兆。欲使學者自得之。故僕以爲難。未敢輕議也。凡人爲文。至老有所悔。僕嘗悔其少作矣。若著成一家之言。則不容有所悔。當且博觀而約取。如富人之築大第。儻其才用。既足而後成之。然後爲得也。（摘錄答張嘉文書）

卑意欲少年爲學者。每讀書皆作數過盡。之書富如入海百貨皆有之。人之精力不能收盡取。但得其所欲求者耳。故願學者。每次作一意求之。如欲求古人興亡治亂。聖賢作用。但作此意求之。勿生餘念。又別作一次求事迹故實。典章文物之類。亦如之。他皆倣此。此雖迂鈍。而他日學成八面受敵。與涉獵者。不可同日而語也。（〇錄與王庠書）

世間唯品實不可欺。文章如金玉。各有定價。先後進相汲引。因其言以信於世則有之矣。至其品目高下。蓋付衆口。決非一夫所能抑揚。（摘錄答毛澤民書）

姚嶽

子厚詩在陶淵明下。韋蘇州上。還之豪放奇險則過之。而溫麗清深不及也。所貴乎枯澹者。謂其外枯而中膏。似淡而實美。淵明子厚是也。若中邊皆枯。淡亦何足道。佛云如人食蜜。中邊皆甜。人食五味。知其甘苦者皆是。能分別其中邊者。百無一二也。（見評韓柳詩）

用事當以故爲新。以俗爲雅。好奇務新。乃詩之病。（題柳子厚詩）

江陰葛延之。元符間省蘇公于儋耳。請作文之法。公誨之曰儋州雖數百家之聚。而州人所須。取而市而。足然不可徒得也。必有以物以攝之。然後爲已用。所謂一物者錢是也作文亦然。天下之事。散在經子史中。不何徒使。必得一物以攝之。然後爲己用。所謂一物者。意是也。不得錢不可以取物。不得意不可以用事。而作文之要也。（見洪景盧榮齋四筆）

誌文計十日半月可畢。然書大事。畧小節。已有六千餘字。若纖悉盡書。萬字不了。古無此例也。（摘錄答張厚之書）

私意冀足下積學不倦。落其葉而成其實。深願足下爲禮義君子。不願足下豊于才而廉于

德也。若進退之際。不甚愼靜。則於定命不能有毫髮增益。而於道德有邱山之損矣。（摘錄答李方叔書）

文字亦苦重雖處。止有一事與汝說。凡文字少小時。須令氣象崢嶸。采色絢爛。漸老漸熟。乃造平澹。其實不是平淡。乃絢爛之極也。汝只見我而今平澹。何不取舊日應舉時文字看。高下抑揚。如龍蛇捉不住。當且學此書字亦然。善思吾言。（錄與侄帖）

意盡而言止者。天下之至言也。然而言止而意不盡。尤爲極至。如禮記左傳可見。（見王正德餘師錄）

歐陽文忠公言。晉無文章。惟陶淵明歸去來兮一篇而已。予亦謂唐無文章。惟退之送李愿歸盤谷序一篇而已。平生欲效此作一文。每執筆輒罷。因自笑曰。不若且放教退之之獨步。（見志林）

杜詩韓文。顏書左史。皆變其大成者也。（見吳處厚靑箱雜記）

某平生無快事。惟作文章。意之所到。筆力曲折。無不盡意。自謂世榮事無踰此者（與劉景文語）

姚嶽

雲興天際。欻然車蓋。凝廬未舜。瀰漫霹靂。驚雷出火。喬木糜碎。殷地爇空。萬夫皆廢。雷疎四墜。日中見沫。移晷而收。野書完塊。（摘錄跋姜君弼課策）

姚嶽

蘇子由論文

文者氣之所形。然文不可以學而能。氣可以養而致。孟子曰。我善養吾浩然之氣。今觀其文章。寬厚宏博。充乎天地之間。稱其氣之大小。太史公行天下。周覽四海名山大川。與燕趙間豪俊交遊，故其文疏蕩頗有奇氣。此二子者。豈嘗執筆學爲如此之文哉。其充乎其中。而溢乎其貌。動乎其言。而見乎其文。而不自知也。（摘錄上樞秘韓太尉書）

自魏晉以來。歷南北。文弊極矣。雖唐貞觀開元之盛。卒不能振。惟韓退之一變復古。闕其頹波。東注之海道復西漢之舊。其後五代相承。天下不知所以爲文。及公之文出。乃復無愧于古。嗚呼。于數百年。文章廢而復興。惟得二人焉。夫豈偶然哉。（摘錄歐陽公神道碑）

唐人工于爲詩。而陋於聞道。孟郊嘗有句云。食薺腸亦苦。強歌聲無歡。出門如有礙誰。謂天地寬郊。耿介之士。雖天地之大。無以安其身，起居飲食有戚戚之憂。亦異乎顏子之在陋巷矣。（見論詩病）

公少與轍皆師先君。初好賈誼陸贄書。論古今治亂。不爲空言。既而讀莊子喟然歎息曰。吾昔有見於中。口未能言。今讀莊子。得吾心矣。（摘錄子瞻墓誌銘）

論文名著集略卷一終

姚嶽 18

國文講義

桐城姚嶽維崑述

模範文

莊子蹏馬篇（外篇）

案內篇命題本於漆園各有深意如逍遙齊物等篇是也外雜篇則郭子玄刪修但摘篇首二字名之如駢拇馬蹏則陽外物等篇是也

莊周

周戰國時蒙人嘗爲漆園吏與梁惠王齊宣王時同其學無所不闚然其要本於老子之言故其著書十餘萬言大率皆萬言也自漢藝文志以來皆列於道家（考漢書藝文志道家有莊子五十二篇原注云名周宋人）唐天寶元年詔號其書爲南華眞經

馬（一字爲句篇目例截文首二字非馬蹏二字連文也）蹏可以踐霜雪毛可以禦寒風齕草飲水翹足而陸（一作踛）此馬之眞性也雖有義臺路寢無所用之及至伯樂（姓孫名陽）曰我善治馬燒之雜之別之剔之連之以羈馽編之以早棧馬之死者十二三矣饑之渴之馳之驟之整之

齊之前有橛飾之患而後有鞭筴之威而馬之死者已過半矣陶者曰我善治埴圓者中規方者中
矩匠人曰我善治木曲者中鉤直者應繩（忽插入陶匠兩喻益恢肆）夫埴木之性豈欲中規矩
鉤繩告然且世世稱之曰伯樂善相馬而陶匠善治埴木（○前引陶匠似乎另起爐竈此處茲舉
結束筆力遒勁）此亦治天下者之過也）一句遞下妙在不測（以上言治法傷性）吾意善治
天下者不然彼民有常性織而衣耕而食是謂同德一而不黨名曰天放故至德之世其行塡塡其
視顚顚當是時也出無蹊隧澤無舟梁（不往來也○或云梁魚梁以取魚者不求非分之利取於
一家而足）高物羣生連屬其鄉禽獸成羣草木遂長是故禽獸可係羈而遊鳥鵲之巢可攀援而
闚夫至德之世同與禽獸居族與萬物並（族雜也）惡乎知君子小人哉同乎無知其德不離同
乎無欲是謂素樸（同讀爲侗無知貌）素樸而民性得矣及至聖人）此聖人即自以爲善治天
下者）蹩躠爲仁踶跂爲義而天下始疑矣澶漫爲樂摘僻爲禮而天下始分矣故純樸不殘孰爲
犧尊白玉不毀孰爲圭璋道德不廢安取仁義性情不離安用禮樂五色不亂孰爲文采五聲不亂
孰應六律）黃鍾太簇姑洗（賓夷則無射爲陽大呂夾鍾南呂林鍾仲呂應鍾爲陰陰律亦名六
呂）夫殘樸以爲器工匠之罪也毀道德以爲仁義聖人之過也（以上言至德之世無假於治而

仁義非至德之世所有）夫馬陸居則食草飲水喜則交頸相靡怒則分背相踶馬知已此矣（言馬之所知只於此）夫加之以衡扼齊之以月題而馬知介倪闉扼鷙曼詭銜竊轡（皆不受控制之狀）故馬之知而能至盜者（馬本無機心因有治馬者而機心增長至於爲盜）伯樂之罪也（再就馬作喻以坐實治馬者害馬之證據蓋起處言馬多死而此言馬至盜義各殊也）夫赫胥氏（注之上古帝王也）之時民居不知所爲行不知所之含哺而熙鼓腹而遊民能以此矣（以已同止矣）及至聖人屈折禮樂以匡天下之形縣跂仁義以慰天下之心而民乃始踶跂好知爭歸於利而不可止也（應馬之知而至盜句）此亦聖人之過也歸結治天下者之過○（以上極言仁義之足以啓姦）

馬之食草飲水相靡相踶知止此矣猶赫胥氏之民無知無爲含哺鼓腹也加之以衡扼齊之以月題猶屈折禮樂縣跂仁義以匡慰天下也知介倪詭銜竊轡而至盜者猶民踶跂好智爭歸於利而不可止也首曰及至伯樂中曰及至聖人末又曰及至聖人一曰故至德之世再曰夫至德之世一曰馬知已此矣再曰民能已此矣首曰此亦治天下者之過也中曰工匠之罪也聖人之過也末曰伯樂之罪也此亦聖人之過也提接關鎖呼吸照應若有意者無意眞文

章之妙境

歸熙甫曰凡有所增損造作無論善惡皆失其性命之正可謂善喻莊旨

韓非子說難篇

姚嶽

戰國之時競尚游說故韓非作此篇以明爲說之難用意悲愴情文精悍洵爲千古獨絕太史公作韓非傳於說難反覆致意且全錄其文於傳中蓋好之至矣然韓非原文猶有枝葉未盡刊落史記稍加刪節勁爽益增今依史記定本

韓非

非周戰國時韓之諸公子與李斯俱事荀卿善刑名法術之學爲法家之祖著書曰韓非子凡二十卷五十五篇此其第十二篇也

凡說之難非吾知之有以說之之難也又非吾辯之能明吾意之難也又非吾敢橫失而能盡之難也凡說之難在知所說之心可以吾說當之所說出於爲名高者也而說之以厚利則見下節而遇卑賤必棄遠矣所說出於厚利者也而說之以名高則見無心而遠事情必不收矣所說陰爲厚利而顯爲名高者也而說之以名高則陽收其身而實疏之說之以厚利則陰用其言而顯棄其身此不可不察也夫事以密成語以泄敗未必其身泄之也而語及所匿之事如是者身危貴人有過端而說者明言善議以推其惡者則身危周澤未渥也而語極知說行而有功則德亡說不行而有敗則

見疑如是者身危夫貴人得計而欲自以爲功說者與知焉則身危彼顯有所出事而自以爲它故說者與知焉則身危彊之以其所必不爲止之以其所不能已者身危故曰與之論大人則以爲閒已與之論細人則以爲鬻權論其所愛則以爲借資論其所憎則以爲嘗已徑省其辭則不知而屈之汎濫博文則多而久之順事陳意則曰怯懦而不盡慮事廣肆則曰草野而倨侮此說之難不可不知也（頓束）（以上爲等一段力陳爲說之難）凡說之務在知飾所說之所敬而滅其所醜彼自知其計則毋以其失窮之自勇其斷則毋以其敵怒之自多其力則毋以其難槪之規異事與同計譽異人與同行者則以飾之無傷也有與同失者則明飾其無失也大意無所拂悟辭言無所擊排而後申其辯知焉此所以親近而不疑知盡之難也（此五字屬下文）得曠日彌久而周澤既渥深計而不疑交爭而不罪迺明計利害以致其功直指是非以飾其身（飾當作飭）以此相持此說之成也（頓束）伊尹爲庖百里奚爲虜皆所由干其上也故此二子者皆聖人也猶不能無役身而涉世如此其汚也則非能仕之所恥也（議論感慨悲涼所言揣摩之術嫌過於卑故引伊尹百里證之以見其不得已）（以上爲第二段言爲說之所當務以下更設喩以明之）宋有富人天雨牆壞其子曰不築且有盜其鄰人之父亦云暮而果大亡其財其家甚知其子而疑鄰人

之父昔者鄭武公欲伐胡乃以其子妻之因問羣臣曰吾欲用兵誰可伐者關其思曰胡可伐乃戮關其思曰胡兄弟之國也子言伐之何也胡君聞之以鄭爲親已而不備鄭鄭人襲胡取之此二說者其知皆當矣（頓挫以取姿勢）然而甚者爲戮薄者見疑非知之難也處之則難矣昔者彌子瑕見愛於衞君衞國之法竊駕君車者罪至則既而彌子之母病人聞往夜告之彌子矯駕君車而出君聞之而賢之曰孝哉爲母之故則犯其罪與君游果園彌子食桃而甘不盡而奉君君曰愛我哉忘其口而念我及彌子色衰而愛弛得罪於君君曰是嘗矯駕吾車又嘗食我以其餘桃故彌子之行未變於初也前見賢而後獲罪者愛憎之至變也（議論警策足以發人深省）故有愛於主則知當而加親見憎於主則罪當加而疏故諫說之士不可不察愛憎之主而後說之矣（以上爲第三段引三事以見人情之變益明爲說之難）夫龍之爲蟲也可擾押而騎也然其喉下有逆鱗徑尺人有嬰之則必殺人人主亦有逆鱗說者能無嬰人主之逆鱗則幾矣（以上取喻作結驀然掉轉首段意以爲一篇歸宿）

說士之術至此篇可謂曲盡然非韓非廉悍深刻之筆安能警醒曲到聳人耳目如此韓人此篇非以讒諂導諛爲宗旨也乃深見專制時代君人者威權之不可測而言說之不可不慎極

言其窒碍以見其難正所以明貴勢之無是非而深寄其悲憤耳其抑鬱難言之隱皆在筆墨之外

通篇拏定難字爲主先以三非字反說引起層層洗發第一段以游說之具在我雖難未難引起第二段謂無當於人主之心則求合難第四段謂偶有觸犯則避害難且既不相投則見信難第七段謂進說之術在於明人主之得諱人主之失使無所拂而後可言寬爲期而後可盡如尹奚不避庖虜蒙耻周旋尤難之極第八段引鄰父關其思不善處知明迎合之難爲五六段證第九段引靈公愛憎至變明要結之難爲七段證末段以龍爲喻攖鱗是戒惟恐不免總極寫其難處看來游說之術曾未有描寫曲盡如此也

姚嶽

愛類

呂氏春秋「開春論」

（依畢沅經訓堂叢書刻本）

仁於他物不仁於人不得爲仁不仁於他物獨仁於人猶若爲仁仁也者仁乎其類者也故仁人之於民也可以便之無不行也

神農之教曰「士有當年而不耕者則天下或受其饑矣女有當年而不績者則天下或受其寒矣」故身親耕妻親績所以見致民利也

賢人之不遠海內之路而時往來乎王公之朝非以要利也以民爲務故也人主有能以民爲務者則天下歸之矣王也者非必堅甲利兵選卒練士也非必隳人之城郭殺人之士民也上世之王者衆矣而事皆不同其當世之急憂民之利除民之害同

公輸般爲高雲梯欲以攻宋墨子聞之自魯往裂裳裹足日夜不休十日十夜而至於郢見荆王曰「臣北方之鄙人也聞大王將攻宋信有之乎」

王曰「然」

墨子曰「必得宋乃攻之乎亡其不得宋且不義猶攻之乎」

王曰「必不得宋且有不義則曷爲攻之」

墨子曰「甚善臣以宋必不可得」

王曰「公輸般天下之巧工也已爲攻宋之械矣」

墨子曰「請令公輸般試攻之臣請試守之」

於是公輸般設攻宋之械墨子設守宋之備公輸般九攻之墨子九卻之不能入故荆輟不攻宋

墨子能以術禦荆免宋之難者此之謂也

聖王通士不出於利民者無有昔上古龍門未開呂梁未發河出孟門大溢逆流無有丘陵沃衍平原高阜盡皆滅之名此鴻水禹於是疏河決江爲彭蠡之障乾東土所活者千八百國此禹之攻也勤勞爲民無苦乎禹者矣

匡章謂惠子曰『公之學去尊今又王齊王何其到也』

惠子曰「今有人於此欲必擊其愛子之頭石可以代之」

匡章曰『公取之代乎其不與』

施惠子名

姚嶽

施取代之子頭所重也石所輕也擊其所輕以免其所重豈不可哉

匡章曰『齊王之所以用兵而不休攻擊人而不止者其故何也』

惠子曰『大者可以王其次可以霸也今可以王齊王而壽黔首之命免民之死是以石代愛子頭也何爲不爲

民寒則欲火暑則欲冰燥則欲溼溼則欲燥寒暑燥溼相反其於利民一也利民豈一道哉當其時而已矣

姚嶽

呂氏春秋「愼大覽」

（依畢沅經訓堂叢書刻本）

察今

上胡不法先王之法非不賢也爲其不可得而法

先王之法經乎上世而來者也人或益之人或損之胡可得而法雖人弗損益猶若不可得而法東夏之命古今之法言異而典殊故古之命多不通乎今之言者今之法多不合乎古之法者殊俗之民有似於此其所爲欲同其所爲異口睧之命不渝若舟車衣冠滋味聲色之不同人以自是反以相誹天下之學者多辯言利辭倒不求其實務以勝爲故先王之法胡可得而法雖可得猶若不可法

凡先王之法有要於時也時不與法俱至法雖今而至猶若不可法故擇先王之成法而法其所以爲法

先王之所以爲法者何也先王之所以爲法者人也而己亦人也故察己則可以知人察今則可以知古古今一也人與我同耳有道之士貴以近知遠以今之古以益所見知所不見故審堂下之陰而知日月之行陰陽之變見瓶水之冰而知天下之寒魚鼈之藏也嘗一脟肉而知一鑊之味

一鼎之調

荊人欲襲宋使人先表澭水澭水暴益荊人弗知循表而夜涉溺死者千有餘人軍驚而壞都舍嚮其先表之時可導也今水已變而益多矣荊人尚猶循表而導之此其所以敗也今世之主法先王之法也有似於此其時已與先王之法虧矣而曰此先王之法也而法之以爲治豈不悲哉

故治國無法則亂守法而弗變則悖悖亂不可以持國世易時移變法宜矣譬之若良醫病萬變藥亦萬變病變而藥不變嚮之壽民今爲殤子矣故凡舉事必循法以動變法者因時而化若此論則無過務矣

夫不敢議法者衆庶也以死守者有司也因時變法者賢主也是故有天下七十一聖其法皆不同非務相反也時勢異也故曰「良劍期乎斷不期乎鎁鏌良馬期乎千里不期乎驥驁」夫成功名者此先王之千里也

楚人有涉江者其劍自舟中墜於水遽契其舟曰「是吾劍之所從墜」舟止從其所契者入水求之舟已行矣而劍不行求劍若此不亦惑乎以此故法爲其國與此同——時已徙矣而法不徙以此爲治豈不難哉

姚嶽

有過於江上者見人方引嬰兒而欲投之江中嬰兒啼人問其故曰「此其父善游」其父雖善游其子豈遽善游哉此任物亦必悖矣荊國之爲政有似與此

詞家

范能巧 ① 顧貞觀 并強六經中 七家

張繁瑋 ② 沈樂陽 獨有千載後

姚嶽

詰鮑（節錄）

葛洪抱朴子

鮑生敬言好老莊之書治劇辯之言以爲「古者無君勝於今世」故其著論云儒者曰天生蒸民而樹之君豈其皇天諄諄言亦將欲之者爲辭哉夫彊者凌弱則弱者服之矣智者詐愚則愚者事之矣服之故君臣之道起焉事之故力寡之民制焉然則隸屬役御由乎戰彊而校愚智彼蒼天果無事也

夫混茫以無名爲貴羣生以得意爲歡故剝桂刻漆非木之願拔鶡裂翠非鳥所欲促轡銜鑣非馬之性荷軛運重非牛之樂詐巧之萌任力違眞伐生之根以飾無用捕飛禽以供華玩穿本完之鼻絆天放之脚蓋非萬物並生之意夫役彼黎蒸養此在官貴者祿厚而民亦困矣

夫死而得生欣喜無量則不如向無死也讓爵辭祿以釣虛名則不如本無讓也天下逆亂焉而忠義顯矣六親不和焉而孝慈彰矣曩古之世無君無臣穿井而飲耕田而食日出而作日入而息汎然不繫恢爾自得不競不營無榮而辱山無蹊徑澤無舟梁川谷不通則不相並兼士衆不聚則不相攻伐是高巢不探深淵不漉鳳鸞棲於庭宇龍鱗羣遊於園池饑虎可履虺蛇可執涉澤而鷗鳥不飛入林而狐兎不驚勢利不萌禍亂不作干戈不用城池不設萬物玄同相忘於道疫癘不

叔季 晚近之世也
玄 天色 黃 地色
玄衣黃裳 法天地也
棼複 屋棟也
榱 椽也
澶漫 縱逸也
大始之本 即太初之時

流民獲考終純白在胸機心不生含餔而熙鼓腹而遊其言不華其行不飾安得聚歛以奪民財安得嚴刑以爲坑穽

降及秋季智用巧生道德既衰尊卑有序繁升降損益之禮飾綏冕玄黃之服起土木於凌霄構丹綠於棼橑傾峻搜寶泳淵採珠聚玉如林不足以極其變積金成山不足　瞻其費澶漫於荒淫之域而叛其大始之本去宗日遠背朴彌增尙賢則民爭名貴貨則盜賊起見可欲則眞正之心亂勢利陳則刦奪之塗開造剡銳之器長侵割之患弩恐不勁甲恐不堅鐵恐不利盾恐不厚若無凌暴此皆可棄也故曰『白玉不毀孰爲珪璋道德不廢安取仁義』使夫桀紂之徒得燔人辜諫者脯諸侯方葅伯剖人心破人脛窮驕淫之惡用炮烙之虐若令斯人並爲匹夫性雖凶奢安得施之使彼肆酷恣欲屠割天下由於爲君故得縱意也君臣既立衆慝日滋而欲攘臂乎桎梏之間愁勞於塗炭之中人主憂慄於廟堂之上百姓煎擾乎困苦之中閑之以禮度整之以刑罰是猶闢滔天之源激不測之流塞之以撮壤障之以指掌也（中畧）

夫天地之位二氣範物樂陽則雲飛好陰則川處承柔剛以率性隨四八而化生各附所安本無尊卑也君臣既立而變化遂滋夫獺多則魚擾鷹衆則鳥亂有司設則百姓困奉上厚則下民貧

姚嶽

壅崇寶貨飾玩臺榭食則方丈衣則龍章內聚曠女外多鰥男採難得之寶貴奇怪之物造無益之器恣不已之欲非鬼非神財力安出哉

夫穀帛積則民有飢寒之儉百官備則有靡供奉之費宿衞有徒食之衆百姓養游手之人民乏衣食自給已劇況加賦斂重以苦役下不堪命且凍且飢冒法斯濫於是乎在王者憂勞於上臺鼎顰顣於下臨深履薄懼禍之及恐智勇之不用故厚爵重祿以誘之恐姦釁之不虞故嚴城深池以備之而不知祿厚則民匱而臣驕城嚴則役重而攻巧故散鹿台之金發鉅橋之粟莫不懽然況乎本不聚金而不斂民粟乎休牛桃林放馬華山載戢干戈載櫜弓矢猶以爲泰況乎本無軍旅而不戰不戍乎茅茨土階棄織拔葵韈囊爲幃濯裘布被妾不衣帛馬不秣粟儉以率物以爲美談所謂盜跖分財取少爲讓陸處之魚相煦以沫也

夫身無在公之役家無輸調之費安土樂業順天分地內足衣食之用外無勢利之爭操杖攻劫非人情也象刑之教民莫之犯法令滋彰盜賊多有豈彼無利性而此專貪殘蓋我清靜則民自正下疲怨則智巧生也任之自然猶慮凌暴勞之不休奪之無已田蕪倉虛杼抽乏空食不充口衣不遍身欲令勿亂其可得乎所以救禍而禍彌深峻禁而禁不止也關梁所以禁非而猾吏因之以

爲非焉衡量所以檢僞而邪人因之以爲僞焉大臣所以扶危而姦臣恐主之不危兵革所以靜難而寇者盜之以爲難此皆有君之所致也

民有所利則有爭心富貴之家所利重矣且夫細民之爭不過小小匹夫效力亦何所至無疆土之可貪無城郭之可利無金寶之可欲無權柄之可競勢不能以合徒衆威不足以驅異人孰與主赫斯怒陳師鞠旅推無讐之民攻無罪之國僵尸則動以萬計流血則漂樐丹野無道之君無世不有肆其虐亂天下無邦忠良見害於內黎民暴骨於外豈徒小小爭奪患邪（下略）

扶搖 風 野馬 塵埃 游氣
坳 堂道 培 憑也
夭 折也 閼 窒塞
決 疾也 槍 集也
則 或也 控 投也
莽蒼 近郊 羊角 風曲而上者
之色

姚嶽

莊子逍遙遊

北冥有魚其名爲鯤鯤之大不知其幾千里也化而爲鳥其名爲鵬鵬之背不知其幾千里也怒而飛其翼若垂天之雲是鳥也海運則將徙於南冥南冥者天池也齊諧者志怪者也諧之言曰鵬之徙於南冥也水擊三千里摶扶搖而上者九萬里去以六月息者也野馬也塵埃也生物之以息相吹也天之蒼蒼其正色邪其遠而無所至極邪其視下也亦若是則已矣且夫水之積也不厚則其負大舟也無力覆杯水於坳堂之上則芥爲之舟置杯焉則膠水淺而舟大也風之積也不厚則其大翼也無力故九萬里則風斯在下矣而後乃今培風背負青天而莫之夭閼者而後乃今將圖南負蜩與學鳩笑之曰我決起而飛槍榆枋時則不至而控於地而已矣奚以之九萬里而南爲適莽蒼者三飡而反腹猶果然適百里者宿舂糧適千里者三月聚糧之二蟲又何知小知不及大知小年不及大年奚以知其然也朝菌不知晦朔蟪蛄不知春秋此小年也楚之南有冥靈者以五百歲爲春五百歲爲秋上古有大椿者以八千歲爲春八千歲爲秋而彭祖乃今以久特聞衆人匹之不亦悲乎湯之問棘也是已窮髮之北有冥海者天池也有魚焉其廣數千里未有知其修者其名爲鯤有鳥焉其名爲鵬背若太山翼若垂天之雲摶扶搖羊角而上者九萬里絕雲氣負青天然後圖

厚小屋也

南且適南冥也鵪斥笑之曰彼且奚適也我騰躍而上不過數仞而下翺翔蓬蒿之間此亦飛之至也而彼且奚適也此小大之辯也

故夫知效一官行比一鄉德合一君而徵一國者其自視也亦若此矣而宋榮子猶然笑之且舉世而譽之而不加勸舉世而非之而不加沮定乎內外之分辨乎榮辱之境斯已矣彼其於世未數數然也雖然猶有未樹也夫列子御風而行泠然善也旬有五日而後反彼於致福者未數數然也此此雖免乎行猶有所待者也若夫乘天之正而御六氣之辯以遊无窮者彼且惡乎待哉故曰至人無己神人無功聖人無名

堯讓天下於許由曰日月出矣而爝火不息其於光也不亦難乎時雨降矣而浸灌其於澤也不亦勞乎夫子立而天下治而我猶尸之吾自視缺然請致天下許由曰子治天下天下既已治也而我猶代子吾將爲名乎名者實之賓也吾將爲賓乎鷦鷯巢於深林不過一枝偃鼠飲河不過滿腹歸休乎君予無所用天下爲庖人雖不治庖尸祝不越樽俎而代之矣

肩吾問於連叔曰吾聞言於接輿大而无當往而不返吾驚怖其言猶河漢而无極也大有逕庭不近人情焉連叔曰其言謂何哉曰藐姑射之山有神人居焉肌膚若冰雪綽約若處子不食五穀吸

蘄：求也 亂：治也
弊弊：經營也
浸：大水也 稽：至也
梱人者言無不可動其心
資：貨也 章甫：冠也
四子：王倪 齧缺
被衣 許由
窅然：悵然

風飲露乘風氣御飛龍而遊乎四海之外其神凝使物不疵癘而年穀熟吾以是狂而不信也連叔曰然瞽者无以與乎文章之觀聾者无以與乎鐘鼓之聲豈唯形骸有聾盲哉夫知亦有之是其言也猶時女也之人也之德也將旁礴萬物以爲一世蘄乎亂孰弊弊焉以天下爲事之人也物莫之傷大浸稽天而不溺大旱金石流土山焦而不熱是其塵垢粃糠將猶陶鑄堯舜者也孰肯以物爲事宋人資章甫而適諸越越人斷髮文身無所用之堯治天下之民平海內之政往見四子藐姑射之山汾水之陽窅然喪其天下焉

惠子謂莊子曰魏王貽我大瓠之種我樹之成而實五石以盛水漿其堅不能自舉也剖之以爲瓢則瓠落無所容非不呺然大也吾爲其無用而掊之莊子曰夫子固拙於用大矣宋人有善爲不龜手之藥者世世以洴澼絖爲事客聞之請買其方百金聚族而謀曰我世世爲洴澼絖不過數金今一朝而鬻技百金請與之客得之以說吳王越有難吳王使之將冬與越人水戰大敗越人裂地而封之能不龜手一也或以封或不免於洴澼絖則所用之異也今子有五石之瓠何不慮以爲大樽而浮乎江湖而憂其瓠落無所容則夫子猶有蓬之心也夫

惠子謂莊子曰吾有大樹人謂之樗其大本擁腫而不中繩墨其小枝卷曲而不中規矩立之塗匠

者不顧今子之言大而無用衆所同去也莊子曰子獨不見狸狌乎卑身而伏以候敖者東西跳梁不避高下中於機辟死於罔罟今夫斄牛其大若垂天之雲此能爲大矣而不能執鼠今子有大樹患其无用何不樹之於无何有之鄉廣莫之野彷徨乎无爲其側逍遙乎寢臥其下不夭斤斧物无者害无所可用安所困苦哉

姚嶽

非攻上

墨子

今有一人入人園圃。竊其桃李。衆聞，則非之。上爲政者得。則罰之。此何也。以虧人自利也，

至攘人犬豕雞豚者。其不義又甚入人園圃竊桃李，是何故也。以虧人愈多。其不仁茲甚。罪益厚，

至入人欄廄取人馬牛者，其不義又甚攘人犬豕雞豚。此何故也。以其虧人愈多。苟虧人愈多。其不仁茲甚罪益厚。

至殺不辜人。拖其衣裘。取戈劍者。其不義又甚入人欄廄取人馬牛。此何故也。以其虧人愈多。苟虧人愈多。其不仁茲甚矣。罪益厚。

當此。天下之君子皆知而非之。謂之不義。今至大爲不義攻國。則弗知非。從而譽之。謂之義。此可謂之義與不義之別乎。

殺一人謂之不義。必有一死罪矣。若以此說往。殺十人。十重不義。必有十死罪矣。殺百人。百重不義。必有百死罪矣。

當此。天下之君子皆知而非之。謂之不義。今至大爲不義攻國。則弗知非。從而譽之。謂之義。情不知其不義也。故書其言以遺後世。若知其不義也。夫奚說書其不義以遺後世哉。

今有人於此。少見黑。曰黑。多見黑。曰白。則必以此人爲不知白黑之辯矣。少嘗苦。曰苦。多嘗苦。曰甘。則必以此人爲不知甘苦之辯矣。今小爲非。則知而非之。大爲非攻國。則不知非。從而譽之謂之義。此則謂知義與不義之辯乎。

是以知天下之君子辯義與不義之亂也。

非攻中　　　　　　　　　　　　　　　　　　墨子　　　　姚嶽

子墨子言曰。今者王公大人爲政於國家者。情欲譽之審。賞罰之當。刑政之不過失。●●●●（下缺）●●●

是故子墨子曰。古者有語　謀而不得。時以往知來。以見知隱。謀若此。可得而知矣。

今師徒唯毋興起。冬行恐寒夏行恐暑。此不可以冬夏爲者也。春則廢民耕稼樹藝。秋則廢民穫斂。此不可以春秋爲也。今唯毋廢一時。則百姓飢凍餒而死者不可勝數。今嘗計軍出。竹箭羽旄。幄幕。盾撥劫。往而靡弊腑冷不反者不勝可數。又與其矛戟戈劍乘車。其（列往）往則磁折靡。弊而不反者不可勝數。與其牛馬。肥而往。瘠而反。（往）死亡而不反者不可勝數。與其涂道之修遠。糧食輟絕而不繼。百姓死者不可勝數也。與其居處之不安。飲食之不時。飢飽之不節。百姓之道疾病而死者不可勝數。喪失多不可勝數。喪師盡不可勝計。則是鬼神之喪其主后亦不可勝數。

國家發政。奪民之用。廢民之利。若此甚衆。然而可爲爲之。

曰「我貪伐勝之名及得之利。故爲之。

子墨子言曰。計其所自勝。無所可用也。計其所得。反不如所喪者之多。今攻三里之城。七里之郭。攻此不用銳。且無殺而徒得。此然也。殺人。多必數於萬。寡必數於千。然後三里之城。七里之郭且可得也。今萬乘之國。虛城數於千。不勝而入。廣衍數於萬。不勝而辟。然則土地者。所有餘也。士民者。所不足也。今盡士民之死。嚴下上之患。以爭虛城。則是棄所不足而重所有餘也。爲政若此。非國之務者也。

飾攻戰者言曰「南則荆。越之王。北則齊。晉之君。始封於天下之時。其土地之方。未至有數百里也。人徒之衆。未至有數十萬人也。以攻戰之故。土地之博。至有數千里也。人徒之衆。至有數百萬人。故當攻戰而不可非也。」

子墨子言曰。雖四五國則得利焉。猶謂之非行道也。譬若醫之藥人之有病者然。今有醫於此。和合其祝藥之於天下之有病者而藥之。萬人食。此若醫四五人得利焉。猶謂之。非行藥也。故孝子不以食其親。忠臣不以食其君。古者封國於天下。尚者以耳之所聞。近者以目之所見。以攻戰亡者不可勝數。

姚嶽

何以知其然也。

東方有莒之國者。其爲國甚小。閒於大國之閒。不敬事於大。大國亦弗之從而愛利。是以東者越人夾削其壤。 西者齊人兼而有之。計 之所以亡於齊。越之閒者。以是攻戰也。雖南者陳。蔡其所以亡於吳。越之閒者。亦以攻戰。雖北者且不著何。其所以亡爲燕。代胡貊之閒者。亦以攻戰也。

是故子墨子言 曰。今者王公大人情欲得而惡失。欲安而惡危。 故當攻戰而不可不非。

飾攻戰者之言曰。「彼不能收用彼衆。是故亡。我能收用我衆。以此攻戰於天下。誰敢不賓服故。」

子墨子言曰。子雖能收用子之衆。子豈若古者吳闔閭哉。古者吳闔閭教士七年。奉中執兵。奔三百里而舍焉。次淮汭。出於冥隘之徑。戰於栢舉。中楚國而朝宋。與魯及與夫差之身。北而攻齊。舍於汶上。戰於艾陵。大敗齊人而葆之大山。東而攻越。濟三江五湖而葆之會稽。九夷之國。莫不賓服 於是退不能賞孤。施舍羣萌。自恃其力。

伐其功。擧其智、怠於教。遂築姑蘇之臺。七年不成。及若此。則吳有離罷之心。越王句踐視吳上下不相得收其衆以復其讎。入北郭。徙大舟。圍王宮。而吳國以亡。

昔者晉有六將軍。而智伯莫爲强焉。計其土地之博人徒之衆。欲以抗諸侯。以爲英名。攻戰之速。而差論其爪牙之士。比列其舟車之衆。以攻中行氏而有之。以其謀爲既已足矣。又攻范氏而大敗之。並三家以爲一家而不止。又圍趙襄子於晉陽。及若此。則韓魏亦相從而謀曰。「古者有語」。「脣亡則齒寒」趙氏朝亡。我夕從之。趙氏夕亡。我朝從之。詩曰「魚水不務。陸將何及(乎)」是以三主之君。一心勠力。門除道。奉甲興士。韓魏自外。趙氏以內。擊智伯大敗之。

是故子墨子言曰。古有語曰。「君子不鏡於水而鏡於人鏡於水。見面之容鏡於人。則知吉與凶，」今以攻戰爲利。則蓋嘗鑒之於智伯之事乎。此其爲不吉而凶。既可得而知終矣。

姚嶽

孟子魚我所欲也章孟軻

孟子曰魚我所欲也。熊掌亦我所欲也。二者不可得兼。舍魚而取熊掌者也。生。我亦我所欲也。義。亦我所欲也。二者不可得兼。舍生而取義者也

生。亦我所欲。所欲有甚於生者。故不爲苟得也。死。亦我所惡。所惡有甚死於者。故患有所不辟也。如使人之所欲。莫甚於生。則凡可以得生者。何不用也。使人之所惡 莫甚於死者。則凡可以辟患者。何不爲也。

由是則生。而有不用也。由是則可以辟患。而有不爲也。是故所欲有甚於生者。所惡有甚於死者。非獨賢者有是心也。人皆有之。賢者能勿喪耳。

一簞食。一豆羹。得之則生。弗得則死。嘑爾而與之。行道之人弗受。蹴爾而與之。乞人不屑也。萬鍾則不辨禮義而受之。萬鍾於我何加焉。爲宮室之美。妻妾之奉。所識窮之者得我與。

鄉爲身死而不受。今爲宮室之美爲之。鄉爲身死而不受。今爲妻妾之奉爲之。鄉爲身死而不受。今爲所識窮乏者得我而爲之。是亦不可以已乎。此之謂失其本心

莊子養生主

姚嶽

吾生也有涯。而知也無涯、以有涯隨無涯。殆已。已而爲知者。殆而已矣。爲善無近名。爲惡無近刑。緣督以爲經。可以保生。可以全身。可以養親。可以盡年。

庖丁爲惠君解牛。手之所觸。肩之所倚。足之所履。膝所所踦。砉然嚮然。奏刀騞然。莫不中音。合於桑林之舞。乃中經首之會。文惠君曰。善哉。技蓋至此乎。庖丁釋刀對曰。臣之所好者。道也。進乎技矣。始臣之解牛之時。所見無非牛者。三年之後。未嘗見全牛也。方今之時。臣以神遇。而不以目視。官知止而神欲行。依乎天理。批大郤。導大窾。因其固然。技經肯綮之未嘗。而況大軱乎。良庖歲更刀。割也。族庖月更刀。折也。今臣之刀。十九年矣。而刀刃若新發於硎。彼節者有間。而刀刃者無厚。以無厚入有間。恢恢乎其於遊刃。必有餘地矣。是以十九年而刀刃若新發於硎。雖然。每至於族。吾見其難爲。怵然爲戒。視爲止。行爲遲。動刀甚微。桀然已解。如土委地。提刀而立。爲之四顧。爲之躊躇滿志。善刀而藏之。文惠君曰。善哉。吾聞庖丁之言。得養生焉。

公文軒見右師而驚曰。是何人也。惡乎介也。天與其人與。曰。天也。非人也。天之生。是獨也。示之貌。有與也。以是知其天也。非人也。

譯雉十步一啄。百步一飲。不蘄畜乎樊中。神雖王。不善也。

老聃死。秦失弔之。三號而出。弟子曰。非夫子之友邪。曰。然。然則弔焉若此可乎。曰。然始也。吾以爲其人也。而今非也。向吾入而弔焉。有老者哭之。如哭其子。少者哭之。如哭其母。被其所以會之。必有不蘄言而言。不蘄哭而哭者。是遁大倍情。忘其所受。古者謂之遁天之刑。適來。夫子時也。適去。夫子順也。安時而處順。哀樂不能入也。古者謂是帝之懸解。指窮於爲薪。火傳也。不知其盡也。

李振華

哲學概論

李振華講述

第一編　論緒

第一章

哲學之意義及分類

哲學概論之體例　哲學概論之體例頗不一致或主深造或主博知主深造者羅列哲學上若干問題一一爲之解釋並論其所以解釋之道如Herbart(1776—1841)之Le-hrbuch zur Einleitung in-die Philosophie其一例也

此種作者大抵先有幽深玄妙之著述自成一家言可以藏名山而傳諸人懼世之未能盡明也乃作概論以導之耳　故其爲書偏重己說務求所以證明之且往往涉及論理學之範圍以論致思立言之方也　主博知者如Strumpell之Einleit-ung in die Philosophie其意在使學者通覽古今哲學之大觀以擴充其心思故每揭一問題必枚舉古今學派之見解不拘拘於一家之成說

其爲書多所敘述而少所論斷一若滄海扁舟使人有靡所歸宿之思　然行遠必自邇登高必自卑欲深入一家之言者不可不自博覽諸家之學說始非然者拘墟曲學未有不流於武斷者也此書之作在使學者得哲學之概念知哲學所處理之問題及其解決之態度故不取第一種體例而取第二種體例每遇一問題列舉古今各方面學說可以爲代表者以見解決態度之一斑

哲學之心理的起源　哲學之起起於人類天性之自然非偶然出現者也　人心之中足以引起哲學的思想之第一作用殆爲人類驚異之念　蓋世變不盡人生無常在冥頑不靈之動物視之固漠然未嘗有動於心而人類靈長萬物智力秀逸想像豐厚睹此怪象能不驚心動魄駭爲異事因驚以致疑因疑以求解於是窮究之心生而哲學之業成焉

Plato「紀元前 427 （或作 429）—347」Aristotle（紀元前384—322）謂驚異爲哲學之發端　Schopenhauer（1788—1860）謂驚疑爲形而上學需要（need of metaphysics　之原因皆此意也

驚異之念之外其足以助成哲學的思想者厥惟統一之作用　吾人莫不有統一之意識莫不以自己爲一人　雖自幼至老當精神進化之際有極大之變化然未嘗因此而喪其統一忘其自

李振華

我人性之中既自有其統一於是對於客觀之世界亦取同一之態度欲以統一原則明世界爲統一之體　一切哲學的思考殆莫不以此原則爲基礎　關於世界之智識愈豐富則欲於森羅萬象之中求其統一亦隨以愈困難　然雖困難而哲學之要求未嘗因是或息且轉甚焉

哲學之語源及意義　哲學之名在希臘語爲Philos,ophia,出自動詞Philosophein,　其原義猶言愛智也哲學之名始於何時書缺有間莫可考矣希臘哲學史家咸推Tha-les（大約在紀元前624—548）爲始祖當Thales之時似尚未有哲學之稱　或謂Pythagoras（大約在紀元前580—500始用此名似亦不確　其確曾用哲學之名而爲今日所可措信者實惟Socrates（紀元前469—399）Socrates及其弟子Plato嘗自稱Philosopher（愛智者）以別於當時盛行之So—phist（原義曰智者今譯詭辯學派）　Plato之言曰詭辯學者之講學志在獲利其徒之就學志在求富貴有爲而爲非眞欲窮理而致知也　愛智者則反是絕嗜慾遠利祿殫心竭慮索隱鉤玄一以宇宙眞理爲其究竟之目的而無他求者也　繹philosophia之本義與plato之言可知希臘初期哲學之窮理其志固在知而不在用　逮夫季世哲學之義漸趨實用始有以研究人生究竟目的爲其專務者矣　中世以降恢復舊義仍以哲學爲窮理之學其有以爲致用之學者蓋甚寡

也

Windelband 著 Geschichte der Philosophie 其緒論中論古今哲學之變遷曰在古代希臘哲學爲純粹智識之研求及其末世則變爲實踐的意義而以哲學爲根據學理之處世術中古之世以哲學爲建設宗教教義之具近世之初則以哲學爲世間智以與宗教之出世間的教義相對Kant（1724—1804）以後哲學又變爲理性之批評的自己考察

哲學之定議　哲學定義自希臘古代以迄今世諸說紛紜各自名家　試通古今諸定義而爲之分類則諸家之說可彙爲四種

1 思辨的學問（speculative science）　哲學志在窮理窮理必籍思辨故古人有以此爲定義者　然此義甚泛　據是以爲標準則諸凡學問莫不有事於思辨即莫不可以稱哲學　古人於哲學科學之間本無區別以哲學爲學問之總名其稱各科學也但於哲學之名上加形容詞以爲之限耳　Kant以後有所謂思辨哲學（speculative philosophy）者　Fichte（1762—1814）Schelling（1775—1854）Hegel（1770—1831）三氏實爲之代表　三氏偏重思辨以爲宇宙間一切事物皆可由吾人先天所具之理性演繹而得之至於後天之經驗徒足以致迷惑耳　He

李[illegible]華

gel之定義曰哲學者事務之思辨的考察也　思辨哲學至 Hegel 而極盛其後浸衰尋爲世所輕此項定義亦漸爲學界所擯棄矣

2 根本的問學（fundamental or ultimate science）朝菌蟪蛄乍生乍死飄風聚雨旋起旋滅宇宙間森羅萬象莫非俄頃間事轉瞬杳矣　雖然此乍生乍死旋起旋滅者不過表面之現象其所以幻成此現象者固不生不死不起不滅終古常住未嘗少變也　古今學者多有以此不生不死不起不滅之根本的實體爲哲學之對象者古代如Plato, Aristotle之定義近世如 Schopenhaner, Ueberweg（1826—1871）之定義皆此類也pluto曰哲學者所以知實在之學也　Aristotel曰攻究事物之原因原理者哲學也　Schopenhauer 曰抽象的概括的明白的研究宇宙實體之眞相者哲學也　Ueberweg 亦以原理爲哲學之對像與 Aristotle 略同　此項定義今猶盛行與第三定義並稱於世

3 綜合的學問（synthetic or unifying science）茫茫宇宙分之則爲萬事合之則爲一體科學分觀宇宙各取其一部分之事實以爲研究之對象　如生物學研究生活一部分之事實物理學研究物理現象一部分之事實是也　哲學合觀宇宙以宇寅爲概括萬事之統一體綜合各

科學研究所得之結果以明宇宙全體之性質故曰哲學者各科學之綜合的學問也　宇宙譬若一謎科學各出其所知以供解釋之材料而據此材料以從事解釋者哲學也　徵之歷史以此爲定義者其人不一而尤以法之Comte（1798—1857）英之Spen-cer（1820—1903）爲最著Comte之哲學包括數理天文物理化學生物社會等諸科學規定其相互間之關係以自成哲學之體裁 Spencer 之定議曰哲學者一切學題上智識之最高統一也　又申言之曰智識而無統一者其智識爲最下科學乃一部統一之智識哲學則全部統一之智識也

4 批評的學問（critic science）此項定義出自 Kant 之門人　蓋 Kant 之哲學爲批評主義（criticis mr）其著作以批評（Critique）諸書爲最著於是其門弟子遂有以批評爲哲學之唯一能事者　此派代表首推 Riehl 其他學者不多覯云

以上四種定義第一種泛而無當第四種隘而難容惟第二種第三兩種最爲適切　然取其一而遺其他不免猶有偏倚之弊兼取兩者納於一定義之中其庶幾當乎　今兼取第二第三兩種之意下定義曰哲學者綜合各科學所得之智識以研究宇宙實體之根本性質者也

哲學與宗教　人類富於智識之慾見有奇異之事莫不思逞其想像以說明之　宇宙萬象光

怪陸離最足起人奇異之念太古草味之人民亦既蒐輯當時所有幼稚未熟之智識試爲解釋宇宙之實體矣　如耶穌教之聖經所云上帝初造天地繼造萬物人類始自Adam禍患起於Eve此亦一宇宙觀也　然太古草味人民之所想像支離怪誕不得謂爲哲學特一宗教的見解耳

哲學與宗教（religion）雖同爲宇宙觀因其主體與官能不同故其性質亦大異

宗教的宇宙觀之主體社會的集合的精神也哲學之主體個人之精神也　夫惟哲學爲個人精神努力之所產故世稱哲學必冠以首創者之名如曰Plato哲學 Spenree 哲學誠以無哲學家即無哲學可言也宗教則異是人類集合而成社會宗教即發生於不知不識之間瀰漫於全社會而受其宗奉無煩箇人之心思材力特爲之案出Schopenhau--er稱宗教爲民衆形而上學（Volksmetaphysik）職是故也宗教的宇宙觀出於社會之集合精神故無首創者之可言　如埃及之宗教希臘之宗教今日更無人道及其始祖者耶教回教雖各有其教祖然Jesus與Mohammed(571--632)非眞獨創新教不過就猶太亞剌伯有固之舊教加以改革耳

更自其所從發之官能言之哲學爲合理的知能之所產宗教的宇宙觀則詩歌的想像之所產也　故人於宗教一惟信仰是賴不容有所懷疑於其間於哲學則純取研究之態度不拘成說務

尙自由

哲學宗教之衝突人文史上一顯著之事實也　試翻西洋之歷史其可稱哲學宗教調和時代者惟中古一世而已上古近古莫非衝突之時代在昔希臘Socrates鑿於社會之腐敗創新說以救世無識之徒泥於古說駭新說爲異端加Socrates以侮慢神明蠱惑青年之罪名而致之死地西方聖人以身殉道誠學界之傷心史也　洎乎近世衝突尤甚Galileo 1564—1642）Descartes（1596—1650）Spinoza（1632—1677）Rousseau（1712—1573）諸大思想家咸爲宗教所仇視或身被刑罰或書遭禁絕種種窘迫不一而足

原夫哲學宗教之所以衝突蓋一以窮理爲主一以信仰爲歸其根本上固已有可以衝突之道當人智未進思想幼稚之時個人之自由思想尙未發達其判斷動作狃於團體之習慣但知倣效而已　及人智進化之後始以自由之思想營獨立之研究對於社會上之獨斷的信仰懷挾疑念且進而欲以一已之心思材力謀所以更易之　發於個人思想之哲學旣以反抗社會上普通思想之宗教而起而舊時上天下地惟我獨尊之宗教又欲鎭壓個人思想之哲學以維持其舊日之威權於是兩者之衝突遂不能免相傾相擠各欲爭霸於社會而靡有已時　惟中古之世宗教戰

李振華

勝掠哲學以爲其附庸僅成一時苟安之局及近世而衝突又起矣

方今科學日盛眞理日明昔時之所視爲不可思議而歸之神力者今往往能以科學之理解釋之於是宗教之所假托若鬼神若靈魂遂盡失其根據　神道設教以範圍愚夫愚婦之行事使無所隕越雖已陷入社會政策之下乘或猶爲一部分政策家所樂許　是故宗教誠能洞觀大勢退守信仰之域不與外事則其高等而較爲合理者或尙能苟延殘喘若不自量涉及智識之範圍以古人極陋之思想强與今之哲學科學抗爭則徒自暴其短而自速其亡耳

哲學與科學　不憑藉信仰不依據傳說專持合理的智能爲武器以窮宇宙之眞理者哲學科學（science）之共同出發點也　然則哲學科學之區別何在　當十九世紀初葉思辨哲學盛行之時僉謂哲學之對象與哲學無異不過哲學專主思辨科學專尙經驗爲兩者不可逾越之界限耳　思辨哲學排斥經驗蔑視經驗所產之科學且謂獨以思辨哲學方法研究所得者始爲眞確之智識其傲慢自尊有不可一世之概

夫純粹思辨而毫不加經驗之要素及純粹經驗而毫不加思辨之要素者均不可以得眞正之智識　若謂哲學較重思辨科學較重經驗猶可言也　思辨哲學趨於極端故雖極一時之盛不旋

踵而衰而此思辨哲學所立哲學科學之區別亦曇花一現隨以俱滅也

當思辨哲學衰時各種科學方爲長足之進步於是人心羣趨科學且以昔日思辨哲學侮辱科學之道還辱思辨哲學其極也至排斥一切哲學目爲空論妄談無絲毫學問之價値雖然一動一反不過暫時之現象哲學科學各有其存在之價値不可以偏廢也

宇宙萬象乃一個統一之體其各部分間均有密切之關係非散沙比也　故研究此宇宙萬象之諸科學亦自不能離羣孤立而與他科學絕無關係如研究生物者不能不借助於理化研究歷史者不能不借助於地理諸凡科學莫不直接間接互相關係而此互相關係之諸科學合成一體以應宇宙之統一體者哲學也是故科學者分觀宇宙間一部分之事物而探索其原理哲學則合觀宇宙取天地間一切事物合一爐而治之　科學各出其研究之所得　以供哲學哲學集合各科學所供之資料而統一之申言之科學者哲學之基礎哲學者科學之綜合也　此哲學科學區別之點一也　科學之研究事物也不暇論所欲研究對象之眞實虛妄但鑑於日常之經驗假以此現象爲眞有乃立於假定之上從而探其原理　如物理學假以物質爲常住從而究其現象之法則心理學假以精神爲眞有從而叙其作用之原理至於物質精神爲實爲妄之討論則非物理

李振華

學心理學之分內事也哲學之研究事物與科學異不屬於見聞不本於假定常欲超然於所經能驗之現象外以探索宇宙實體究竟之眞理是以對於物理學心理學所假定之物質精神不甘從爾信從必更進一步以討論其眞妄此又哲學科學區別之一點也

哲學之特色　關於哲學之價値世間不無懷疑之人甚且謂哲學之爲學全無成立之價値者世間對於哲學之非難大抵有下述三種

1、一切學問皆以說明爲急務而普通之所謂說明大抵以某種原理屬諸更高之原理今哲學之所研究者爲世間最高之原理其將藉何道以說明之耶宇宙人生之根本問題廣大精微實非人智所能解釋是故欲知宇宙人生之眞義者宜息智識上之研究而求之於宗教上之信仰

2、科學乃哲學之部分哲學乃科學之全體集合一切部分即足以搆成全體故集合一切科學上之智識即足以搆成宇宙人生全般之智識然則集合科學之原理即成哲學之原理今強於科學之外別設哲學果能於科學智識之外新增人之智識乎

3、上述二種之弊即或能免猶有一種顯著而不可辯護之難點即哲學發生以來經二千數百年之歲月猶未有一定之成說是也學理上之論爭學說之變遷固爲各種科學所不能免然

各種科學皆有其一定之原則爲人人所公認至於哲學但有論爭但有變遷未嘗有一致之原則有以物質作用解釋世界之唯物論（materialism）同時又有以一切現象歸之精神作用之唯心論（spritualism）有以人生爲多福之樂天主義（optimism）同時又有悲觀之厭世主義（pessimism）兩相矛盾之學說同時並存此種紛亂狀態唯於哲學見之此豈非哲學不能成立之鐵證乎

以上三種非難舉不足爲哲學病自實際言之皆哲學之持色而足以自豪者也哲學與宗教異故不能無說明哲學與科學異故不能不研究最根本之原理哲學又與一切學問異學說未定而有進步之極大餘地

1、哲學之求宇宙人生之眞義不求之於信仰而求之於智識上之研求此合理的態度正哲學之特色也哲學之所重不僅在其研究所得之結論而尤在研究時所經過之程序瞑目跏趺恍然大悟或亦足以發見宇宙之眞理然而哲學不取焉哲學頗重研究之方法利用分析憑藉確實之根據而後進行其研究其研究所得之結果雖出於普通經驗之外至其所藉以研究者無一非普通經驗上之智識也是故哲學家論理的研究所得之結果有時或與宗教家直觀所得者同

李振華

其思想然結果雖同其所以得之之道則大異哲學家固亦是兼具智情意之人哲學固亦不能擯棄情意所要求之事實然哲學既屬學說而爲智識之產物則當然不能蔑視論理上種種之法則哲學家分析研究之際有時不能發見積極的解釋一若徒勞而無功然分析一層即是解釋一層哲學之妙味正存於智識之運用哲學研究之程序上既自有其妙味則哲學雖未能得究竟的眞理而受人攻擊哲學固不悔也

哲學欲保持其合理的態度不可不崇尚自由而排斥信仰是故屈伏於宗教的威權之下而不敢自倡新請有背教義者不得謂爲完全之哲學如西洋中世之哲學不過耶穌教之附庸又如後世儒家釋家之說不過銓釋孔子釋迦之遺教若是者嚴密言之謂之哲學不免猶多缺點哲學家極端尊崇自由故對於當世之文物不免取反抗之態度大多數之哲學家其不能得志於當時者以此其見嫉於宗教者亦以此

2、哲學雖是科學之全體然非集合一切科學即可造成哲學之體系一切學問所研究之原理當然均有普遍之價值而普遍價值中又有等差例如昆虫學之原理對於昆虫界固有普遍之價值然比之動物學之原理則其普遍之範圍較狹動物學之原理雖較普遍然比之生物學之原理則又爲不普遍矣是故各科學之原學均爲有限的普遍能包括一切有限的普遍之原理而有無限的普遍之價値者始足爲哲學之原理哲學之原理既屬無限的普遍故不可不爲一切事物之根本的究竟的原理吾人研求學問自淺入深甲求其理及深入而達於不可復進之境是即一切事物之根本的究竟的原理而哲學之對象也科學之原理大抵有資格平等之他原理與之相對故是相對的原理哲學之原理乃一切原理之根本超絕相對之關係故是絕對的原理哲學以絕對的最普遍的眞理爲對象此又哲學之特色也

哲學之目的在研求絕對的最普遍的眞理故不能不有幽深玄妙之思想雖然所謂幽深玄妙者非蔑視論理的法則之謂也哲學以能合於理爲特色故論理上法則當然爲組織哲學時所不可缺之武器然當應用此種法則之時不可不有幽深玄妙之識力若徒出以淺薄陋劣之眼光未有能成完全之哲學者也例如以物質作用解釋宇宙形式上未嘗少違論理之法則而猶不免蒙淺薄之譏者此其缺點正在觀察之太狹與識力之太陋耳哲學既不能蔑視論理的法則故當然不能帶有神秘之色彩神秘之說（mysticism）恍惚離迷而自以爲窮天地之奧妙不可以理求而自以爲超絕理智其所持態度去宗教不遠甚非哲學之所宜取也是故哲學於一方面不可

不幽深玄妙於他方面不可蔑視論理的法則而入於神秘

3　哲學未有一致之眞理未有一定之成說此正所以表明哲學之發展性亦哲學之特色也哲學方在發展之中有進步之極大餘地故從來各家之學說中均有其未能明白解釋之部分而呈神秘恍惚之觀哲學之發展即此神秘恍惚性之逐漸減少所謂哲學史者即哲學學說漸次趨於開明之歷史也是故有志研究哲學者對於從前諸家之哲學學說不可不有廣博而精確之智識非然者其態度雖自由其思想雖幽深或猶不免爲個人偏狹之見而不能有所貢獻於智識界也處二十世紀之初葉而言哲學當然不可不知十九世紀末葉哲學上諸問題若昧於哲學發展之事實拾古人之唾餘奉爲臬圭如宗教家之以神語解釋世界又如儒釋之奉孔佛遺教而不敢越雷池一步是皆時代錯誤（anachronism）之流，哲學所宜切戒者也是故居今日而欲研究哲學不可不同時研究哲學之歷史近時大哲學家 Wundt 著 Einleitung in die Philosophie, 亦採此態度揭哲學畧史以資哲學之入門其敘述各種學說也一一取哲學史上之材料以爲證據其敘述諸學說之發展也又一一分配之於哲學史上之時代明學說隨時代進化之跡

惠明

哲學之分類　哲學分類始自希臘之　Plato. Plato 固未嘗躬自分類門弟子觀其書誦其辭以爲當有若是之分類耳其類凡三（1）辨證學（dialectics）（2）物理學（3）倫理學辨證學包含認識論（epistemology）與形而上學（me-taphysics）以論事物之概念及其主要性質物理學研究自然智識倫理學研究道德行爲　Plato 此分類　爲 StoicsEpicureans 等所採用遂於後世學界占偉大之勢力終中古之世言哲學者幾莫能出其範圍

及近世哲學與　Bacon（1561—1626）根據智識之官能以爲分類之標準智能有三（1）記憶（2）想家（3）了悟記憶發爲歷史想像發爲詩歌了悟發爲哲學哲學又分爲三類論上帝者曰神學（theology）論自然者曰自然哲學（naturalphilosophy）論人者曰人類學（anthropollogy）及人生哲學　Wolff（1679—1754）亦以精神作用爲根據立智識與慾望爲二大官能因區哲學爲理論實用二大部理論哲學（he-oretical pbilosophy）又分神學心理學物理學三種而以實體論（ontology）爲之本實用哲學（practical philosophy）分爲倫理學經濟學政治學三種而以普通實用哲學（generalpractical philosoph;）爲之基更取論理學以爲理論實用二哲學之序論也

李振華

古之學者以哲學爲衆學之總名故一切科學均列爲哲學之一部近世以還科學日進自然科學（natural science）先脫哲學之羈絆蔚然成獨立之一科精神科學（mentalsciece）與哲學較親而進步又較緩故遲至十九世紀下半葉始漸能獨立焉自然科學精神科學相率離哲學以去哲學之內容視前大異故哲學之分類亦不能無所更易近世 Paulsen 分哲學爲二大部（1）形而上學（2）認識論 Wuud 亦分爲二大部（1）認識論（2）原理論（theory of principles）原理論又小別爲二小部（1）一般原理論（generaltheory ofprinciples），（2）特別原理論（spesial theory ofprinciples）Kuelpe有一般哲學與特別哲學之分一般哲學中舉形而上學認識論論理學三目特別哲學中舉自然哲學心理學倫理學與法律哲學（philosophy of law）美學（aesthetics），宗教哲學（philosophy of religion），歷史哲學（philosophy of history）等數項 Jerusalem 分爲五部（1）哲學之預備學科（心理學及論理學）（2）認識論（3）形而上學（4）美學（5）倫理學及社會學（sociology）

以上數家之分類在今日觀之似以 Paulsen 所舉最爲適切而簡明蓋哲學以研究宇宙根本實體爲專務故根本實體之性質如何哲學之主題也根本實體之性質必緣智識作用而後爲人

所認知人之智識果緣何道以得智識之能力果能達實體與否亦哲學上重要之問題也是故形而上學與認識論之爲哲學主要部分古今學者咸所同許至於 Kuelpe 所舉之特別哲學今既各有專科不必具論其有關於根本問題者可以附入形而上學惟 Jerusalem 以心理學論理學爲哲學之預備學科似頗允當心理之學在今日固爲純粹科學而脫離哲學之羈絆然自他方面言之心理學爲一切精神科學不可或缺之基礎故對於哲學有極密切之關係此云關係非欲以心理學附入哲學不過欲明哲學之精神的基礎耳論理學爲一切科學之預備學科哲學既欲遵循一定之原理以造成有條理之體系自亦不能不以論理學爲基礎今本此意分本論爲形而上學認識論二編而於緒論之中畧述心理學論理學之根本概念

第二章

心理學

科學的心理學　自然科學與哲學之區別久爲學界所公認在十八世紀時學者已莫不認自然科學爲非哲學矣心理學與哲學之區別正與之同徒以發達較緩遲之又久至最近數十年間始漸爲學界所公認耳今之心理學乃純粹之科學以精神作用爲其研究之對象而以發見精神

李振華

作用之法則爲其最終之目的科學的心理學所欲研究者乃精神之活動的作用非精神之固定的實在蓋吾人平日所能經驗者思慮欲望喜悅悲傷無一非活動的作用也至於發生此種作用者果別有實體乎則非吾人經驗之所及知今之科學以經驗爲基礎故科學的心理學亦以經驗所及知之精神作用爲研究之範圍至於精神之果有實體與否靈魂之果死滅與否則讓諸哲學之研究非心理學之分內事也心理學但說明精神之作用而不說明精神之實質與重學（mechanics）之但說明 energy 之作用而不及其實質者正同是故今之心理學自其純粹以經驗爲主之點言之自其研究之方法言之與自然科學甚相接近其所不同者不過其研究之對象大異耳

心理學以科學爲標幟者所以明示脫離哲學之覊絆也太古草昧之世各民族之宗教關於人之精神莫不有其武斷的主張如精神能脫離軀殼靈魂可以論廻等說是也言心理學而雜以宗教的信仰固非科學之所宜取哲學雖爲合理的智識不可與宗教同日而語然心理學之不可爲哲學所覊束正與不可爲宗教所束縛相同蓋科學以事實爲基礎藉歸納的研究法以發見普遍之原理若預有哲學之成見以左右其思想則所得結果或不免與事實背矣心理學脫哲學之覊

絆而自成一科實開心理學之新紀元近時心理學長足之進步皆此獨立之賜也而歷史上負開創之殊勳者當首推 Herbart, Fechner（1801—1887）近時更得 Wundt 諸人之紹述獨立之功乃因以益顯

當心理學尚未脫離哲學羈絆之時學者之間有純理的或思辨的心理學（rationel or speculative psychology）與經驗的心理學（empirical psychology）之區別自今之心理學觀之此區別實無意義蓋既名心理學當然屬於經驗的經驗的心理學之外別無心理學更無煩以經驗的三字爲之區別也至於昔之所謂純理的心理學其所討論之問題概入哲學之範圍非復今之心理學所顧問

心理學根本概念之變遷　心理學以研究心作用爲專職然則心之與物果有何種區別予易辭言之即心理學與自然科學之界限果何在乎心理學之內容與方法當然隨心之概念而有異同曠觀歷史心之概念古今頗不一致Knelpe分爲三時期如下

（1）第一時期心與生（vital principle）同視

（2）第二時期以心爲內知（internal perception）之所得心與物之區別即以內知外

知（external perception）爲標準

（3）第三時期以主觀的爲心易辭言之即以依賴於能經驗之主體者爲心也人之經驗渾然一體然若分析言之其中含有兩種原素一起於能經驗之主體一起於被經驗之客體起於能經驗之主體者即心的原素也

第一時期包含上古與中古 Aristotle 著 On the Soul 殆爲心理學最古之著作其解釋精神也謂有生之物有特別之現象足以與無生之物相區別而此特別之現象無非以精神爲之本精神作用之最下者爲營養作用（nutritive function）植物有之營養作用之上有感覺的精神（sensitivemind）動物兼有兩者精神作用之最發達者爲合理的精神（rational mind）人類兼具三者是故合理的精神乃人類之特色也 Aristotle 以營養作用歸諸精神實心生同視之明證也

中古之耶教哲學本無奧義不過取古代希臘哲學家之思雖加以附會耳關於心之概念大體不出 Aristotle 之思想分合理的精神與下等精神以爲人獸之界限兼以爲朽與不朽之區別且於理性感覺之間截然劃一對比以前者爲可以知永久的與出世的以後者爲知世間的與時間

的

近世哲學之初猶持此義伊大利自然哲學者（natural philosophers）大抵分精神爲朽與不朽二部朽者知覺不朽者理性也不朽之精神尤爲彼輩所重視蓋彼輩以爲不朽之精神能得眞知也不朽的精神之作用是直觀的能藉直接知覺以知眞理非若朽的精神之必有賴乎感官Descartes 以思惟與廣袤爲心與物區別之標準其根本觀念尙與此同不過其表示法大異耳昔所視爲精神之朽滅部分 Descartes 歸之於物之範圍故在 Descartes 觀之一切動物皆屬機械不能有精神作用

第二期思想始自Locke（1632—1704），Locke有感覺（sensation）與反省（reflection）或外官（external sense）與內官（nternal sense）之區別惟反省或內官所得者始屬於心準此而論則純粹之有機作用當然屬物之範圍而不得屬於心之範圍蓋有機現象亦得自外官之知覺正與無機現象相同故也 Leibnitz（1646—1716）亦持此義其所分之 perception 與 apperception 與 Locke 之感覺反省相應蓋當十八世紀之際德國心理學之用此二語本不過內外官活動之意耳

李振華

Locke之　定義當時流行頗廣即今日之學者中猶有採用此義者雖然試細按之 Locke之說似不免尙有缺點

（1）嚴密言之僅有外官以感受外界之刺戟外官之外實無內官內官云者比喻之義若不先確知其義意而用之則危險有不可勝言者

（2）內官外官之對立亦非妥當之表示法蓋自今之認識論觀之原始經驗本屬渾然一體未嘗着差異之痕跡內知外知乃後起之關係非根本的不同之作用也

第三時期　Locke 之說猶有未妥故近年以來心事理學者思別設定義以代之　經驗之原始的資料固屬渾然一體　然試分析言之未嘗不可於其中發見主觀的及客觀的二種原素感覺觀念知覺等主觀的原素之名也對象對象之性質對象之狀態對象之關係等客觀的原素之名也一切經驗本屬一體但人類有抽象的反省之習慣故主觀世界與客觀世界一若本異其存在然雖分析經驗爲主觀的原素與客觀的原素於經驗之渾一性固無傷也以主觀客觀爲心物區別之標準是爲第三期之思想而首於理論上創此說以圖革新者實爲 Mach 及 Avenarius

心理學之研究方法及分類　心理學之研究方法約畧舉之不外三類（1）內省（iutrospect

on）（２）外觀（opservation）（３）（實驗（experimenl）內省者以自已之精神作用返觀自已之精神作用直接的方法也外觀者觀於他人身體上之變化之察知其內界之精神狀態間接的方法也實驗實造作條件喚起現象以從事觀察之謂也當心理學之根本概念猶在第二期思想之時以心爲內知之所得故其研究方法專生內容精神作用之生理的條件非其所重實驗方法亦未及採用也近年來心理學之所以進步者實以採用實驗方法及研究生理的條件爲其最大原因精神作用與生理作用其關係極密切其相互間之影響極大是故研究某項精神作用而不知其生理的條件不足謂眞知精神之作用採用實驗方法則學問之研究易詳密易精確近世自然科學之進步莫不受實驗之賜心理學而欲成精確的科學當然不可不採用實驗的研究法是故近時之心理學者無論對於何項問題莫不欲同時應用上述二項之方法所謂生理的心理學（Physiolegical psychology）與實驗心理學（experimental psychology）嚴密言之非有特別之對象不過明示其研究方法以表白其應取之態度耳

生理的心理學與實驗心理爲一切心理的研究應取之態度非心理學特別之部門故心理學之分類中不宜有此二種心理學以精神作用之或常或變爲標準可大別爲二部研究常態的精

神作用者曰常態心理學（normal psychology）研究變態的精神作用者曰變態心理學（abnormal psychology）常態心理學又可分數種列表如下

A 個體心理學（individual psychology）

a 普通心理學（general psychology）研究文明社會成人之精神作用平常之心理學以此爲主要部分

b 差異分理學（differential psycholog）研究個體精神作用之差異

c 發生分理學（genetic psychology）研究精神作用之發達又可分二部

1 個體發生心理學（untogenetic psychology）研究嬰孩之精神作用漸次發達以底於成人及成人之精神作用漸次衰退以底於老耄

2 種族發生心理學（phylogenetic qsychology）研究最下等動物之精神作用漸逐發達以底於最高等動物之人類

B 團體心理學（collective psycholog）

a 普通心理學研究團體之普通精神現象今之社會心理學（social psychology）當屬此類

b 差異心理學研究團體精神之差異可分爲二類

1 人種心理學（ethnic psychology）研究各人種精神現象之差異

2 階級心理學（class psychology）研究各種階級各種職業精神現象之差異

c 發生心理學研究團體精神之發達今之民族心理學（folk psychology）似宜屬此

心理學與哲學　今之心理學完全爲獨立之科學以經驗爲主不復受哲學上學說之束縛矣雖然心理學與哲學之關係依然密切未嘗因此而消滅其所不同者不過與昔日之關係顚倒耳昔之心理學受制於哲學今則完全脫離其束縛而自哲學一方面言之今反有賴於心理學之研究不若昔日之可以自肆矣

哲學而欲搆成完全無缺之宇宙觀當然不可以輕視心理學蓋宇宙之間無非心與物兩種現象自然科學闡明物質方面之理法固爲哲學所不可忽視心理學闡明精神方面之理法尤哲學所不可不注意者也形而上學間題而與精神之本質有關者固不可不以心理學爲基礎其他問題之解決亦莫不借助於心理學例如欲研究意志之自由與否使不分析意志而詳知意志之性質必不能有正確之解釋又如欲究研人智之界限或欲發見人智表現之形式者不可不以心理

李振華

學爲基礎　要而言之心理學爲一切精神科學之基礎哲學綜合一切智識以造宇宙觀自不得不以心理學爲重要之基礎　居今之世言哲學而欲排斥心理學的基礎專以思辨爲武器者必不能得良好之結果　是故今之心理學乃獨立之科學而一切哲學的研究所不可或缺之基礎也

第三章　論理學

論理學之研究問題　論理學者正確思想之形式之學也易辭言之又即致眞之學也　而所謂正確思想者指思想之有客觀的眞理而言　何謂客觀的眞理　無論何人聞之但能服從而不能作有力之反對論者客觀的眞理之一徵也　以某種思想爲本推論之結果預有所斷定而此預言果實現於他日一如其所論客觀的眞理之又一徵也由是言之所謂正確思想之形式者不過客觀的確實性（Objective certainty）之普遍的條件耳　然科學研究之所得都必盡屬客觀的確實之判斷有時僅止於或然之度而已而此亦爲論理學之所宜研究　是故論理學者可謂爲研究客觀的確實性與客觀的或然性（Objective probability）之普遍的條件者也

科學之所求無非在發見普遍而有効之原則易辭言之即在發見有客觀的眞理之原則　發見有客觀的眞理之原則乃一切科學之理想而論理學之爲學即詔吾人以達此理想之途徑示吾人以一般科學的研究之規則　是以論理學當然爲一切科學之基礎的學問世稱論理學爲科學之科學（Science of sciences）亦此意耳

普通之論理學大率分爲二部（１）原素論（２）方法論　原素論又可分爲三部（１）論概念概念者一切科學原則之論理的原素也（２）論判斷判斷即原則自身而又復雜思想之原素也（３）論推理推理者科學原則之論理的結合而科學的議論之較高原素也　論理學若僅有原素之研究猶未足以盡其職必更進而研究此種原素於科學思想中之應用及科學的探究之方法　科學的研究法或爲一切科學所公有或爲某種科學所特具故可以有一般研究法與特別研究法之區別　Wundt 之 Logik 包羅一切誠斯學之大觀也

論理學之發達　西洋之論理學始自 Aristotle 雖然 Aristotle 之先非絕無論理的研究也 Zeno（紀元前 490—480）以辦證法證多與動兩概念之不能實在已啟論理學之萌芽 Socrates Plalo 等對於論理學之發展亦多所貢獻不過使論理學具整飭之體裁而成獨立之

李振華

學問者以 Aristotle 爲第一人耳 Aristotle 之論理的學說後人輯爲一書名曰 Organon 其中有範疇論有命題論有推理及證明論有或然的推理論　Arisotle 之論理學雖以演繹的論理學（Deducitve logic）爲其主要之部分然歸納的論理學（inducive logic）亦嘗約略論及不過其完全緻密之度遠不若演繹之部耳

Aristotle 之後 Stoies 對於論理學之發展頗爲有功設言的推理（Hypothetical inference）與擇言的推理（Disjunctive inference）兩部皆 Stoies 之所增補者也　中世煩瑣哲學者（Scholastic philosoppers）欲利用希臘哲學以證明耶教之教理而 Aristolle 之演繹論理學於論證上最爲有效故當時學者咸重視斯學　學校教育取 Organon 中最重要之部分列爲七藝（Seven liberal arts）之一於教科中占重要之位置　然當時所研究者不過以舊說爲本而擴充之如關於三段論法等有極精之研究有極大之發展至於新說創見則未之有也 Aristotle 歸納論理學之部分在中世之際以與研究教理無重大之關係爲當時學者所不顧故不特無絲毫之發展轉因以湮沒幾爲後世所遺忘

近世之初反對煩瑣哲學之風大盛於是煩瑣哲學所傳受之論理學亦受其影響而引起種種

之改革 Ramus（1515—1572）之著論理學頗與 Aristotle異趨　其書之體裁爲後世所宗今普通之論理學教科書猶仍其舊不過畧加變更耳 Bacon（1561—1626）之攻擊舊論理學尤爲激烈而其改革之功亦較爲偉大 Bacon 著 Novum Organon 斥演繹法爲不足以增新知而無益於科學故欲以歸納法代之　蓋歸納法者彙集特殊之事實以發見普遍之原理誠研究科學之唯一正當途徑也 Bacon 之歸納法自今觀之固尚多不完全之點然其提倡改革促後世之進步於論理學之發展上厥功甚偉　其後 Loke Hume（1711—1776）輩繼續其業深加研究於論理學發展上皆有大功　及Mill（1803—1873）出歸納論理學始告大成　Mill 著有 System of Logic 出版於 1843 爲論理學上之名著　其書以歸納法爲研究之上主題而輕演繹法

大陸一方面於近世之初雖亦學者輩出如 Descctes 如 Spinoza 皆爲傑出之學者然其對於論理學之貢獻似不若英國學者之偉大　Wolff 以論理學爲哲學之序論且依照哲學之分類法分論理學爲理論與實用二部　理論之部論概念判斷及推理實用之部論科學法研究法

Kant 對於論理學之觀念與常人異 Kant 於承認形式的論理學（Fosmal logic）之外新創

李振華

一學謂之超絕的論理學（transcen dental logic）蓋Kant)自信於判斷之形式中發見悟性之根本作用而此根本作用爲人心所固具外來之印象爲此根本作用所整理自然界之法則即此根本作用所創造者也是故Kant之見解實以論理的形式爲有創造之力Kant以後言論理學者遂有二派一派發展其形式之部一派發展其超絕之部所謂超絕的論理學者名爲論理學其實即認識論也Hegel承Kant之後造成一種形而上學的論理學（metaphyscial logic）以爲概念之論理的發展必與自然界事物之實際的發展相應Hegel之論理學雖極一時之盛然自十九世紀後半葉以來似已漸衰

論理學之派別　諸精神科學中論理學爲極發達之學問然其攻究之方法與學說之內容各家猶未能一致今之論理學於普通之形式的論理學外其較著者約有四派（1）認識論的論理學（epistemological logic（2）心理學的論理學（psychological logic）（3）實驗的論理學（experimental logic）（4）數學的論理學（mathematical logil）茲畧述其義如下

1、認識論的論理學此派論理學出自Kant之超絕的論理學於普通論理學問題外兼欲研究智識之內容與智識之界限故此派論理學實已越論理學之超範圍而入於智識之批評Sch uppe Bos auquet 諸人此派之健將也而近時 Wundt 之著書亦有此傾向認識論的論理學之研究自屬極重要之問題不容忽視然此種問題似可歸諸認識論之範圍非論理學當盡之職務

2，心理學的論理學此派論理學研究思想原則之心理的基礎以實際的思想爲出發點而闡明其作用之本質 Jerusalem 乃此派有名之學者據此派所云則論理學不過心理學之一部可以包括於心理學之內而無獨立之必要矣心理學與論理學有同種之對象固爲人人所公認然其處理之道二者不能相同若純以心理學的研究法研究論理學不免喪失論理學特有之目的

3，實驗的論理學實驗的論理學之名爲 Baldwin 及 Dewey 所採用彼輩以爲思想惟作用之本質存於解決實際問題之作用其支配環境之功能與他種精神作用無異不過思惟作用帶有反省作用與他種精神作用異耳方思惟作用之理解環境而支配之也亦嘗經過試行及錯誤(trial and error)之程序故思惟作用實爲帶有反省之實驗作用持此見解以研究思惟故曰實驗的論理學實驗的論理學之態度與心理學的論理學頗相接近

4、數學的論理學此派論理學欲藉數學的方程式以表示概念間之關係且欲應用數學的

李振華

方法以引出新斷案推理之時借用符號以表概念與代數相同故亦名符號的論理學（symbolic logic）使此學始具嚴密之形式者實爲Boole（1815—1864）其後Jevons（1835—1882）等亦有功於此學若用此派所設之符號以表示命題與推理則舊時論理學上種種規則可以愈趨簡單愈臻精密然數學的論理學之論概念專以外範（extension）間之關係爲主此種態度頗爲反對論者所非難簡單之方程式雖極便利複雜之方程式往往過於繁雜不易了解此亦數學的論理學之弊也

李振華

第二編　形而上學

第一章　形而上學上之問題

形而上學的思想之發展　思想之發展始自卑近而漸進於幽玄始自具體而漸進於抽象此事理之所必至而個人與社會之所同然者也哲學上之思辨其進化之跡亦歷歷可見當榛榛狉狉與鹿豕同居之時人但知饑則食飽則嬉對於宇宙實體之問題固未遑有所思索及人智稍進之後其最初簡單之解答以爲圍繞吾身而爲吾所聞見者莫非實在之體故其宇宙之觀念乃一紛紜錯雜各種個體之混沌體也然當時通俗之見解亦既於物體之外設想靈魂之存在蓋生物無生物之差異死與夢之現象頗足引起人類之好奇心而促其想象物體以外之實在生物能隨意運動無生物則否非受外力之作用不能自營運動通俗之人乃推想生物之身體中必寓有一物焉以營言語運動感覺等諸作用而爲生物身體之主宰然主宰之爲物與身體截然爲二體雖寓於身體之中而出入任意去來自由暫時出游則成夢去不復返則身死是故當時之所謂靈魂其象如氣目可得而見手不可得捉有肉體之形而無肉體之質此種宇宙實體之見解殆可謂爲曖昧二元論（vague dualism）固不過通俗之思想猶未得入於哲學之林也

物質界之現象與人對峙其引人之注意最易故其爲人所研究也亦最早希臘初期之哲學史家所稱爲宇宙論時代(cos nolgical period)者其眼光專注於物質之現象而欲於是中求一變化多端形態無定之物體以爲萬物之本源而以天地間一切生死起滅之現象歸之本源之變化如 TnaIeS 之水 Anaaimenes（紀元前588—524）之氣是其例也及人事論時代(anthropological period)與學者之注意始漸自外界之物質移向內界之精神而以研究人事爲主如詭學辨派(sop ist)及 Socrates 是也

精神與物質爲宇宙之二大原理曖昧二元論者固兼取二者以爲宇宙之本源即後世學者亦有於哲學上倡二元論以解釋宇宙者然人之思想往往不足於二元論而欲以單元論（singularism）代之誠以人性有好爲統一之傾向務求唯一之原理以闡明萬有故也希臘最初之哲學但知於物質現象之中求一特別之物體以以爲本源及 Democritus（紀元前五世紀人）始創正確之唯物論（materialism）Democritus 言宇宙萬物分之又分終且達於不可復分之一境此細不復分而猶具有廣袤者曰元子（atom）元子飛行空中以營運動聚散離合以幻成萬物生死起滅之現象而生活精神諸現象亦莫不可以元子之運動爲之說明 plato 承 Soc

李振華

a tes之後倡爲極端之唯心論 plato 言外界之物體非有眞正之實在不過宇宙本源所表現之幻影耳而此所謂宇宙之本源屬於精神而不屬於物質當希臘哲學之初已有唯物論唯心論之對峙而近世哲學思想亦不過於二元論唯物唯心論等諸學說之間有所取舍調和而已茲先論形而上學之學派而後次第敘述其內容

形而上學學派之分類形而上學學派之分類可列爲五項如下

1第一項之分類以宇宙間本源之數爲標準　主張宇宙萬物出於一本者曰一元論（monism）出於二本者曰二元論（dualism）出於數多之本源者曰衆圓論（Pluralism）一元論二元論之區別在今日哲上大抵就宇宙本源之性質而言若欲就宇宙本源之數量以立區別不若別設單元論siugnlarism 之名稱以與衆元論相對　單元論主張宇宙之現象出於單一之元理衆元論則謂非立數多獨立之原理不足以爲說明

2第二項之分類以所採用原理之性質爲標準　而當吾人研究之際可析原理爲二方面一曰存在之原理二曰表現之原理　關於存在之原理學者或取物質或取精神或兼取二者或取二者之混合體取物質者曰唯物論（materiablism）取精神者唯心論（spiritualitm）兼取心

與物者曰二元論（dualism）取心物之混合體者曰一元論（qluralikm）關於表現之原理主張因果之相繼者曰機械論（mechanism）主張目的之隱伏者曰目的論（teleology）

以上二項爲宇宙論中堅之問題而形而上學所不可不論者也　下三項雖不若二項之普遍然亦爲形而上學中重要之部分

3第三項分類以神之觀念爲標準故亦可謂爲神學上之分類　神學上之學派凡三（1）汎神論（pantheism）（2）超神論（theism）（2）無神論（atheism）

4第四項分類以意志之自由與否爲標準　主張意志之自由者曰自由論（libertarianism orinbetrminism）　主張意志之自由者曰必然論（necessitarianism or determinism）

5第五項分類以人心之本性爲標準　主張有心體之存在者曰實質論（theory of substantiality）否定之者曰唯行論（theory of actuality）而關於精神生活之根本性質　又有唯智論（intellectualitm）與唯意論（voluntarism）之對峙唯智論以智識爲精神之主要作用唯意論以意志爲一切精神能力之淵源

此五項者各依其問題以爲分類故自理論上言之哲學家之學說宜爲此五項分類中各類主

主義之結合體面考之實際亦與是理相應形而上學上各家之系統俱自此五項中擇其合宜之原素以成不寧惟是其擇原素以造哲學系統也亦約畧有一定之途徑主張唯心論者大抵同時主張超神論而承認心體之存在主張一元論者大抵偏於汎神論與必然論由是以觀此諸項之分類非全無關係而各相獨立者概可知矣是故既知其人對於宇宙普遍問題以態度即約畧可以推知其對於特別問題之態度若其普遍問題之見解與其特別問題之見解無一致之理以貫通其間豈復能立足於學問之境哉今試舉二三哲學家對於各項問題之主義以見各主義結合之狀況

Spinoza 之哲學單元論也一元論也機械論也汎神論也必然論也唯行論也唯智論也Totze（1817—1881）之哲學適與相反變形的單元論也唯心論也目的論也超神論也自由論也實質論唯意論也 Leibnitz 與 Herbart 之哲學頗與 Lotze 之哲學近似唯二氏主張衆元論必然論唯智論與 Lotze 異耳

李振華

第二章　單元論與衆元論

古代之單元論與衆元論單元論立唯一之原理以爲宇宙萬物之本源其在西洋哲學史上實爲最古之學說當希臘哲學初興之際 Miletus 學派之學者咸抱單元之主義欲於日常經驗切近之中求一物焉以爲一切現象之本源 Thales 以水爲宇宙根本之原理天地萬物莫不生於水亦莫不復歸於水其生死起滅特水之幻化耳至 Thales 以水爲萬物本源之理由其說不可得而聞 Aristotle 嘗爲之解曰物之生長營養莫不有恃乎水 Thales 之主張殆以此爲本歟

Anaximander（紀元前610—540）繼 Thales 之後以爲可以爲萬物之本源者不可以有一定之性質亦不可以有定之際限乃設想 apeiron 以爲萬物之本源 Apeiron 者無窮之義也其爲物也充塞天地貫徹古今覆被萬物而萬物胥由是出

Anaximenes 乃 Anaximander 之弟子改造師說以吾人直接所能知覺之空氣定爲萬物之本源至其所據以主張此說之理由 Anaximenes 嘗謂人生藉呼吸以維持宇宙籍空氣以保存其理一也是 Anaximenes 之主張此說蓋推生物所具之理以及於宇宙全體者也

以上三氏爲 Miletus 學派之學者而皆主張單元論者也 Heracleitus（紀元前536—470）亦主張單元論而以火爲萬物之本源 Heracleitus 之思想實以萬物流轉之說爲之基礎蓋物無故常流轉不息此正物之所以爲物而世界萬有之眞相也其有狀若不變終始如一者此無他其自他物轉入之量與自此物轉出之量常相等故耳而宇宙萬有之中其流轉之迹最著足以爲一切之模範者莫如火故 He-racleitus 以火爲化生萬物之本源

單元論之學說至 Elea 學派而其理益精 Elea 學派創始於 Xenophanes（紀元前570—480）而大成於 Par-menides（紀元前510—430）Parmenides 以有（be-ing）爲萬物之本源其意以爲物之所以存在以有有也天下無無有（non-being）有無有者無有也不可以設想者也有爲無始無終不生不滅之實體蓋有若有始終必始終於無有或始終於有無有不可設想故有必不能始終於無有而有之外別無有故有亦不能始終於有有既無始終故無生滅有不能分割蓋有與有之間不能有無有之介居故不能分割也有不能運動蓋運動必在空間而空間不外有或無有使空間爲有有動於有中即等於靜使空間爲無有無有本不能有故亦不能有運動於其中者此無始無終不生不滅唯一而不能分不能動者乃宇宙之本源而一切雜多變化之象

皆妄見耳

Parmenides 之後其弟子 Zeno 繼承師說消極的以摧殘反對論者之基礎 Zeno 之說可分爲難多難動兩大論取多與動二概念分析討究暴露其自相矛盾之狀以見多與動之不能有而宇宙本體之必爲唯一與不動也

希臘初期之哲學發軔於單元論及其終也則取一轉而入於衆元謂 Empedocles（紀元前490—430） Anaxagoras（紀圓前500—429）及元子論者（atomist）皆衆元論之顯者也

Empedocles 承 Parmenides 之思想亦以有爲不生不滅然又承認現象界之變化盡屬妄見於是乃倡衆元論以調和平等之實體與差別之現象 Empedocles 謂宇宙有四大元素曰地水火風不生滅是爲萬物之根四大元素時聚時散此聚散之狀即生滅變化之現象也而地水火風之所以聚散別有變憎（love and hate）二作用爲之原因愛爲聚之原因憎爲散之原因

Anaxagoras 之思想與 Empedocles 畧同惟 Anaxagoras 以爲地水火風四根猶未足以說明宇宙間生滅變化之現象蓋今日天地之間概有千種萬態之事物必先已有千種萬態之元素與之相應以爲形成之張本事物之數無窮元素之數亦無窮當不僅區區四根已也 Anaxagoras

謂萬物之元素爲種子種子無生滅無變化分之可以達至微積之可以成至巨天地間一切生滅變化之現象莫不出於種子之聚散離合而種子之有聚散離合則又別有 nous 爲之原動 Nous 者萬物之中最精最純有完全之智識有偉大之力量爲他物之動因而不爲所動

元子論之草創者曰 Leucippus（紀元前五世人）其大成者曰 Demecritus 元子論者與前二家畧異否認元素之無限分割性而承認空虛之存在 Democritus 言運動之發生厚薄之差異皆以有空虛在也而空虛之中有充實者其爲體極微不能包含空虛故不能分割且僅恃充實之性以存在故無性質之差別此平等一如而不可復分之個體曰元子（a-toms）元子無生滅無變化不爲他物所侵入亦不與他物相融合萬物之生死起滅雖不外元子之聚散離合然所謂聚散離合者不過互相衝突互相聯結而已元子猶各自保其個體未嘗相融合也

Plato 之學說可謂爲兼含聚元單元二主義而成者何以言之其言世界萬物咸爲各該類觀念（idea）之幻影也是衆元主義其以善之觀念爲萬物之究竟目的而足以統攝諸觀念也是單元主義也 Plato 之所謂觀念即 Socrates 之所謂概念而具有客觀的實在性者統攝各種個體使自成一類而對於物類無數之個體則獨具一體申言之即普遍的而又統一的也 Plato 初

由論理的關係立論故不論善與不善謂一切普通名詞皆各有其實體之觀念纔由價値上立論以善美的理想爲觀念且以善爲觀念中之至高無上者矣

Aristotle 之學說亦非純粹之單元論也 Aristotle 以形質之關係說明事物之生滅變化曰形者實現之性質者實現之體形與質合乃成世界一切之事物然質爲形之始形爲質之成形與質本非二事 Aristotle 此說實爲單元之思想及其論形質相互間之關係形爲原動質爲被動方形之實現也質常爲之阻故不能有完全之實現則又近於二元論矣

近世之單元論與衆元論入近世以後 Descartes 以無限的神爲實體似亦可以列諸單元論之列然 Descartes 持此義不堅謂精神與物質亦爲實體其與神異者不過此二者屬於有限的非憑籍無限的神不能自存耳然精神物質所憑籍者惟神而已外此亦無所憑籍精神自精神無待於物質物質自物質亦無待於精神精神以思惟爲特質物質以廣袤爲特質而思惟與廣袤截然異質無相待相成之功 Des-cartes 既以精神物質爲實體又謂二者各自獨立是顯然二元主義之思想也

Descartes 之思想傳至 Spinoza 始成嚴格之單元主義 Spinoza 亦以實體爲究竟之存在

且亦承認 Descartes 所設精神物質之特質然 Spinoza 不以精神物質爲實體而以之爲實體之屬性實體爲圓滿完全之實在而屬性所以表現實體之圓滿相故屬性之數當爲無窮然人之智力有限其所能知者不過精神與物質二方面耳精神與物質爲一體之二面其關係猶表之於裏不能須臾或離

Leibnitz 之學說近世著名之衆元論也其大體之思想亦本於 Descartes 之哲學不過易其寂靜者爲活動易其一體者爲衆體而已 Leibnitz 名其形而上學之本體曰 monad monad 乃活動之力其數甚衆獨立自存不能分割 Monad 與元子論者之元子有別元子有廣袤而 monad 無之蓋 Leidnitz 以爲苟有廣袤而爲形氣以上之力 Monad 之活動爲發展進步之活動而各 monad 發展之狀乃其本來所固具者自行開發非受之於外也

近時思辨哲學三大家均單元論者也 Fichte 繼承 Knat 境爲心造之思想以我爲究竟之根本 Kant 之言外物不能離心而存在其所謂心非個人之心乃衆人意識所同具之基礎也 Fiche 之所謂我即是此義我乃活動之事實我立我同時又立非我以與我對而所立之我與非我又莫非我之運動也

李振華

Schelling 謂非我非我之反對乃我之準備我之前導也蓋我即精神界非我即自然界自然界發達至於絕頂始有精神界之出現而精神界出現後自然界之眞意始明故自然界與精神自體實上觀之固平等而無差別者也而此絕對之無差別即宇宙萬象之根本也

Hegel 以絕對的理想爲根本絕對的理想之發現於外也則爲自然界及其返而自行意也識則爲精神界一切事物莫非此絕對的理想之表現而此所現之理想即一切事物所含之意味此所含味即一切事物之實在也　是故理想即實在實在即理想

Herbart 爲衆元主義之學者　其所主張之根本元素曰 real Real 者現實之義也　Real 乃形而上之體　非時間上空間上之體　Real 單純不變無有廣袤無有分量無有程度之差別 Herdart 之 real 與元子論者之元子 Leibnz 之 monab 同爲衆元　然元子爲空間上之體具有廣袤量而 real 則否此 real 與元子之異也 monab 具有發展之力而 real 無之此又 rail 與 monib 之異也

Schoqenhauer 單元論者也 Schoqenhauer 之思想亦導源於 Kant 之哲學然其 思想之所趨與 Heger 大異 Sehenhauer 以意志爲究竟唯一之實在宇宙萬象自天空之星辰以至地

上之動植莫非意志之表現　意志盲目而無厭愁愈盛則愈不能自足愈不能自足則愁愈盛而求愈切　是故一切存在不能去煩惱而人爲萬物之靈其煩惱尤甚

Fechner 之哲學亦單元主義也　Fechner 以神爲萬物之根本且謂精神物質之差異乃現象上之差異非實體上之差異易言之觀察之點不同故生此差異耳　蓋物質乃神之外的方面精神乃神之內的方面雖有內外之不同而無形體之區別　Fechner 嘗設譬諭謂物質精神之差異猶同一圓球凸凹兩面之差異也自球內觀人則球爲凹自球外觀之則球爲凸

Lotze 之哲學乃單元衆元二主義之結合體也　Lotze謂吾人所經驗之要素各遵一定之理法以與他要素相結合　此要素之互相結合實機械的世界觀之基礎也　然各個要素非能離此結合以獨立自存　何以言之　使甲乙二要素而各相獨立則此二要素間之相互作用甚難理解　必也甲與乙二要素非絕對分離而後甲要素所起之事實始於乙要素有意味也　多數之獨立體不足以解釋機械的作用唯有確信包容一切之無限實體而以此實體之活動點爲特殊之要素其理始能明耳

單元論衆元論主張之理由　以上畧舉哲學史單元論衆元論之顯著者以見學說之一般

李振華

茲更ㄱ取單元論衆元論主張之理由分述如左

主張單元論者往往推論其所以主張之理由以維繫其學說約而舉之可得四項

1 論理上最普遍者不可以不一　Fichte Schelling Hegel 三氏皆持此義　凡特殊之觀念必與最高唯一之觀念相關係特殊之智識必自最高唯一之命題以演繹　而思辨與存在之間有完全之平行關係最高唯一之觀念或命題必爲一切存在第一原則之表現

2 最根本者不可以不一　宇宙萬象莫不起滅於因果之中而因因果果遞推以進必遞於唯一之究竟原因　持此說者在古代有 Plato 在近世有 Lotze

3 眞實存在者不可以不一　此臘希古代 Elea 學派之說也

4 至善至美者不可以不一　此自價值上立論 Plato 其代表也

主張衆元論者其所持以立論之理由鮮有論及者不過如希臘之 Empedoles Anaxagoras 等以爲非有異質之衆元不足以說明宇宙間千種萬態之現象耳

單元論衆元論與他種主義之關係　一元論汎神論超神論屬於單元論）元論屬於衆元論其他形而上學上之學說則與單元論衆元論無一定之關係

第三章　唯物論

唯物論之種類　唯物論一名所可包含之學說爲數非一語其大別可得二類一曰理論上之唯物論二曰實踐上之唯物論實踐上之唯物論乃倫理學上之見解而以物質上善美之事爲人生究竟之目的者也理論上之唯物論乃形而上學上之見解今茲所論即是此類

古代希臘之唯物論　Lange (1828—1875) 有言唯物論之歷史與哲學之歷史同其悠久信哉此言試觀希臘第一期之哲學無一非唯物主義可以知世有哲學便有唯物主義矣哲學之始祖 Thales 以水爲宇宙根本之原理其繼起者或以氣或以火其所持雖不同要皆物質之一種也 Miletue 三哲未嘗詳論精神之生活蓋當時方法全力於外界之研究未暇顧及內界之精神 Meracleitus 已有靈魂同出自火之思想以爲火愈多至愈燥者其靈魂之作用愈高火愈少而愈濕者其靈魂之作用亦因之愈下 Anaxagoras 以 nous 爲動植物之靈魂然 nous 猶屬物質非純粹精神也

元子論者　Temoeritus 以元子解釋物質兼以解釋精神 Democritus 言宇宙萬物莫不成自元子元子質同而形異用以化生千種萬態之現象物之靈魂亦成自元子不過靈魂之元子平滑

而圓於諸元子中爲最精耳宇宙物莫不具有此元子故莫不具有此靈魂第其分量有多寡斯其程度有高下耳靈魂之元子輕微易動每遇空氣流入身體元字受其壓迫勢且不能自持幸賴呼吸作用爲之維繫始獲全耳呼吸作用一方面吸入空氣以抵禦體外空氣之侵入他方面於吸入空氣之中攝取靈魂之新元子以補償體內元子之喪失故一日呼吸作用中止無以補時時刻刻靈魂元子之喪失則體溫體不能復保而生物不能復存矣

Democritus 元子論之思想後爲 Epicurus 之 Epicurus（紀元前342—270）所祖述 Epicurus 以快樂爲人生唯一之目的其學說大旨與 Cyrenaics 畧同然其立說之精遠出Cyrenaics上也 Epicureans 之思想趨重實踐其視天地萬物之研究本不過無足重輕之閒業世俗之人多妄想迷信用以自增其煩惱自害其安逸物理之學足以祛除妄想以自安謐其心斯爲有益耳而 Epicurus 縱觀古來各家之所說惟Democritus之元子論最足以達祛惑之目的故其學說一惟 Democrtius 之思想是遵 其大意謂眞實存在者不外空虛中運動之元子 元子自上下降本作垂直之形亦有稍偏左右而斜行者於是元子之間遂相衝突以生種種運動以成種種現象而萬物之生滅變化即於焉成也人之靈魂亦出自元子人之死也靈魂元子飛散空際不復能

聚故肉一死靈魂即隨以盡登天堂墜地獄荒妄之說無稽之談不足信也

近世英國之唯物論　近世唯物思想發祥於英國三島之地而Hobbes(1588—1679)實爲其始祖　Hop-bes　頗重數理等學而以倫理政治之說顯名當世　其論宇宙之原理曰一切存在莫非有形之體而一切現象莫非有形體之運動　精神作用亦不外是理蓋精神者有機體內部之運動也　故Hobbes之意以爲哲學之爲學不外研究形體運動之學問詳言之即觀於形體之運動以求現象之原因更據此原因以說明現象之所以生者哲也

Hobbes之後精神作用之有待於身體其理益明於是唯物之論亦益發達　自由思想家　(free thinker)Toland　(1670—1722)言運動爲物質所固具猶廣袤之性非物質所可或缺也物性本動而吾人感官之所接有若靜止者則反對運動互相牽制之結果也　物體之差異　則又各成分運動所呈之狀態也思想之作用亦不外腦中之運動與尋常物質之運動非有區別

Hooke(1935—1703)曰記憶者腦質中觀念之物質的貯藏也　Hooke　且謂成人一生中所得之觀念其數約及二百萬左右而腦中有無數之空處以涵容此觀念若驗以顯微鏡當不難明也

聯想學派（associonist）Hartley（1704—1757）擴充Hume。聯想之說而論及其生理之方面　其言曰腦神經之微分子有振動之作用而其單純觀念之合成複雜觀念者其作用正同精神方面單純觀念作用之際生理方面即有單純之振動與之相應及單純觀念結合而成複雜之作用也生理方面又有複雜之振動與之相應然Hartley所論但言生理心理兩方面之相應而已及Priestley（1733—1804）出乃引Hartley之說更進一層以入於唯物論Priestley曰物質者一切作用之基礎也心理作用必恃生理作用而始或非徒相應而已　Priestley自名其學說曰唯物論而其所各云物質乃指相引相斥之勢力言也

十八世紀法蘭西之唯物論　Kant以前之唯物論至十八世記之法蘭西哲學而臻於絕盛初法國自Descartes以來學術甚盛英之Hobqes Locke類皆游學法國以廣其見聞及十七世紀末葉英國哲學為長足之進步其哲學思想轉以輸入法國以喚起其新思潮　Montesquieu 1689—1755　Voltaire 1994—1778 二氏實為當時輸入者之代表二氏皆鼓吹Locke Hnme之學說以一洗思想界從來之舊習當時之思潮歷史上謂之法蘭西之啓蒙思潮French Enlightenment Locke之學說移植法蘭西後其認識論上觀念之說ideology漸變而為感

覺之論Sensnalism更與生物學生理學上之觀察相聯繫遂造成形而上學上之唯物論當時法蘭西之唯物論哲學家以Lametrrie 1709—1851為巨擘Lametrrle著有人間機械論L Homme Mechine一書以昌明唯物論之宗旨其言曰一切心理作用皆物質上之變化也思想思於腦中各於腦質上占據一定之位置既占有位置則其有廣袤而為物質也必無疑矣物質有宿惟之力一若難索解然天下事物其理之難明者何可勝數况臨診經驗之所指示比較解剖之所證明之心理作用必依賴身體以存在既以彰彰明甚更何所用挾疑於其間哉離却身體便無精神作用精神之有賴於身體既若是其切則其與身體之同歸消滅更不俟論矣昔Dcsartes以下等動為機械Lauettuie曰非唯下等動物為然即吾人類靈長萬物亦不過一物置之機械耳人與動植物之間僅有程度上之區別非有性質上之差異也Robjeet 1735—1829曰宇宙間萬物搆成若干連續之階級各階級咸具有心物二種之要素但二要素混合之比例各不相同豐於此者則嗇於彼而二要素中物質實為基礎精神出於物質終亦歸於物質Cadanis 1757—1898研究生理作用與心理作用之關係終乃發見精神之生活必為身體及其生理比關係所規定

Cabanis 著書中有曰腦髓之分泌思想猶肝臟之分泌胆汁也斯言也寔爲唯物論上之名句而後世往往引以爲爭議之題目者也

唯物論大盛之結果學者乃輯爲一書以昌明唯物論之宗旨書名System of Nature 實當時唯物論之聖經也書中未署著者之眞名或曰出自 Holbach（1723—1789）之手筆而Diderot（1713—1784）Crimm（1723—1807）諸氏實贊助之書之主旨在排斥一切超自然之思想而以物質之理貫徹之其言曰宇宙之間唯有物質物質之爲物有廣袤之性而具運動之力世間萬事莫不可以此爲說明所謂精神作用者亦不外此運動力之結果蓋感覺爲腦髓分子之運動而一切精神作用又皆以感覺爲本故也運動之力通於物理人事二界在物爲惰性在人爲自衞性在物爲引力與拒力在人爲親愛與憎惡世人不察誤精神物質爲二事於是有二元論之主張而宗教神造世界之謬又由二元論以起推夫人之所以懷抱神之觀念者以大地之上災異時有人既苦其酷虐復無術以知其起因於是乃設想一不可思議之力以爲災異之淵源從而諂媚焉以求苟畏敬之極遂益信神之存在而不疑矣雖然以神爲造物主而賦以非物質無制限等消極之性質適足以證神之觀念之無有價值且宇宙萬物渾然一體此渾然一體之外更無別物

森羅萬象與使之活動之原因非可强分也

十九紀世德意志之唯物論　十九世紀中葉德意志唯物思想大盛頗爲一般學子所歡迎溯其興起之由厥有二端一爲反抗 Hegel 等思辯哲學之跋扈其他則心身關係上新觀察所實驗之影響也 1854 開自然科學大會於Coettingen, 學者之間多所辨論其卒也遂有各學者論說之發刊如 Vogt （1817—1881）之迷信與科學（Koehlerglaube und Wissenschaft） Moleschotl （1822—1893）之生命循環論（Der Kreislauf des Lebens）, Buechner （1824—1899）之勢力與物質（Kraft und Stoff）皆唯物論上之名著也

十九世紀新唯物論之異於十八世紀舊唯物論其主要之點在知認識論上之理由亦爲維持唯物論的見解所不可缺之具 Vogt 斷言思想之界限與經驗之界限相應不能逾越此範圍而有所思索且謂腦髓乃精神作用之機關精神與腦髓之關係猶膽汁之於肝臟便溺之腎臟而其事理之明確則猶二二之等於四也腦髓之細胞何以能生精神作用 Vogt 雖未能說明然猶堅信二者間之有密切關係且値進而於精神作用與腦髓之重量皮質之曲折間研究其關係也

Moleschott 曰宇宙萬物各賴其屬生以存在故自存之物（thingin-itselt）與吾見之物（th

ng-torsus）初非有異也物性之刺戟吾感官者使吾能得而盡之知則吾既得物之眞髓而吾之知識爲完全矣 Moleschott更進而言曰思想乃腦質之運動而當其作用也必經歷若干之時間此考之心理之實驗可以知也

Buechner 之思想頗爲蕪雜前後之間似未有一致之理以貫徹之 Buechner 曰勢力與物質猶精神與身體乃同一實在之兩面也而此實在之爲何物則非吾人所能知 Bu-echner 此說純粹一元論也然 Buechner 又曰物質之存先於精神精神之生必預想有機組織之存在蓋物質者物質力之所寓亦精神力之所宿也精神爲腦髓全體作用之綜合的表現猶呼吸爲呼吸機關全體作用之綜合的表現神經細胞何以能生感覺與意識其理雖未能明然吾人但知腦髓之有斯種作用亦既足矣 Buechner 更就諸種精神作用以考究其腦中之位置遂取理性想像記有空間知覺等一一分配於腦質之中神經細胞且謂成人之發達意識中觀念之數當不逾十萬

Czolbe（1819—1873）曰感覺作用與物質作用乃同類之運動也當刺戟之發自外界藉感官與神經以傳入腦髓其間初未嘗有性質上之變化腦髓之爲意識官則以其爲是等循環運動之舞台故也感覺意識既與運動爲一則運動亦必與感覺意識爲一故運動所存之處必有意識

從可知矣

Ueberweg 唯物論之理論與衆稍異蓋氏專恃論理上演繹之推理以建設其唯物論之學說者也 Ueberweg 曰吾之觀念即現象界之物體物體有廣袤故吾之觀念亦必有廣袤而觀念起伏於吾之精神中故精神亦必因之以有廣袤有廣袤者莫非物質則吾之精神亦必爲物質也明矣

唯物論之論據及其駁論一切精神作用不外腦髓之官能而精神作用之性質必俟研究腦髓作用而後明舉此等命題而證明之正唯物論之天職也而其証明之道最普通者約有三端分述如下

1方法論上之論據（methodological argument）或曰有精神爲無形無體獨立自存不依不倚此其爲說直等於未開人民之見解未開人民解釋一切現象也均歸諸不可見不可知之神靈而莫能他求方今知廳識進科學日明豈復可尤而效之哉夫經驗之所啓示不外身體與身體各部之機關凡此有機組織之所經營及發現於此有機組織內者不當悉歸諸各機關之官能乎心體之假定實形而上學上武斷之談既屬駢枝又難自持宜爲精確學問所屏棄者也

李振華

2機械論上之論據（mechanical argument） 近時自然科學進步之結果學者發見一有力之原則曰宇宙間之勢力終始常住不生不滅一切現象莫不成自勢力之轉移運動力易而爲熱力易而爲光力光力易而爲電力其形式雖屢有變然考其分量則未嘗有所增減也此之謂勢力常住律（conservation of energy） 勢力常住律可以通用於一切科學而未嘗發見其刺謬不通之點今試假定精神爲獨立自存之體而無待於身體之機關則當意志作用時何以能伸縮筋肉以成運動乎使意志非物質而猶能爲筋肉伸縮之原因是則於現存勢力之外新有所增加矣故精神之假定與勢力常住律不相容學者宜棄而遠之豈復可引以爲形而上學上之基礎乎

3宇宙論上之論據（cosmological argument） 吾人今日所棲息之地球太古之初本不過一火球耳當斯之時熱度過高不適有機體之生存故人類無由生而精神之現象亦未由起也及地球既冷地殼既成適於有機體生存之條件亦既完備於是植物以茂動物以興漸演漸進終乃有人類之發生而精神現象亦隨有機體之生存以俱生當洪荒之世未有有機體固亦無由有精神也精神之起源既有籍乎有機體之存在而猶曰精神得離身體以獨立此豈復成意義乎

以上三說爲唯物論家所持以建設其學說之論據然在反對者視之茲數說者其根據皆極薄

弱未足以措唯物論於磐石之固也茲先述反對者對於上三說之反駁而後更及爾他一般之批評

1唯物論者反對心體之假定固亦近世心理學所贊同也然其以所以贊同之故則與唯物論大異精神之特質在於作用之表現精神作用以外別無精神實體之存在此誠日常經驗之所昭示而吾人所堅信不惑者是故苟有假定身體以外別有心體身體雖死心體不減者是則蔑視經驗妄倡臆說而吾人所當與唯物論者共棄者也然吾人所謂靈魂所謂精神但指精神作用之統一而言非指其獨立之實體而言猶物理學者之百磁氣電氣等語固未嘗軼出科學所許之範圍外也夫實體之性縱非物質然當其映於吾心也一若占有空間之位置而帶有物質之形相是心體之假定雖爲唯物論所堅拒而實足以引人入於唯物論之思想今欲去此弊惟有固守經驗之範圍而不逾越耳心體之無有固日常經驗之所垂示而精神作用之不能與物質苟同亦日常經之所垂示也據經驗以立說實爲科學上至當之方法唯物論者豈得有所訾議於其間哉

2自然科學之學者往往以機械論上之論據爲唯物論最固之基礎雖然勢力常住律乃科學家得之於物理學化學之範圍而非得之於心理學上之事實故勢力常住律行之物理學化學的

李振華

現象雖未嘗乖謬若施之心理之現象其必能有效與否似尚在不可知之數有機組織之順應內官外官之感覺此等簡單之作用其果能以物理學化學上之法則說明與否已為一般學者所爭論而未能一致況高尚之精神作用乎近時學者之中頗有人主張精神方面別有原則與物理學化學上之原則大異不過其性質與作用尚待深究耳夫使勢力常住律果可以適用於心理之現象則唯物論所持之說誠當今可以適用與否尚屬疑問是唯物論之基礎本未堅固不能無傾覆之患不寧惟是使精神方面而果別有原則則唯物論堅持勢力常住律未足以制人適足以自制而已何以言之勢力常住律僅能適用於物理學化學上之事實而物理學化學上之事實則皆入於此規律而莫能免此固學者所公認者也今假唯物論者引精神作用為物質作用之結果是則物質之勢力或不免有所喪失矣　寖假而引精神之勢力與物質之勢力同視精神勢力可以有增益是勢力之分量不必常住已由是觀之勢力常住律似尚未足以為建設唯物論之基礎也

3 宇宙論上之論據屬於　想像之談未有確切之證明不足以為立說　之根據蓋精神生活之起源非吾人所能經驗吾人所經驗者特現實之精神作用耳現實之精神作用固有賴於生理條件然安知生理作用為精神作用之唯一條件乎此未可必也至於宇宙之中曾有絕無精神生活

之一日與否無有精神生活之宇宙能存與否此種問題超絕吾人知力之上不宜妄加臆斷今唯物論者引未經證實之事實以爲立說之根據其基礎先危復何能立唯物論研究精神與腦髓之關係其於科學上之功績誠堪歎美然欲以之說明宇宙不免猶有缺點耳

對於唯物論之批評反對唯物論者對於上三說之駁論外尚有自他方面以駁斥之之議論茲雜取最顯著者畧述如下

1依倚關係與因果關係有別依倚關係較爲普遍因果關係較爲特別依倚關係者言有甲乙二現象甲現象中每起變化乙現象中亦隨之以生相當之變化所謂相當者言兩變化於性質上分量上皆同也因果關係具備此種條件外復備依倚關係所不備之條件即時間上不許關係之顚倒是也故吾人於精神作用與物質作用之間斷言其有依倚關係與斷言其有因果關係宜愼加區別不可混而爲一公平之觀察家固亦知精神有賴於身體而身體有賴於精神然但認其有依倚關係而已不認其有因果關係也唯物論者不察依倚與因果之異遂以因果關係加之於互相依倚之心物不亦謬乎

2物質之特性在廣袤而意識無之然則有廣袤之物質何以能生無廣袤之意識乎此理甚

不可解也　若謂意識亦有廣袤與物質無異此與吾人之經驗相刺謬乃强辭奪理之談非學者所當引以爲論據也　要而言之雖極簡單之　感覺作用亦　非唯物論所能說明　且唯物論者亦嘗自承腦髓之生　精神作用其理爲不可明矣　既知其不可明而猶堅持之　得非自相矛盾乎

3唯物論不特不足以說明精神作用也且亦不能解釋其所引以爲唯一實在之物質　唯物論舉凡一切疑難之問題歸之於物質而以物質爲唯一之實在然未嘗於哲學上舉物質而解釋之　物理上以元子釋物質復以電子釋元子可謂進步已然在哲學上視之此問題依然故態不稍進步而物質之性質猶待解釋也　夫物質者色聲香味廣袤形態動靜充塞等諸屬性之結合體也　而此等屬性莫非人之感覺作用例如生而瞽者不知有色生而聾者不知有聲去感覺即無物質之屬性　然則諸屬性之外猶有所謂物質者存乎此唯物論者所不可不舉以說明者也而唯物論者未能也

4自認識論上觀之唯物論實誤解人間經驗之特性雖巧爲辨飾終莫能逃此咎也何以言之所謂主觀與客觀精神與物質非本相獨立也　吾人經驗之所得蓋渾然一體未嘗判別及加

之思辨而後始於經驗之資料上發見主觀客觀概念上之區別　是主觀客觀之區別乃抽象作用之結果而造作物質之概念則又第二抽象作用之結果也　主觀客觀二要素均爲經驗所不可缺今唯物論者探索宇宙之究竟不求之於渾然一體之經驗而以第二抽象作用之結果爲根本之原則不亦誤乎

5 唯物論者固以物質爲自存之實體而不以爲抽象之概念例如論元子者以爲元子可以目見手捉而爲勢力之所自出然按之經驗吾人取經驗之資料再施抽象而後物質之概念始得物質果爲概念則唯物論之基礎不攻自破唯物論者豈有善法足以證明物質之非概念以自維繫乎

第四章　唯心論

唯心論與唯物論實爲形而上學上正相反對之思想而唯心論之出現於哲學史上也視唯物論稍遲誠以人智初發達時注意爲外界所奪不及內顧故其殫精竭慮所研究者莫非物質上之事實　及智識益進人之注意漸由外界移向內界始以精神上事實爲其研究之對象於是唯心論乃漸能成立 Plato 之唯心論　在昔希臘 Plato 實爲唯心論之第一人 Plato 之哲學淵

李振華

源於 Pythagoras, Elea 學派及 Socrates 三家之學說旁采物質人事兩時代諸子之思想陶冶融合以成美備之體系 Pythagoras 學派以數爲萬物之本源而其言宗教也有天國之思想其言曰人死之後靈魂脫肉體而出生時有善行者靈魂上升天國脫形骸之累享極樂之福　此天國之思想 Plato 受之遂以觀念界爲理想界矣 Elea 學派以有爲萬物之本源而有之爲體無始無終不生不滅不變不化　此有之思想plato受之遂以觀念界爲常住不變矣　而 Plato 之以觀念界爲實體界及以善之觀念爲萬物之極致則皆得之 Socrates 之思想 Socrates 承物質研究時代之後蔑視物質之學以爲無足輕重注全力於主觀之研究常持明己（Know thy self）一語用以自勉勉人　又懼詭辨學派之破壞道德混淆是非也乃創爲研究眞理之道取若干具體之事物對照比較抽象其普遍不易之性以造概念以致眞知　而其致知之目的則在建設道德之基礎　蓋 Socrates 以爲欲修其德先致其知知致則德無不修人苦不能知善耳苟能知善必能行之匪惟能行之且莫能止之也 plato 取 Socrates 之概念賦之客觀之實在用以造成觀念之世界　又承 Socrates 道德爲究竟目的之思想遂以善之觀念統攝諸觀念而爲萬物之究竟目的也觀念無形無體不變不化有普遍之性有統一之功是故觀念之理即萬古不易之眞理也　然欲得此萬古不易之眞理非感覺之力所能及　蓋感覺之所得不過變化無定之形態而非事物恒久之理法　唯有借助於理性之作用始能得觀念而認識之　故觀念乃理性之對象而超然於感覺以上者也

實體界觀念之於現象界個體猶形之於影聲之於響也形聲爲實影響爲虛形聲來則影響以現形聲去則影響以沒觀念之表現於個體既不能恒久又不能圓滿故現象界之個體始終漂泊於生滅變化之中而莫能常住　實體界之觀念不特爲現象界個體之原因且亦爲個體之目的蓋 plato 之意視原因與目的爲一事故曰發生之原因即善美之目的而萬物之所以生滅變化不常住者無非欲實現此善美之目的耳

plato 之論觀也人以爲眞實存在者不外善美之事物於是更進一步遂立善之觀念置諸觀念組織之絕頂以爲萬物究竟之原因且譬之太陽足以照臨萬方也蓋昔者 So-crates 觀察事物其着眼之點專在該事物所應盡之職分以爲畫工之所以爲畫工其故在善畫治者之所以爲治者其故在善治 plato 益擴充此義推及於宇宙間一切之事物以爲事物之所以爲事物必各

李振華

有所宜　而各體之所宜又必有全體之所宜爲之統攝易辭言之即各體之目的必緣全體之目的以規定　此全體之所宜即宇宙之究竟原因使非善之觀念曷克當此

Leibnitz 之唯心論　近世哲學之初　Leibnitz 爲唯心論之重鎭　Leibnitz 以爲哲學猶數學當應用演繹研究法自最簡單最明晰最確實者出發以次推論庶足以達明確之思想　故爲學之道首宜遵從同一律與矛盾律以規定其界說　而 Leibnitz 哲學之系統實與其所主張相符合其重要之思想大抵出自實體之界說

實體之說始自 Descartes Descartes 之界說曰實體者不憑藉他體而能自存之體也故足以稱實體者厥惟神而 Descartes 又謂精神與物質亦足以稱實體蓋精神物質之所倚以存在者不過神而已外此亦無所憑藉故也 Spinoaz 則否定此含混之用語而以神爲唯一之實體其界說曰實體自存而自知故實體之觀念不必預想他體之觀念以爲之淵源 Leibnitz 實體之界說與 Descartes 同不過易其一體者爲無窮之衆體而已 Leibnitz 且謂自存者必具有活動之力故自動作用爲實體之精髓而此獨立自存實體之單位 Leibnitz 採用 Bruno （1548—1600）之說謂之 Monad Monad 爲形而上學上之點故無有形氣無有廣袤 Monad 爲最簡單之

元素故不可以見不可以分 Monad 之精髓又在自動故 monad 不能收受外界之印象其自動之作用乃其本來所固具者自行開發非受之於外也然各monad 之間有預定之調和（pre established harmony ）新雖不互相影響而能互相一致 惟其相一致 惟其相一致也故觀於一 monad 之狀態可藉以推知一切 monad 之情況

Monad 爲宇宙之縮影所以表現宇宙之全體 而 Leibnitz 此所謂表現實與思惟同義蓋雜多之物表現於一體外界之事含蓄於內部其作用實與思惟之作用類似故也 Monad 活動（即思惟）之發展上有無數之等差 所謂發展者即自觀念不明瞭之狀態漸進而至於觀念明瞭狀態之謂也 而推其等差之所由生 Leibnitz 則謂 monad 之活動上有進行方面與抑制方面者其能純然活動而不少蒙抑制者惟神而已故 Leibnitz 置神於一切 monad 之絕頂而謂之最高 monad

Monad 既無盡同亦無絕異其能獨立自展終相契合者以神爲之原因也 自思想上言 monad 固自無始以來既已存於神心易辭言之即 monad 未有實在之先亦既存於神心至於神心思想上以外之實在必別具充足之理由而後始獲其理由維何 曰宜於實在而已矣即 monad

李振華

所具定全之度愈高者其實在之理由愈大神於思想上所存之諸monad中擇其完全而調和者賦之實在以攝成調和之宇宙其有未完全未調和者終止於思想上之存在而已

宇宙萬物莫非成自monad之結合而monad本無廣袤然則空間之爲物何自起乎Leibnitz以空間爲吾心主觀之所構造非外界實有之體　吾人抑視銀河但見延擴之一體而不辨攝成此體個個之星辰此緣視力不足不克以眞相示人　Monad　結合體之有廣袤亦猶是也　空間爲吾人主觀上之現象空間中所起之運動亦吾人主觀上之現象也

Berkeley 之唯心論　唯心哲學家中有自認識論出發以建設其學說者如英之 Berkeley（1685—1753）是其例也 Berkeley 承 Locke 之後益求精進初 Locke 之謂物性也設第一性質（primary qualities）第二性質（seconbary qualities）之區別　第一性質爲物體所固具如廣袤形態數量動靜充塞等性是也第二性質僅存於感覺之上而非物體所固具如色聲香味寒煖等性是也　Berkeley 則毀棄第一第二之區別以爲一切物性莫非吾心之觀念其言曰物體之大小距離之遠近本非視覺所能知　稽其起源蓋觸覺所得之經驗與視覺相結合始能知之及習慣既久則一張目便能知之矣生而盲者初愈見物物無遠近一若咸在目前此亦足以

證視覺之本不能知大小遠近是故物之大小遠近以及動靜形態皆生於觸覺視覺之結合易辭言之即於視覺所得之感覺上吾心有所附加而後大小遠近等始形焉大小遠近等性既爲感覺間相互之關係則其無客觀上之存在又從可知矣

Berkeley 又否足實體之存在曰實體之爲物與所具之性質既異而復具有此種之性質是實抽象觀念之最甚者反省吾心無有若是之觀念蓋吾人實際所能思惟者不外各種性質之結合體耳例如有物於茲舉其形態大小重量顏色等諸性質胥引而去之則所餘者夫復何有故知一切物類不外其所具性質之結合體而一切性質皆爲觀念故一切物類又不外觀念之結合體耳然 Berkeley 之否定實體乃專就物質的實體而言故謂觀念之外別立物體非特無益之業抑亦非吾人所能想像也何以言之吾心之所思惟不出觀念之外當吾人之思惟物體也亦徒以其爲觀念而思惟之耳是故物體存在云者不過能爲精神所知覺云耳

存在云者即可以知覺之謂此特就物體言耳至於精神固自存在易辭言之即觀念以外別有思惟觀念之體也吾人所思惟者爲觀念而思惟之作用爲意志非以意志活動者不能存在故一言以蔽之曰惟精神爲能活動惟活動爲能存在森羅萬象不外觀念非觀念之物體不能存在而

李振華

吾心之中猶有外界之觀念其故何也究其起因蓋吾心所思惟之觀念中有爲吾人隨意所能喚起者有非吾人隨意所能喚起者不能隨意喚起之觀念非吾心所能造作其映入吾心也必有外界之事實爲之原因而此外界之原因必爲兼具智慮與意志之精神蓋不具意志則不能活動不具智慮則不能與人以觀念也此外界之原因即全知全能之神天地萬物莫非神所直接賦與之觀念而神之活動自有規律故吾人對於自然界之事實咸信其有一定之法則而不慮其凌亂無序也

吾心所具之觀念本爲神心中所存永久之觀念故吾一人之心縱喪其存在而天地萬物不隨之俱喪侵假而有生之屬盡喪其生盡失其心天地萬物猶依然無傷也誠以天地萬物猶得藉無始無終之神以維持其永久之存在故也

由是言之 Berkeler之所謂眞實存在者惟神與人之心而已 Berkeley 謂神爲無限之精神而謂人心爲有限之精神

Fichte 之唯心論 Fichte之哲學始自我之研究而其研究我也不研究我之爲何物而研究我之何所

事易辭言之即不論我之實體而專論我之行爲也　試考吾人之所事則必先思惟自己而後能思惟對象其理可以立見　然則自行思惟實我之最根本的行爲也　次察吾人自己思惟時之所事則肯定自己之作用亦可以立見　然則自己意識之根本實在被寫象物與能寫象者之同一　純粹自己非靜的事實乃動的行爲　而此種行爲之意識則知的直覺也　於是我立我（即我在（Das Ich setztsich selbst）之原理乃得成立我之本質固在于立我爲實在然經驗的意識之事實中我之思惟外有與我之思惟正相反對之行爲即有非我者反對我而生是也（Das Ich wird entgegngesetzt ein Nichtich）　於是第二原理又得成立　然我之外別無與我反對之實在故綜合以上二原理觀之凡我與非我皆在我之中而互相制限　於是第三原理又得成立　原理維何　即我於我之中立分割的非我以與分割的我相對是也（Das Ieh setzt im Ich dem teilbaren Ich ein teibares Nichtich entgegen）　由是觀之Fichte之所謂我乃純粹活動之無實體者當未活動之先固無我之實在我之實在乃活動之結果離却活動無復有我之實在

第三原理復分爲二　甲命題言　我立我以爲非我所制限（Das Ich setz sich als ebsc

draenkt durch das Nichtich）乙命題言我立我以規定非我（DasIch setzt sich bestimmt das Nichtich）甲爲認識Fichte謂之學理的我（das theoretisehe Ich）乙爲行爲Fich e he謂之學理的我（das theoretisehe Ich）謂之實踐的我（das praktische Ich）

Schopenhauer 之唯心論　Schopenhauer 之哲學亦淵源於Kant之思想其論宇宙也自表象與意志兩方面以下觀察　其論表象之宇宙曰直接所得者厭惟感覺而以宇宙爲外界之存在則緣於悟性之作用　蓋悟性與感覺不能或離每遇感覺則歸諸外界之原因　以爲外界原因在時間上自有活動而在空間上自有存在也　悟性之作用全屬無意識之作用故人之直觀往往僅以爲得自感官而不知其實悟性之所產也　時間空間與因果法乃認識力之條件而此等條件皆出自先天不緣經驗而始得　由是言之世界之存在實出自吾人認識力之作用而世界之內容則表象之團結體耳雖然以世界爲表象第就存在之外的方面言耳若根據充足理由之原則以推究其所以表現之故則非結合內的費驗與外的費驗不爲功　意志者人之本質也而同　時亦於物質　之中有其根蒂人之本質即世界之本質兩者一而不二明乎此而後是理可解易辭言之即以人爲介而後世界之理乃能明也意志與認識大異意志超絕理由之法則

而認識必服從之以爲進行意志常住不變而認識有始終有變易意志攝理認識之作用指導表象之進行特吾人不自覺耳意志者衝動也努力也而一切感情緒亦莫非意志之表現知識之有發達意識之有連絡亦意志爲之統也是故人格之統一實本於意志統一而非本於意識之統一

Schoqenhauer 又論意志之宇宙曰意志之爲用於吾人之內的經驗爲意志於吾人之外的經驗爲肉體易辭言之即以肉體之相供給於吾人之知識者與以意志相表現於吾人之自意識者固相同也不過一出於內的經驗一出於外的經驗其得之之道不同故若有異耳由是言之筋肉之運動非意志之結果乃意志之表現於感覺者非唯筋肉之活動力與意志爲一己即取血液以造筋肉之作用亦與意志爲一而身體上各機關各作用之有差異特以意志之衝動有差異耳、Schopenhauer 更擴充意志之概念以及於客觀之自然界以爲自然勢與意志實爲同一之作用而種種之自然力無引力如親和力實不過自然界中一意志特別之形相自然之物質則意志所表現之形相爲吾人所能認識者耳要而言之意志乃絕對之實在通物質精神二界而爲其究竟之本源而其發爲表象以與人之感官相接觸者則成物質是故精神與物質一而不二精神有思慮而物質無之此其差異不過程度上之差異且此種程度上之差異亦僅能適用於現象之範圍

而不能適用有所以發爲此等現象之本源

Lotze 之唯心論　Lotze 亦近時唯心哲學之大家也　其言曰形而上學以研究實在爲目的實在屬於存在之物體發生之事實與成立之關係然物之何以存事之何以生此實難決之問題　欲答此問非置身於一切實在之外不爲功顧欲置身於一切實在之外非人所能也　雖然徒知運行之法則構成之原素如自然科學之所爲亦未足云眞知宇宙之意義　必也於自然之機械作用外　兼知機械作用所向之目的及世界進化所現之價値而後可謂眞知宇宙　故哲學上於機械的見解以外不可以無目的的見解也

Lotze 之形而上學始自存在之分折　Lotze 曰昔 Berkeley 謂物之存在緣於人之知覺　Herbart 謂物之存在在於獨立自存此其爲說皆未允洽　夫存在云者與他物互相關係之謂也　物性有變易而存在無變易　當一物性有所變易時他物性亦應之以爲變易然物性之平衡則永無變易也　吾人於客觀之物體上所能認識者不過此相爲關係之運動與反動耳　而此相應活動之何由起即形而上學上之問題也　原果關係非吾人所能認識　吾人所謂某物對於某物有影響者不過謂二物之間有相當之變化耳　必以個個之存在視爲唯一無限實體

之部分而後因果之問題始能解決　故吾人不得不承認一涵容一切至高無上之統一以爲萬物之根源以爲存在之基礎　試根據經驗以爲推論唯精神的實在始能於諸變化中維持其統一是故凡物之有統一而爲吾人所能認識者其必爲精神也無疑　此個個之精神即 Leibnitz 之所謂 monad Monad 直接涵容於超絕實體（即絕對精神）之中於是各 monad 之間遂獲有相互之關係　而此形而上學上所立之絕對實體又即宗教上人格的上帝是也

對於唯心論之批評　以上畧叙哲學史上著名之唯心論以見學說之一班　今更轉而述唯心論所不能說明之點及其與經驗背謬之處以充唯心論之批評　唯心論之幽玄深邃固遠在唯物論之上然其爲一偏之見則與唯物論同也

1 唯心論之大目的在否定物質之存在而舉一切實在悉歸諸心　雖然物質之否定豈易言哉　據近時經驗心理學所垂示精神作用不能離身體而獨存　大腦皮質爲精神作用寄宿之所某部腦質破壞則某種精神作用即不免隨之喪失　Gall 所倡大腦半球機能分擔之說與其骨相之學（Phre-nology）　其詳細之點雖未足盡信然其大體之思想則近時學者所公認者也　精神作用必藉身體而存在其理至爲明悉　公平之觀察家雖未必竟如唯物論者之思想

觀於精神物質間相爲依倚之關係遂以斷定精神爲物質之結果

然精神物質之必相依相待未可誣也　否定物質則精神無所托　此物質之未可輕易否定者一也　一切物體不過觀念之結合體今故假以唯心論者此命題有非妄　然充足理由原則乃普遍之原則事物之存也必有所由存之道觀念之起也必有所由起之物　使外界而果無物質則吾心物質之觀念何自而起　縱使吾人不能得物質而直觀之然斷不能以不能直觀之故遂斷言其無有也　否定物質則觀念無自起此物質之未可輕易否定者二也

2 物質與精神相對待一居外界而一居內界唯心論者中亦有不否定外界之存在而但以主觀之精神解釋客觀之物質者　如 Fichet 之非我乃我所立 Schopenhauer之自然界乃意志表現之形態是其例也　雖然試借用 Des-cartes 之言物質之特性在於廣袤而精神之特性在於思惟兩者之性質逈不相侔　有廣袤之物質固不能生無廣袤之精神無廣袤之精神又安能生有廣袤之物質哉　而 Leibnitz 謂廣袤生於妄見用銀河爲喩以證明空間之爲主觀上現象然構成銀河之星辰構成物質之 monad 其性質大異不可以同日而語　此比喩之證明殊未足以饜人意　是故物質之解釋乃唯心論者最困難之問題也

3精神之特質在於作用之表現精神作用以外別無精神實體之存在此日常經驗所垂示之事實也　而唯心論者中往往有承認精神實體之存在者　如 Berkeley 對於 Locke 所主張之實體僅破壞其客觀方面之物質的實體而猶承認其主觀方面之精神的實體以爲觀念之外固別有思惟觀念之體也　Berkeley 對於兩種實體一迎一拒殊欠一致之理　故 Hume 承 Berkeley 之後更進一層遂併精神實體而亦否定之　蓋欲一貫 Berkeley 之說其結果固不得不爾也

4自認識論上用以批評唯物論之論據亦可用以爲批評唯心論之論據　蓋吾人經驗之所得渾然一體主觀客觀未嘗判別及加之思辯而後始於經驗之資料上發見主觀客觀概念上之區別　是主觀客觀之區別乃抽象作用之結果也　唯物論以抽象作用所得之物質爲宇宙之究竟實在固非探源之論　唯心論以精神爲世界之本源而精神之爲抽象作用之結果與物質同故唯心論議論之疏漏亦與唯物論正同

第五章　二元論

古代之二元論　流俗之人未暇深察往往持曖昧二元主義（vague dualism）以解釋宇宙

李振華

以爲靈魂肉體截然異物方人之生也則同處共在相依爲用及其死也則靈魂脫肉體以去　然其靈魂之觀念猶與物質近似以爲靈魂如氣目可得而見手不可得而捉有肉體之形而無肉體之質　此固不過流俗之見未足言哲學也　然希臘初期哲學之中　其具有二元主義之色彩者如 Empedocles 之四大與愛憎 An-axagoras 之種子與 nous 考其所論去曖昧二元之思想殆不甚遠　蓋所謂愛憎所謂 nous 者猶屬形氣之物故也

Plato 與 Aristotle 之哲學亦帶有二元思想之色彩　Plaso 以觀念爲實以個體爲虛固純粹一唯心論也　然當其推論觀念之表現於個體也則於觀念之實有外又承認非有之存在　非有之義 Plato 未嘗詳說但言非有無定相與有相反凡對於觀念可以形容之語即可以其反對之語形容非有　而造物主一方面取實有之觀念以資模型他方面取無定相之非有以爲材料於是天地間森羅萬象煥始備是故現象界之個體實成自有與非有之結合　而觀念之表現於個體僅能暫時表現其幻影不能圓滿表現其眞相者其故亦正以非有爲之阻也　由此以觀 Pl-ato 之思想固亦未嘗不可謂之二元主義也

Aristot e 之二元思想與 Plato 近似 Aristorle 立形與質用以語明宇宙間萬象之生滅

其言曰形者實現之性質者實現之體形與質合乃成世界一切之事物　然形與質非截然異物質者形之始形者質之成也　形之實現非原於外物之附加蓋質中固具有實現　其形之性也形自內發不始於外譬如物種各有可以實現之形　而形之實現以漸不以驟物之生長變化即於是乎存　Aristotle 言形實非異物不外將成與既成之關係　其所說固有似一元設然觀其推論形質之關係則又未脫二元之思想也　Aristotle 曰形雖內居于質　而與質不侔　形于原動質爲被動形爲能造質爲所造　此其關係以工爲喩最爲明曉　譬如築室必有計劃圖案爲之原動磚瓦木石爲之被動而後所築之室始獲告成　有機之體其能造所造之對待雖不若是之明瞭試加之詳察則其對待之迹亦歷歷可見　譬如桃種爲質桃樹爲形使質中無形則桃種之質何以能發爲桃樹之形其理爲不可解矣　Aristotle 更進而言曰形之實現也質常爲之阻宇宙萬象不能表現圓滿之形或偶現一形而旋遭破滅者正以形不能化質而質爲形阻故也觀乎此可以知　Aristotle 二元之思想矣

Plato Aristle 之二元思想傳之中世爲煩瑣哲學所採用終中古之世殆莫能出其範圍　故中世之哲學直可謂爲二元主義之哲學也

Descartes 之二元論　近世二元主義倡自法蘭西之 Descartes Descartes 既以無限之神爲實體復以有限之精神與有限之物質爲實體其所以異於神者不過神一無憑籍而精神物質必憑籍無限之神而後能存耳　而精神物質各有其獨立之存在不相依賴精神自精神無待於物質物質自物質亦無待于精神　且精神以思惟爲特性物質以廣袤爲特性思惟與廣袤故截然異事也

Descartec 區別生活作用與精神作用爲二事　以爲生活作用屬於身體之物質作用精神作用屬於身體之非物質作用二者之用截然異質不相同也　下等動物僅有生活作用故不過一種自動之機械其見食物而趨赴也船夫被鞭箠而悲啼也皆非有意識而爲之其爲純粹自動機械之作用猶鐘表之被撥而鳴也　至於人類之身體亦不外運營機械作用之一體其所以與禽獸異者徒以有精神作用耳

精神之作用與物體之運動大異　人既兼具此二者則人之身體不可不有二者相接之點蓋外物刺戟吾身吾能知之心有所欲吾能行之二者之作用每能相通故也　此二者之相接點 Detcartes 得之於腦中以爲腦中有一點爲精神與運動交通之處　而物理之原則曰物體之

運動不增不減　是故物質上之動運與精神相接用以喚起感覺之時其運動之量不當因是稍減而心有所欲用以喚起身體上之動作時其物質上之運動亦不得因是稍增　故精神作用對于物質運動之影響不過能轉移其運動之方向耳非能有所造作也

Descartes 之學說對于物心二事所以相應之故猶未有完全之說明故後之奉 Descartes 學說者　每思所以改革而匡正之　Geulinx（1625—1669）Maiebranche（1638—1715）二氏之機緣說（occasionalism）即懷抱此志以起者也

Geulinx 以 Descartes 之思想爲根據更進而言曰凡吾所不能知其行之之道者吾莫能行焉外物刺戟吾身吾心緣之以生感覺其道何如心有所欲身體即緣之以起運動其道何如凡此皆非吾之所能知　故吾心之作用不能爲吾身動作之原因吾身之運動亦不能爲吾心變化之原因要而言之眞正之原因不當求之於有限之精神與有限之物質當於無限之神求之耳　心有所欲發爲動作凡身體上動作之原因神也意志不過爲其機緣而已易辭言之即心有斯志則身體爲神所動也　反之身體上之運動亦不能精神作用之機緣即吾身有變化則神於吾心之中喚起思惟也

李振華

如上所述則吾心每有所志神即當用其力以運動吾身吾身每爲外物所刺戟神即當用其力以喚起感覺　神何不憚煩勞而僕僕若是耶　曰是不然　人之意志物之變化非能喚起神之動作使神於一一心身變化時轉以喚起心身之變化也當神創造心身時已造就心身相應之作用譬猶鐘表匠鐘表其長短二針互能相應既非以一針運動他針亦非鐘表匠於一針動時自用力以運動他針也

Malebranche　亦言精神作用與物質運動各爲機緣以相喚起其眞實之原因則在無限之神其學說與 Geu inx 大畧相同

心身之關係 Descartes 學派以後竭全力以主張二元論者世不多覯　惟精神與身體間互相之關係則依海爲哲學上之大問題耳　近時哲學之解稱此問題者約有二派一曰心身交用說（theory of reciprocaleffet）一曰心身並心行說（parallelism）今分別畧述如下

心身交用說以爲精神與身體雖截然異質然方其作用也則迭相爲因迭相爲果而有互相影響之功無形無質之精神於腦髓及神經之中或與其機能或壓抑其作用用以左右身體上之生理作用而身體上諸變動亦籍神經之媒介以左右內界之精神作用　主張是說者其最有力之

根據在於經驗上之事實　蓋心有所志則手足爲之動體有所接則感覺緣之起此乃人人之所經驗固絲毫不容疑義之事實也人之動作大抵精神作用爲之因用以啓發身體上之機械作用而生存競爭上諸種之事實其爲精神作用之結果則尤彰明較著也

反對論者曰精神與物質截然二事精神以思惟爲特性物質以廣袤爲特性　性質絕異之事物豈能相爲因果乎　主張心身交用說者駁之曰因果關係非必以同質爲前提　試繹因果法則之意義初未嘗有同質異質之制限　且謂因果法則不能應用於異質作用之間更根據此理以否定精神現象與物質現象間之因果關係此其爲說實有等於循環之論何以言之　此云異質蓋專指精神與物質之異故也

反對論者又曰物質界之因果關係以物質作用始以物質作用終初未嘗有他種作用夾雜其間　蓋每有物質現象必有他種物質現象之因又必有他種物質現象爲之果因果綿延有若貫珠而物質界一切之現象皆可以此物質的因果之貫珠爲之說明固無煩精神作用爲之說明之媒介亦不容精神作用中斷其連絡也　主張心身交用說者爲之辯曰物質界之因果關係若終不出物質作用之外此不過學問上一種想像之談決非千古不易之至理也縱使無機界中有茲

事實然斷不能移無機界之理强有機界以必從　故有機界中仍無傷其心身相爲因果也

反對論者又持勢力常住律以難心身交用說曰使物質作用而可以爲精神作用之原因宇宙間之勢力不將緣是減乎　又使物質作用而以爲精神作用之結果宇宙間之勢力不將緣是增乎　心身交用說曰是不然　勢力常住律非僅適用於物質上之勢力也　物質上之勢力與精神上之勢力本非異物勢力常住云者言宇宙間物質上勞力與精神上勢力之總數無所增減非僅謂物質上之勢力常住不變而已　當物質作用與精神作用爲因果之時在物質與精神方面觀之一若有所增減自全體觀之則減於此者增於彼增於此者減於彼初未嘗有所增減也

有倡二重原因說（theory of double cause）以說明心身交用之理者　其言曰物質上之原因於喚起物質上之作用外同時又以其副作用喚起精神上之作用而精神上原因之以其副作用喚起物質作用者亦然　例如腦中某部起有神經上之變動則當然有他種物質上之運動爲之結果而其副作用之所及則又必喚起某種之意識作用也[illegible]然當此之時精神作用與物質上用猶釐然有別不相混淆故物質上之勢力自始迄終未嘗因精神上之勢力稍蒙增減易辭言之即心身雖交相爲用而未嘗與勢力常住律牴觸也　此其爲說已魯接近於心身並行之說矣

心身並行說與心身交用說相反以爲心身之間決不能有相爲因果之關係　而其所以不能相爲因果之理由即上述心身交用說三種之反對論是也　然則精神與身體之間實際上有密切之關係者其故何歟心身並行說曰心身兩者之作用常相並行故也心有所志則手足爲之動者非心爲原因用以喚起身體上之動與之隨行而起耳　其感受刺戟而生感覺者亦以感覺之作用與神經之變動兩相匹敵隨伴以起非有直接之因果關係也[illegible]精神上作用與身體上作用各於其自已之系統內有其始終連貫之因果關係斷不容異種作用之分子夾雜其間以相間斷要而言之心身之間僅有並行之事實而無因果之關係　心身並行之說權與於關於機緣論者其後 Spinoza Leibnitz 輩亦宗是說今之 Mundt 又其健將也

第六章　一元論

一元論之種類　一元主義無偏無頗殆形而上學上諸主義中之最精者亦今日哲學界流行最廣之學說也　其立說之要義在承認精神物質同出一體而無此主彼從之區別亦無各相獨立之實體　至其立說之內容諸家不無互異之處語其大別約有二派　一曰具體一元論（concrete mon-ism）以爲精神物質合而構成世界根本之實體故精神與物質乃此同一實體之兩面也　二曰抽象一元論（abstract mon-ism）以爲精神物質乃同一實體表現之形式而非構成之要素

具體一元論實人間最古之世界觀也　當人智未進之時　往往持此義以解釋宇宙其在哲學史上謂之萬有有生論（animism or hylozoism）蓋古人以一已爲萬物之衡用以推測一切人類具有有意識之精神以此爲例遂謂萬物咸具人心而一切自然界中機械之作用咸具意識矣　聞雷霆之震驚爲神怒見雨露之順而喜爲天佑宗敎家陰陽家之說類皆附會此義而起者也

萬有有生思想之具體一元論在最古之希臘哲學思想中猶約畧見其遺跡　逮夫後世既經

進步之哲學人人所共認而物質作用與意識作用之差異亦易辯別故也　求之近世其與具體一元論之思想近者實爲德之 Wundt Wun,dt 曰心爲內界之統一身爲外界之統一心與身構成一體而爲一體之兩面　然 Mundt 又謂精神作用已足表示實體而無遺漏是則 Wuntd之思想已偏向唯心論而非復一元論矣

具體一元論學者或議其爲二元論之變形　蓋二元論以精神物質爲二個獨立之體而具體一元論不過合而爲一體而已　若夫抽象一元論則與是稍異其哲學上之功績亦視具體一元體爲大

Spinoza 之一元論　抽象一元論當以 Spinoza 之哲學思想爲模型　Spinoza 系出猶太幼修猶太教之經典嶄然露頭角及壯懷自由研究之思想遂見惡於宗教威脅利誘無所不至而Spinoza 終不爲屈磨鏡自給樂道不倦　其哲學之根本思想導源於 Descartes哲學者居多而 iBmno.Hobbes 之影響亦復不少

數學之理爲最確實之知識物理研究籍數學之助始成精確之學術　故哲學亦宜應用數學以祗往日之蕪亂　此實當時學界普通之思想而 Spinoza 其代表也 Spinoza 於哲學研究之

李振華

際應用幾何學的方法先揭定義次揭公理又次揭命題終揭證明

Spinoza 根據 Descartes 之思想 以爲宜有本性明確之觀念以作一切推論之基礎然後藉數學之方法逐步推論則天下萬物不難明也 而 Spinoza 所取爲根本觀念者 即 Descartes 實體之觀念 蓋 Spinoza 之意以爲觀念之中其明確而無待證明者莫若實體之觀念何以故以實體爲萬物所以然之基礎故也

Spinoza 曰吾所謂實體無所憑藉而能自存之謂也 是故實體者無待證明其實在 實體即實在也 物之實在在於自存使不能自存而必有所憑藉則已非實在必別有使之實在之眞正實在者 Spinoza 之所謂實體即眞正之實在者故彼實體之觀念乃自明之觀念足爲一切之基礎也 Spinoza 又曰實體自存故無限 使實體而蒙他物之限制 則有所依附而非自存之體矣 夫惟無限故實體唯一唯一云者言一切實在之基礎也 實體之存在實體自爲之因故其存在必然而不可疑 是謂實體之恒久性 實體自爲原因無爲他物役使之處故實體亦爲自由之體

實體既自存無限唯一恒久而自由故吾人對之但能認其存在不能下否定限制之詞之形容

之要而言之實體者圓滿自足之實在也

此自足圓滿之實體 Spinoza 視爲萬物之原因而謂之爲神　故 Spinoza 之所謂神與當時歐洲神學者之所謂神稍異　其所謂萬物之原因亦指數學的原因言耳　申言之即一觀念演繹而論其存在爲理所必然者始謂爲該原因所生耳　是故 Spinoza 之所謂萬物因神而存非謂神運用意志以創造萬物不過言實體之外　萬物無可存耳 Spinoza 嘗設譬曰神與萬物之關係猶三角形與其角度之和等於二直角之關係　三角形角度之和等於二直角　爲三角形性質上所具必然之結果　三角形以外不有角度之和等於二直角者萬物之不能離神以存亦猶是也　故神爲萬物之內在的原因（immanent ceuse）而非萬物以外之超越的原因（tran-sceedent cause）神與萬物相即不離

實體爲圓滿完全之實在而吾人之知之也知其性也　性者構成實體之本質而爲吾人智力所能識者也　性既所以表視實體之圓滿相則性之爲數當無窮盡　然人之智力有限不能於諸種方面觀照實體其爲吾人所能知者僅心物二方面耳　心即思維物即廣袤而宇宙萬象其爲吾人所認識也或於思惟之域或於廣袤之間含此二者則非吾人智力所能及是故實體之眞

相終非吾人所得而知也

實體之與吾人相接在心物二方面而此二方面中又有種種駁雜之情狀是即所謂實體之差別相也　心方面之差別相爲出沒無常之思惟物方面之差別相爲變化無窮之形體　而實體與差別相有相即不離關係　Spinoza 又爲之譬曰實體與差別相猶線與線上之點也　個個之點固不能謂之爲線然點所集成之線又非能與點離也　Erdmann 嘗取 Spinoza 之意以設譬曰萬物之於實體猶波之於水自其變易觀之則森羅萬象變化無窮自其不易觀之則永存當在渾然一體而已

Spinoza 又區別實體之情狀爲有限與無限　無限情狀者指心物各方面之全體而言　而位於實體與差別相（即有限情狀）之間者也　無限的情狀直接出自實體易辭言之即實體之圓滿相表現於心物各方面之無限情狀也

諸差別之出沒變化其原因不在無限之實體而在有限之差別相　物之動也心有他物爲之因　凡有限情狀之變動皆可以有限情狀之他變動爲之說明　有限之物本無必然存在之理由徒憑藉他物之存在以爲存在　故 Spinoza 謂之偶然之存在　諸差別相因既生果果復爲

因因果連綿無有窮極　循此以進終局促於有限之範圍內而不能達於圓滿之實體　蓋所謂神爲萬物之原因者　非謂諸差別相間因果關係之極端乃指此因果關係所以成立之根本言也

心物二方面各具無窮之因果關係以爲生滅　觀念之起滅物體之運動當各籍心物之作用以爲說明不得假心以釋物假物以釋心也　然則心物二者之間其關係爲如何　Spinoza 曰心與物一體之二面也雖不互相因果而亦互相策應　譬諸素紙自其表面觀之所有突自其裡面觀之即有所陷突與陷相對相待未嘗或違者也

近時之一元論者　Schelling 以絕對的無差別爲宇宙根本之實在　絕對的無差別既非精神亦非物質乃超絕主觀客觀之統一的實在也　及絕對的無差別自行意識於是始有主觀客觀之對立　然兩者之差異不過分量上之差異至語其性質則固平等無差別也其有以爲不同者特差別見之蔽耳

Hegel 則以絕對的理想爲根本　絕對的理想之發現於外也則爲自然界及其返而自行意識也則爲精神界　宇宙萬物莫非此理想之所表現者耳

李振華

Schelling Hegel 兩家之說固亦一元思想也　惟二氏於精神物質之間稍重精神不免帶有唯心論之臭味耳

近時如 Fechner 如 Spencer 皆倡道一元主義　現時如 Paulsen 如 Haeckel,亦宗是說

精神物質之同在　一元論之要旨在承認精神物質同出於根本之實體而此根本實體所表現之現象當莫不具有精神與物質之二面　雖然宇宙萬物果皆具有精神乎　此反對論者之所疑而一元論者之所不可不證明者也

意識之用昔人所重故有以爲意識所及之範圍極狹者而近人之中　有推廣其範圍以底於極端者　Haeckel 嘗網羅重要之學說列爲六項今揭之如左

1 人類意識說（the anthropistic theory of consciousness）Descartes 爲此說之代表以爲意識爲人類所專有　人類以外之動物不過一精巧之自動機械耳　其感覺意志諸作用皆機械的作用而遵從物理學上普通之法則者也

2. 神經意識說（the neurolooical theory of consciousuess）凡動物之有集中的神經系統及

惑覺機關者必有意識試觀高等哺乳動物其精神上生活實與人間相類似不過其程度稍不及耳至於動物進化中至何階級而意識始發生是固不易明指其種類以定界線然意識之不爲人類所專有則固可斷言也近是生物學家心理學家大抵信從是說 Hahckel 亦自稱爲此說主張一人

3. 動物意識說（the animal theory of consciousness）一切動物咸具意識而動物以外無復具有意識者爲此說者以意識之有無區別動物與植物如 Liune（1707—1778）如 Schopenhauer 皆此說之代表也

4. 生物意識說（the biological theory of consciousness）有生之屬必具意識固無分動植也其不具意識者獨無生之礦物耳爲此說者以爲生命精神意識三者其範圍相等有生命處即有精神有精神處即有意識而植物之意識與動物之意識又相同也

5. 細胞意識說（the cellular theory of consciousness）此說以意識作用細胞性質之一蓋細胞爲生物之原素一切複細胞之動植物皆集合細胞而成既爲近時生物學家所公認則以細胞意識爲心理學上之單位而以高等生物之意識作用爲細胞意識集之結果蓋亦當然之比附

也 Haeckel 自稱亦嘗採用是說近則不復主張矣

6. 元子意範說（the atomistic theory of consciousness）此說以爲元子之中既具意識蓋意識範圍諸說中之最廣者也意識之起源爲哲學上難解之問題故 Du Bois-Reymond 嘗列爲世界七不思議之一使果如元子意識語所云意識作用猶物理上之重力化學上之親和力爲諸物質元子固有之性質則意識起源之問題可不解自解矣

Haeckel 既舉此六項之學說更自申辨不屬於第六項之元子意識說蓋 Du Bois-Reymond 嘗以此攻擊 Haeckel 故 Haeckel 特爲辨也 Haeckel 又謂精神與意識有別不可混視元子雖有精神而具感覺意志之用然其爲用全無意識意識之作用必俟神經系統之集中而後生夫精神之範圍大意識之範圍小既爲近今心理學所公認則 Haeckel 元有精神無意識之說有足信也

元子意識說實與古代之萬有有生論同一主張推一己之性質作用遍及於萬物擬人之說固不足信今之一元主義所欲論定者亦但謂宇宙萬物皆具物質與精神之二面而已非謂萬物必皆具意識也動物界之咸具精神學者之間殆無復有懷挾疑義者　植物之有精神雖同爲明確

之事實然學者之間猶不免稍有異議　至於礦物界之有精神則反對之論益滋　今試次第申論之

植物界之精神　吾所得而直接經驗者吾一己之精神而已至於他人之精神則以吾之直接所經驗者類推而得之　心有所思則發爲言語情有所觸則形諸顏色此吾之直接所經驗者也至於他人之心他人之情固非吾所得而見吾但聞見其發諸外部之言語顏色而已　然吾人苟一反省吾直接之所經驗則類推比附足以斷定他人之心一如吾心而不容絲毫疑惑也　他人之精神可以此法類推而得之運動之精神亦可以此法類推而得之　至於動物以外學者或謂不能生類推之效　雖然 Fechner 有言苟具確實之理由則雖自人類動物類推以及法植物礦物固亦無傷也

植物之有精神雖爲明確之事確而學者之間猶有懷挾異議者　其所持理由約有三端一曰植物與動物不同不可以類推也二曰植物無神經系統故不能有精神三曰植物無自發運動之能力故不能有精神　此三種理由自一元論觀之皆無成立之根據　試分述如下

1.制物與植物之間果有明確之界線以相區別乎　常人之見解或以爲動植二界大相懸絕

李振華

一若中隔天然之鴻溝不能逾越者　然自晚近之生物學觀之則動植二界之間固不能有明確之界線也　夫但就動植物之高等者而觀之則動植之間固若甚異若更進而考其下等者則動植甚相接近其最下者竟有不能辨其動植誰屬者矣　生物學網羅此種非動非植亦動亦植無可辨別之生物總名之曰 protista 飛潛之屬雖極下等者亦具精神既爲人人所首肯則 protisla 之有精神自屬無疑　非動非植之 protista 倘有精神乃謂既經發達之植動物獨無精神可乎　由是言之動植二界之間本無明確之界線而精神存在之範圍亦不能緣動植之異以爲區別蓋可知矣

2.植物雖無神經系統然不能緣是以否定其精神　蓋動物之下等者亦未嘗備有神經也當生物進化之初單細胞之動物以一細胞而兼營諸作用營養呼吸於焉是賴感覺運動亦於焉是賴　及二三細胞合爲一體雖視單細胞動物較爲進化然統一猶未固分業猶未起也　必更進而至於蟲豸之屬機關始漸分化神經始漸完備然吾人對於未具神經之下等動物未嘗否定其精神而獨於植物否定之有是理乎

3.以自發運動之有無區別動物與植物亦非妥當之見解也蓋植物非無自發運動不過不若

動物之顯著耳植物之枝葉每向有光之處而傾屈植物之根則向富於滋養之地以發展此其爲用與人之避暗就明避寒就煖及求食就餐者雖有程度高下之不同其作用之根本則無以異也此種作用植物學家謂之向動作用（tropism）向動作用蓋意志之萌芽而下等動物之運動亦大抵可以是理爲之說明飛蛾撲火是其例也運動之大小遲速與精神之多寡厚薄爲化例植物之自發運動視動物爲少故其精神作用亦視動物爲微然雖微要不能謂爲無有程度上之差異雖同在動物界中固亦不能免也

雖然動植物之間亦非全無差別也 Wundt 嘗舉其最主要之異點曰植物體中之細胞性質近似而少分化且各細胞之間約畧平等殆無主奴之別動物則與是相反其體中之細胞各掌一職分業極繁其主奴輕重之別亦大相懸殊而動物之愈高等者其分化亦因之愈甚 Fechner 亦嘗論動植物之差別曰植物之發育務外而務內英華煥發枝葉四張外觀甚盛也而其軀幹之內部則化成木質或竟中虛徒以供支持其枝葉而已動物則不然或被毛羽或被鱗甲以自絕於外界其發育專向內部以發展其機能其對於外界非不接觸特其接觸之點較少而其全體之活運則以神經系統爲中心有中央集權之態 Eechner, Wundt 二氏所舉之差別彰明較著殆爲盡

李振華

人所承認　然雖有此種差別斷不能據此以否定植物之精神　動物植物同具精神　其所以猶有此種差別者　則以物植之精神生活異其傾向故耳　植物之精神非吾人直接所能見故其精神之何似亦非吾人所能明言　然此種困難之點非植物所獨有動物之下等者吾人亦無從詳知其精神生活之如何也　要而言之據吾所目擊之外部生活以推測其目所未見之內部生活乃動植二界通用之論法而未見其可以反對之論據也

無機界之精神　一切植物當莫不兼具精神與物質二方面既如上述矣　然使物心之兼具限於有機之域則一元論之目的猶未達也　心更進而證明無機界之亦有精神而後一元之論乃能成立　無機界之有精神　一若屬無稽之論試深思而熟計　之則亦未嘗不有推論之根據也

1有機體與無機體其實質本無區別　試檢有機體之成分蓋無一非無機之物質　當生物生存時雖常保持一定之形體然其形體中之實質則新陳代謝無有已時　一方面吸收外界之物質以爲體質他方面復取陳腐之體質而排泄之經若千歲月後則體中有之物質悉排泄於外而本在體外之物質新入體內爲之生命精神之主人翁矣　由是言之生命與精神之萌芽本存

於無機物質之內及無物質進而有複雜之組織精神生活之狀態遂因以益顯此蓋當然之推論也

2 無機界之物質非特入於既成之有機體內代其舊體質爲生命精神之主人已也　宇宙間無數之動植物方以無機物質爲基礎而新有所組織新有所發生一掬之米播之土中數月之後則化而爲數升當此之時此新生物之精神何自來乎　豈精神本爲獨立之體貯之府庫之內及肉體告成上帝取而納其中乎奇妄之談既不足深信則吾人自不得不推想精神生活之萌芽本存於無機物質中也

3 使無機物質之中本無精神之萌芽則精神之起源豈非一至不可思議之問題乎　輓近之生物學以爲生活作用之萌芽既存於無生物之中不過無生物中生活之要素未嘗顯著及無機物質進而有複雜之組織其作用始顯而吾人始謂之生活耳　誠以無中生有爲理所必無生活作用本無芽萌而於生物發生時突然出現是則無中生有之說非吾人所當許故也　精神作用與生命同理不於無機物中想像精神作用之萌芽則生物初生時之精神無所自生而於理背矣

李振華

徵之哲學之歷史推精神存在之範圍以及於無機界者實爲哲學大家多數之思想　非特耽於想像者好爲是言即素以科學的研究法爲重者亦左袒是說　不寧惟是輓近自然科學者間亦有主張是說者如植物學家 Naegeli 即其一人

第七章　機械與目的論

唯物論者之機械論　取自然界瞽目而必至之因果關係以爲表現之一般原理者曰機械論機械論與唯物論有密切之關係試觀哲學之歷史主張唯物之說者類皆倡導機械主義　希臘元子論者 Leucippus, Democritus 爲古代唯物論之重鎮而亦機械論之代表也

Democritus 曰宇宙之本原爲充實而不可分割之元子　而元子自具動力兼具重量故自無始以來於無限之空間作無窮之運動　惟各元子之重量不能相均故方其自上下降也不能行同等之速力其大而重者速小而輕者遲　惟其有遲速也故重大者得追及輕小者而與之衝突復元子之運動本作垂直之形及既衝突遂生斜行之運動而斜行之元子復與他元子相衝突衝突復衝突卒以成回旋之運動元子自具運動之性質故其所發之運動爲必至之事實遵循機械的因果關係以爲生滅外非別有特別之目的也

Hobbes 亦主張機械論　其哲學之根本思想曰一切存在莫非有形之體一切現象莫非有形體之運動而物體之運動莫不遵循機械的必然的因果關係以發生　故哲學之職務在觀察物體之運動以求現象之原因更據此原因以說明現象之所以生

自然之系統一書乃十八世紀法蘭西唯物哲學之聖經也其主張機械論之大意曰宇宙萬物運行不息此爲彼因彼爲此果繼繼繩繩莫知其極而萬物之運行也及其保存自己之存在也徒知遵從因果關係而已矣非有目的亦非可以善惡評論也　而人或謂之合於目的而有調和之秩序善美之形相　此特吾人主觀之所設想非自然界所固具也

一元論者之機械論　雖然主張機械論者非皆唯物論者也一元論者亦往往左袒是說一元論之代表 Spinoza 實亦機械論之健將　蓋 Spinoza 之所謂原因指數學的原因而言申言之即以一觀念爲根據演繹而推論之使此事之存在爲理所必然者則始謂此事爲該原因之所生故其原因結果之關係猶理與結論之關係也神爲萬物之原因即是此義非謂神運用自由意志以創造萬物直是既有此神自不得不有萬物耳　Spinoza 又謂自然界之現象必藉物體之運動以爲說明故非用機械的說明必不足以當說明之任目的之論乃推己及物之謬誤使果如目

的論所云則神不得爲完全圓滿之實體矣　何則　神懷抱目的以活動則神於未達目的之先不得謂之完全必待目的既達而後始得稱圓滿也

Plato 之目的論　主張宇宙萬象皆趨向一定之目的者曰目的論然徵之歷史主張純粹目的論者世不多覯大抵採用目的論以爲一般原理外復承認因果關係以爲附屬之原理　如 Plato 之目的論即其一例　Plato 以觀念爲實現象爲虛　觀念猶形聲現象猶影響形聲爲影響之原因觀念亦爲現象之原因而 Plato 之所謂原因又與目的同視是故觀念者目的也善美之理想也萬物之極致也　觀念爲萬物之目的故雖常住而於現象界之間現其形相　現象界之個體則以追求其所志之目的故生滅變化不能常住雖然現象界之個體其所以生滅變化不能常住者固出於目的之追求然方其生滅變化也則亦不能逾越因果之關係以作自由之行動

Aristotle 之目的論　Aristotle 之思想 Plato 大畧相同　Aristotle 以爲自然界之變動曰一方面觀之不外空間之運動而純粹服從機械的因果關係自他方面觀之則又持有目的以爲動　Aristotle 嘗爲四因之說曰試取宇宙間事務所以變動之故而分析之則可以得四種之

原因（1）質（2）形（3）力（efficient case）（4）志（final causueor end）譬諸築室磚瓦木石質之因也計畫圖案形之因也上木工事力之因也丁竣成室志之因也　是故一室之成先有築室之目的繼乃搜集材料加之勞力賦以定形四因相合乃蔚然成一室也　然四因之中力因與志因推而極之不外形因　何則室之形與室之成形之志本非異物而築室之力又緣室之志而起亦無區別之可言　故四因者可約而爲形質之二因　由是言之形因之中含有志因是形即目的也　而萬物之生長變化不外形質之關係申言之即萬物爲欲表現其所涵溶之形　故有變動之現象　是萬物之變動當莫不持有目的　Kant 之目的論　取批評的經驗的態度以分析目的之觀念而應用於一切自然現象者實推 Kant 爲第一人 Kant 謂目的適合性有二種一爲主觀的目的適合性一爲客觀的目的適合性　主觀的目的適合性者言事物之適於吾人之了悟也客觀的目的適合性者言事物之各盡其分而各適其性也自主觀的目的適合性以下觀察則曰審美上之判斷（aestheticjudament）自客觀的目的適合性以下觀察則曰目的上之判斷（teleological judgment）Kant 第三批評判斷力之批評（Critique of Judgment）即研究此二種之判斷者也

李振華

客觀界諸物之中其最能表現目的適合之關係者　厥惟生物蓋生物身體之各機關及各機關之作用莫非用以保存一己之身體與繁衍其子孫　而身體各機關之互相爲用則以有全體爲之統攝　故曰生物之成可謂成於目的而生物之說明於機械的關係外不得不借助於目的上之關係生物成於目的之說既屬正確則吾人自不得不推廣此說而以宇宙全體爲一有目的之體系矣　然則宇宙全體之目的果何在耶　宇宙全體之目的在於道德故一日未達於設德之域則此志一日不懈也

目的云者乃指導之原則（regulatiae principle）而非構成之原則（contitutive principel）使吾人能認明此旨不相混淆則目的論上之見解非特不與機械主義相衝突且足相爲補助也

生力論與非生力論　近時生物學者之間有生力論（vitalisn）與非生力論（anti-vitalim）二派反對之議論蓋生活現象之複雜而富於變化生物構造之巧妙而合於目的皆足引人之注意而使人想像有特別之生活力（vitalforce）以統攝個人之生命以運用無機之物質當十八世紀與十九世紀之初生力論大盛以生活力爲目的的超自然的原則而與自然界中普通

之力迥不相同　及十九世紀中葉　Mueller（1801—1858）　雖猶保存生活力之觀念然以生活力爲自然力之一種而服從物理化學上普通之規律　故　Mueller 實已啓非生力論之端緒而當時實驗生理學之進步益助長是說於是動物學者幾莫不以生力論爲謬說矣生力論者又遭逢勁敵　Darwin（1809—1883）益被推殘蓋動植物身體構造之巧妙與夫組織之整飭當時所引以爲機械的說明所不易說明者　Darwin 以淘汰之說說明之而無遺憾　Darwin 之後淘汰之說進化之論益臻備於是非生力論遂造絕頂而生力論已不絕如線矣　乃近年以來舊日之生力論重整旗鼓以爲非生力論相週旋如　Reinke Driesch 輩蓋新生力論之健將也

機械論目的之批評　欲討論機械與目的論之是非當先審因果性（Causality）與目的性（finality）之意義所謂因果性者言相爲依倚關係之一現象必先他現象而存在而先存之現象謂之原因繼起之現象謂之結果　苟有同一之原因吾人常能斷言其必生同之一結果然同一結果則吾人不能斷言其必生於同一之原因　目的性亦指依倚關係而言而其相爲關係之二部則爲目的與手段　目的性之特質有二一曰結果之豫期二曰手段之選擇　豫知結果

所呈之狀況實爲目的觀念主要之性質而同一目的其達之之道有便有不便有易有不易其功效不一其遲速大異故不得不於諸手段中擇其事半而功倍者以求吾所欲得之結果也

目的性之特質既如上述使吾人猶設想無機界之變動咸具目的則是無機界之變動不得不豫知結果之狀況而於手段之中有所選擇矣　此爲事理之所必無不待深論而後知也　若謂冥冥之中有卓越之知慧主宰宇宙而於自然現象中實現其目的此則懸擬之談亦難探信夫自然界之中自其自存方面言之原無善惡美醜之可言本其必至之理法發爲因果之現象固不能有所是非褒貶於其間也　徒以人類自作權度用以衡量天下見萬物之足以養吾生而利吾用也遂謂之善見山川之足以悅吾目而怡吾情也遂謂之美　是故所謂宇宙間有美備之秩序有圓滿之調和者皆主視上之判斷而非客觀上之事實　至謂冥冥之中有知慧以主宰宇宙之秩序則又由主觀之判斷以懸擬者也　且知者見知仁者見仁自其善與美者而觀之則宇宙誠善美矣自其不善不美者而觀之則宇宙亦未嘗善美也火山之爆裂洪水之汎濫此豈得謂之善美哉由是言之冥冥之中具有目的其非至論也從可知矣

無機界之目的性目的論者或謂出於有機物之比擬　然則有機界中一切之現象皆具目的

性否乎　人之意識的行爲豫知結果而選擇手段其具有目的性也固矣　其在動物之行動亦具有目的性不過其結果之豫知　不若人之明確而手段之選擇不若人之巧妙耳　若謂身體搆造之巧妙組織之完備皆出於目的之實現則又非至論　夫巧妙完備非一躍所能幾也　當生物之初有巧者有拙者有備者有不備者　巧而備者以適而存拙而不備者以不適而亡愈演愈進則巧者益巧備者益備　是故巧與備蓋長時間淘汰之結果也　今自其既經淘汰以適而存之結果觀之一若甚合於目的　若夫有機體締造之初固亦未嘗預期如是之結果徒以遵循必至之理法因果之關係自然而成此有機體耳　且人有好生惡死之情故以生爲目的而以身體搆造之適於生存爲合於目的　浸假而有人焉以生爲苦以死爲樂其志在死而不在生則必以身體之拙而不備爲合於目的而以巧與備爲否矣　由是言之有機界之目的性亦徒爲主觀上之設想非必客觀上之事實也

第八章　必然論與自由論

概論　必然論舉凡宇宙間一切事物歸諸原因結果之必然關係自由論則謂道德生活中有獨立自由而不爲因果關係所束縛之行爲故必然論與自由論之所爭即意志自由與之否問題

也

必然論自由論之對立一若與機械論目的論之對立有密切之關係然機械論與目的論皆可與必然論相融合 試徵之歷史機械論者之主張必然論固無論已 即目的論者之中亦往往有祖述是說者 至機械論必然論則其關係較爲密切以機械論而主張自由論歷史上殆未有其人

意志自由之問題似尚未爲古代哲學所注意故希臘諸哲學家猶未嘗討論及之及基督教輸入歐土意志自由之說始興 自是以來必然論自由論之爭議遂於哲學史上放一異彩

必然論 Spinoza 否定意志之自由蓋其機械主義之哲學有以引起其必然論上之論斷也 Spinoza 之言曰行爲之際有自由之感者非緣意志自由不受因果關係之束縛特以其原因晦澁一時未能盡明故耳 三角形種種之性質爲三角形形狀必至之結果生物天性之自然亦猶是也

Leibnits 雖主張目的論之哲學然其對於意志自由之問題則與 Spinoza 特有同樣之見解 Leibnitz 曰思惟之爲用有自不明瞭狀態漸進而至於明瞭狀態之傾向 此發展之傾向謂

之衝動衝動之爲吾人所意識者謂之意志是故意志之活動出於思惟之裁決　非能絕對的自由也特是吾人意識之中往往僅有意志決定之事實而未嘗自覺意志所由以決定之作用　於是吾人遂誤信意志之決定無有理由而絕對的自由矣

自由論　Kant 於純粹理性之批評（Critique of Pure Reasoa）中以意志自由之問題爲純理的世界論（ra-ti'onal cosmology）上一種之矛盾　此種矛盾其兩方之立言苟異其所指之範圍則可以並眞　蓋現象界中無有自由原因萬事萬物莫不遵從必然的機械的關係以爲生滅變化若超越現象界而入於實體界則又可以設想自由意志之存在矣故自自然科學上言絕無自由自道德上言則有自由申言之吾人知識之對境中一切事物皆成自機械的必然之關係及入道德之域則要求自由之存在矣　Kant 既謂實體界中有意志之自由故於其實踐理性之批評（Crit'que of Pracical Reason）中論意志之自由曰因果關係乃現象界之法則意志自由則實體界之事實也　自純粹理性上言人之知識不能出現象以外自實踐理性上言則道德之要求必與實體界相接觸而所謂意志之自由　含有二義實。理性自立法則而自守之乃道德上之自由故此云自由即遵從道德法之謂此自由之第一義也　道德法乃無上命令爲吾人絕對所當服從者使吾人而無服從之能力無率行之自由則道德失其根據矣　故吾人於服從機械的因果關係之外不能不承認喚起行爲之自由原因此自由之第二義也

Schopenhauer 之論意志自由與 Kant 大畧相同　Schopenhauer 亦區別現象界與實體界現象界爲時間空間因果所束縛　實體界則超越於感覺認識之外　而意志之在現象界也則服從因果關係其在實體界也則可以自由也

自由論者之論意志也以爲意志作用不受束縛無所根據無往獨來無阻無礙又自事實上立論曰吾人之所以對於行事負責任者非以假定吾人之意志能自由活動不受外物之干涉歟假使吾人之意志受外物之影響爲因果之奴隸不能獨立自由則吾人對於日常之行爲又何責任之足負　Lotze 亦嘗從此方面立論曰使吾人不假定意志之自由則道德上之判斷與夫責任之負擔皆爲無意義之事實矣

必然論之論據　必然論者則以意志爲必然之作用而無自由之屬性　其所持論據約有三端

1 因果關係爲一切現象共通之法則　有因斯有果有果必有因因因果果有若貫珠推而極

之無有窮盡　使吾人能詳知一切之原因則事物他日之結束殆可以預知　是故自然之系統之着者以爲宇宙萬物殆宿命生者不能不生滅者不能不滅無可强求亦莫能倖免也　意志作用亦不能外是雖其原因之所自有並行交用兩說之爭議　然其必具原因而非自由則可言也言

2人之意志常直接間接被外界事物之影響而莫能抗拒受外界事物之障碍而不克逾越是故饑者不能不思食渴者不能不思飲視不能不礙於雲霧聽不能不亂於雷霆由是言之意志尙得謂自由乎

3人之行爲大抵淵源於氣質（tamperament）而人之氣質則受之祖先父母之遺傳　蓋人之軀體不外父母生殖細胞之結合而生長者而細胞之中已具有規定其氣質之物質是故氣質者得之祖先父母之遺傳而規之以生理上之組織根深蒂固移易爲難　夫遺傳之說爲輓近進化論所攷定特以其理甚微其因甚雜一時猶未能立數學的方程式以賅其一定之理　然其爲說固有足爲吾人所措信者氣質既出於遺傳而行爲復出於氣質則意志之非無所根據概可知矣

夫當　志作用之際二三動機同時崛起相傾相軋各欲制勝以表現於外部而人能於此二三動機之中擇其一而制其他　若以此選擇作用爲自由則誠自由矣然非自由論者之所謂自由也　蓋此諸動機之起亦皆遵循因果之關係非無所根據也　而吾人之對於行事所以負責任者徒以有此選擇能力耳選擇之用與智識俱進故律有責任年齡之規定浸假而意志絕對自由絕無束縛則責任年齡之規定固屬無謂而意志之病的現象亦復不當出現於世矣

第九章　形而上學上之神學的學派

概論神學上之學派有三曰超神論曰汎神論曰無神論超神論與汎神論對於神之存在下肯定之判斷無神論則下否定之判斷故超神論汎神論正與無神論立於反對之地位

超神論與汎神論雖同以神爲宇宙萬物之原因而超神論之所謂原因指萬物以外之超越的原因而言汎神論之所謂原因則指萬物以內之內在的原因而言此則兩說之異也　超神論汎神論又同屬一神論（monotheism）　試觀宗教之歷史一神論之外猶有他種形式之信仰如庶物崇拜（fetichism）如多神教（polytheise）　其所崇奉之客體不止一事而於當時社會亦頗受一般人民之信仰　然此種思想從未有主張之於哲學上者故不在議論之列

神學上之思想與宇宙根本問題之見解有密切之關係　主張超神論者大抵屬於唯心論或二元論主張汎神論者大抵屬於一元論主張無神論者大抵屬於唯物論　雖然此亦不就過其大體言耳非謂二者之間有必然之關係而不得稍變易其主張也

神之論據及其駁論　縱觀二千餘年哲學之歷史主張超神之學者爲數最衆　試就古今最著名之哲學家而言在上古之世則有 Plato 與 Aristotle 在近世之初則有 Descartes. Leibnitz. 在最近之世則有 Kant, Herbart, Lotze 此數子者雖各具一家之見不能盡同然不同之中有同者然則以神爲人格之存在創造宇宙而指導宇宙之進行之說是也

神之存在爲超神論者所欲極力證明者　其論證之道各家互有異同今姑撮其最主要之論據分述如下

1 實體論上之論證（ontological Proof）此種論證自觀念以推及存在之論證也　其說之太意曰神之概念中自含有存在之義　蓋最完全與不存在兩義互相刺謬不能並容故最完全之神不能不存在也　倡此說者在中世有 Anselmus （1035—1109）在近世有 Descartes 然十八世紀 Kant 以前之哲學家已有非難此說者及Kant 出更以犀利之批評破壞之 Kant

李振華

之言曰存在云云實未嘗搆成概念內容之一部中言之即未嘗搆成完全相之一部也　試取神之概念而分析之斷不能於此概念中得存在之義　存在之義實後之附加者非內容中所固具也故神存在云云乃綜合的判斷非分析的判斷也

2 世界論上之論證（cosmological proof）此種論證以因果關係爲根據用以證明神之存在　其言曰大千世界必有其存在之原因原因維何上帝是也　在昔希臘 Plato Ar-istotle 實創是說而近世學者亦多有祖述斯義者　蓋以事物之起必有其因而因復有因試逆溯而窮究之必且底於不可說明之一境欲去此境則不得不設想絕對之知慧以爲宇宙之創造主　此種論證 Kant 亦嘗破壞之 Kant 曰因果關係乃悟性之範疇（category）用之於現象界以論現象間之關係則可若超越經驗之範圍以論一切現象之絕對原因則不可　蓋絕對原因從未入吾智識範圍內也　要而言之此種論證乃濫用因果之範疇於不當用之範圍內故不足以奏證明之效　浸假而因果範疇可以適用於超越世界也然猶未足以證明神之完全相蓋世界之完全相非吾人所能證明故世界原因之完全相亦非吾人所能證明也　若必欲證明之則非返於實體論上之論證不爲功而實體論上論證之不能成立已如成立已如上述矣

3目的論上之論證（teieological proot）自的論上之論證以宇宙間之目的性爲根據用以證明神之存在　其言曰觀於宇宙之間條理井然適於目的之實現可以知宇宙之外必有創造此宇宙而表現目的者　而徵之經驗目的爲精神中之觀念屬于知識之方面故知創造此宇宙而表現此目的者必爲聰明智慧之神此項論證亦爲 Kant 所批評 Kant 曰今姑以此項論證爲有效亦但能證明有體爲賦宇宙以整飭之秩序耳猶未能證明創造者之存在也　自目的論上論證神之存在者往往以人造品爲喻以爲神之創造宇宙猶人之製造器物也　今試仍以器物爲喻目的論上所能證明者不過製物成器之匠而非創造器物原料之人是故創造者之存在終不可以證明　若必欲證明之非復返於世界論上之論證不可而世界論上論證之不能成立已如上述然則純理神學上神之證明特勞而無功之業耳

4倫理上之論證（moral proot）倫理上之證或自絕對的道德法之存在以推定道德法立法之主體或自道德幸福不能相應之事實以推定調和兩者之實體　Kant 於純粹理性之批評中雖舉上述三項論證悉破壞之不遺餘力於實踐理性之批評中則持倫理上第二項之論證以證神之存在　其言曰惟德與福相即不離德修則福自至故積善之人必享福祿積不善之人必

李振華

及災殃　此亦道德上所當信從之理法而不可挾疑者也　然福祿之爲用懸於自然界之事物使自然界與道德界各相獨立不能爲用則福德之必不相離其故爲不可解矣　故必承認世有聰明正直之神統攝自然界與道德界而引自然界之事物以合於道德界之要求於是善人多福惡人多災之理不俟辨而明矣　雖然倫理上論證之無充足理由亦猶上述三項之論證也何以言之道德現象因時而異因地而殊世無千載不渝之道德亦無萬方共守之倫常　所謂絕對的道德法者實未嘗爲世所公認則道德法立法者之存在益無從證明矣　道德與幸福之調和在近時進化論上視之已有可以解釋之道則自然界與道德界之上更無煩承認神之存在以爲之統攝矣

合理神學派　超神論中別有一派以爲宗教之爲物必出於人之理性而後可凡理性上所不能承認者宗教上亦不能承認之故儀式信條之以迷信爲基礎者皆在廢棄之列　且謂神之於世界但於創造之時致力以創造之而已及既成之後則世界之作用一遵其機械的法則以進行神不復致力以統攝焉　此類思想神學上謂之合理神學派（deism）合理神學派之始創者殆爲英之　Herbert　（1581—1648）Herbert 曰理性與宗教不能或離　理性之爲用所以使

人日即於眞理而日趨於道德而宗教之基礎即於是乎存　Herbert 又謂宗教之中有五要旨爲往古來今衆生之所公認　至於此五要旨以外則皆僧侶之所揑造學者之所附會者耳

英國合理神學之思想至十八世紀而臻於極盛而哲學史上有注意之價值者實以 Tolanb 最爲 Tolanb 謂研究宗教當脫離教權之束縛而取自由之態度　故當時 Toianb 之徒英人目之爲自由思想家 Tolanb 之言曰凡宗教上爲人所承認者莫非合理之事實背理之事固不待言即超理之事亦非眞正宗教中所宜有　基督教之所垂示本無不可思議之點徒爲後世僧侶所誤遂陷入不可思議之境耳 Tiolaub 之次爲哲學史上所宜注意者乃 Tiodal （1556—1733） Tindal 曰自然宗教合於衆人理性之所示則爲原人之初所既具　其經歷歷史與變遷以教則皆後世之所造既已失宗教之神髓矣

合理神學派之所主張雖與超神論略異然其證明神之存在則亦不外超神論所持上述四項之論證是故合理神學派與超神論同陷於論證不足之苦境

汎神論之派別　汎神論可小別爲二種一曰普遍汎神論（universal pantheism）二曰特別汎神論（partieutar pautheisu）普遍汎神論合一神之觀念與世界之觀念以爲神即是世界

李振華

世界即是神特別汎神論則注重世界特別之屬性用以合於神之觀念　普遍汎神論之在哲學史上有二大代表一爲古代之 Elea 學派一爲近世之 Spinoza　Elea 學派之 Xenophanes 與 Parmenides 以有爲萬物之觀念一而不二故世界便是上帝　Spinoza 則謂與萬物之關係猶三角形與其角度之和等於二直角之關係　三角形以外不有角度之和等於二直角者神之外亦不有萬物之存在　神與萬物相即不離　自萬物之所以爲萬物觀之則謂之神自萬物既成之態度觀之則謂之萬物　是故神爲能造物爲所造　特別汎神論中有以世界之外的屬性與神之觀念合一者是曰自然的汎神論（naturalistic pantheism）爲此說者大抵屬於唯爲主義之學者　其以世界之內的實在爲神者則曰唯心的汎神論（spiritualistic panthaism）物　Stoics 之思想是其例也　Fichte 之汎神論則與是又異　Fichte 以爲宇宙間所流行之道德即所以代表神聖之實體　是則 Fichte 之汎神論可謂爲倫理上之汎神論（ethical pan-theism）

汎神論以神爲萬物內在之原因　不超越於世界之外而不必具有人格其說固視超神之論穩健而可信　然必以神爲創造之原轄而具圓滿之德性則又不得不採超汎神論所持諸論証

以爲證明遂亦不得不與超神論同陷困難之狀態矣

無神論　由是觀之神之存在終未有滿足之證明足以使吾人於理論之上信其爲正確之事實　夫有與無有不能容中　有神論諸論證既盡失敗則無神之論自不得不緣以立矣　哲學以窮理爲主故自哲學上觀之無神論最爲確切而不可移易　至於宗教則以信仰爲歸故自宗教一方面言則不得不要求神之存在　使宗教家徒以神爲人生最高之理想而不求理論上之證明如 Kant 之所謂指導原則者則於實踐上亦未始無大功也

第十章　形而上學上之心理的學派

心理的學派概說　近時心理學上關於形而上學之學說有二種之對峙第一種對峙以心之本性爲標準主張精神現象之後有心體爲之本者曰實質論主張直接經驗所得之精神現象即爲精神之全體別無心體之存在者曰唯行論第二種對峙以精神作用之根本性質爲標準主張智識作用爲他種精神作用之基礎者曰唯智論主張意志情緒爲一切內的經驗之根本者曰唯意論

實質論唯行論概說　實質論之論心體也謂有四種之特質（1）心體爲堅實之體一切精

李振華

神狀態莫非此堅實體所發之現象耳（2）心體之存在出於自己構造之作用故不必憑藉他物而後始存（3）心體不可破滅故常住不朽（4）心體爲簡單之存在故不可分裂不可廣袤　唯行論之所謂心則指吾人所能經驗之精神作用而言　吾人所能經驗者感情思想等個個之作用而已至於心之實體非人所能經驗也

實質論　徵之歷史始倡明確之實質論者實爲法之 Descertes 蓋 Descertes 以前之唯學視精神與生命渾若一事故精神與物質之間其區別猶未大著　及 Descartes 區分思惟之實體與廣袤之實體於是心體之觀念始益明確而實質論之思想遂因以益著矣　Leibnitz 以 monad爲宇宙之本源　而若干 monad 合而或一生物也諸 monad 之中有思惟作用猶明瞭者則爲生物之靈魂其不明瞭者則爲生物之肉體　靈魂肉體雖有豫定之調和然不能相爲影響以通其作用十八世紀之際 Descartes, Leibnitz 二家之說最爲盛行言心理學者殆莫不遵奉其說英之 Berkeley 舉 Descartes 之所謂物質的實體而否定之以爲物質的實體者不過觀念之結合體耳　然對於思惟之實體則猶維持 Descartes 之思想以爲一切精神現象之後固有心體爲之基礎也

唯行論　唯行之說發達較遲 Hume 之學說殆此說最初之主張也　Hume 承 Berkeley 之後更進一步以爲精神之無實體與物質正同其言曰　人或主張心之實體以爲一切心理作用之基礎此其見解實與物質實體之主張同爲謬見　夫物質實體之觀念出於種種觀念聯合之結果　蓋當吾人知覺之時事物之內容共居空間而同爲吾所知覺是故知覺之後遂遵聯想之律以相喚起凡憶及其一觀念時必聯想及於他之觀念　經驗之次數愈多則聯合之度愈固於是遂移其主觀的感情於外界而想像實體之存在矣　精神之實體蓋種種觀念聯合之結果爲吾人想像之所造作者耳

Kant 於實踐理性之批評中雖承認靈魂之存在以應道德之要求然於純粹理性之批評中則嘗斥心體爲純理心理學上之妄論而加之以破壞　其言曰於吾人所經驗之心理現象外設想一統一此種心理現象之實體即所謂靈魂者其殆出於論理上之誤謬乎何以言之吾人之所以設想我（即靈魂）之存在以吾人之意識中有一作用也　是故意識我之存在即意識吾心一切經驗之統一　我思云者　即統一而意識之謂也　由是言之所謂我者　以之爲論理上之主則可以之爲實體之主則不可　故一言以蔽之曰設想靈魂之實體乃混淆思考之主與實體之

李振華

過也

近時極力主張唯行之說者首推 Paulsen 與 Wundt 二氏皆籍反對說之批評以爲建設之手段　Paulsen 之言曰實質說之不能成立其理由約有四端（1）心體之爲物不能爲吾人知覺之對象（2）精神實體精神現象之間其關係如何未嘗爲吾人所認識（3）心體之諸屬性盡屬否定之事實（4）各精神作用發現時　必與精神生活之全體相關聯故雖不假定心體之實在亦可以免說明上之困難　Wundt 又舉三事以排斥心體之假定（1）Kant 所設現象物如之區別不能應用諸內界之經驗　蓋內界之事物一如吾直接經驗之所得故不能設精神之實體以與經驗相對　（2）人之言心體者一方面既謂爲恒常之體他方面又謂爲變化無常　夫恒常與變化不能兩容是心質之義實有似乎以己之矛制己之盾也　（3）經驗上之事實雖不假　定心體之存在亦可以語明其綜合之　理法故心體之假定直無益之綵耳

唯智論　唯智論唯意論之對峙亦至近世而始着　蓋古代之哲學猶未有舉一切精神作用歸諸唯一之本源也　及 Descartes 舉思惟作用爲精神實體之特質用以別於以廣袤爲　特質

之物質於是唯智之論始具明確之體裁　Spinoaz 繼之亦以思惟爲精神之特質不過 Spinoa 以個人之心爲無限情狀之差別相而不以爲實體則與 Descartes 異耳

Leibnitz 以 monad 爲宇宙之本源人之精神肉體莫不成自monad 而 monad 之爲用　有發展進步之活動　且其發展之狀態乃其本來所固具者自石開發非受之於外也是以其既開發者涵容於現在狀態之內而其未開發者亦可於現在狀態預想焉　上智者鑑於 monad 之預定之調和故觀於一 monad 之狀態即可籍以推知一切 monad 之情況　夫雜多之物表現於一體外界之事舍蓄於內部其作用正與觀念思惟等類似　故 monad 之活動實與思惟同義而其所謂發展者即自觀念不明瞭之狀態漸進而至於觀念明瞭狀態之謂也 Leinitz 依擬此理用以造唯智之論以爲觀念思惟等用亦精神之根本作用也

近時　Herbart 之學說實爲最嚴密之唯智主義　Herbar 以爲智識作用乃一切精神作用之感情意志等皆智識之附庸現象耳非獨立之作用亦作原始之活動也　蓋Hsr-bart 舉一切精神作用芬析研究之　遂以觀念爲精神作用之原始的要素而以感情意志等爲皆觀念作皆之結果也

李振華

例如快樂不快樂之感情生於諸觀念相互作用之結果諸觀念相爲援助則生快感相爲阻礙則生痛感

唯意論　唯意之說始自 Schopenhauer Scopenhauer 之先雖已有 Kant 爲之前驅然其。語猶未明暢及 Schopenhauer 此而說始著也Schopennauer以意志爲宇宙之本源凡外界之自然與內界之精神莫不淵源於意志　而其所謂意志者於普通之所謂意志外復兼含感情而言申言之其所謂意志者指意識作用中情意二要素言也知識作用不過附加之要素非人性本然之基礎其規定吾人之道德的行爲者乃意志之力非知識之力　知識徒足供意志之役使而已其在人心之中耽於美的賞玩以求解說時知識始一脫意志之羈紲也

近時 Paulsen 與 wundt 亦爲唯意說之健將　Paulsen 曰試觀精神生活之種族進化與個體進化可以知意志之實一切精神作用之基礎也　蓋最下等之有機體未具觀念未具知識徒爲瞽目的衝動所驅策以經營動作而已　故知衝動之爲由實爲內的生活根本作用　又如小兒初生其精神作用中之最先表現者厥惟意志及小兒精神漸進化而後知識之用始隨以漸顯是又足爲意志根本說之證據　不寧惟是在既經發達之精神生活中意志亦爲決定一切作

用之原因　賦人生以究竟目的者意志也　規定注意之方向者意志也選擇外界之刺戟而納之意識中者意志也舉經驗所得之事實而決其孰應記憶孰應遺忘者亦意志也　Wundt之主張唯意主義其理由約有三端（1）意志作用爲一切精神要素所結合而成者　蓋意志作用可分爲衝動行爲與有意行爲二種　衝動行爲如動物之見食而趨其作用極簡單求其要素但有感覺與感情至於有意行爲則甚複雜於感覺感情之外復益以目的觀念與複雜之情緒　是意志作用中實包含一切之要素而足爲諸精神作用之代表（2）諸精神作用流轉不息變化無窮而變化之事實於意志作用爲最著故意志作用足爲一切精神作用之模範　（3）意識現像成自精神作用之結合而爲之結合之樞紐者則意志也

李振華

第三編　認識論

第一章　認識論上之問題

認識論之發展　近時之言哲學者幾莫不注全力以研究認識論上之問題　其極端者至蔑視形而上學上之問題而倡爲認識論便是哲學之說　其較爲公平者亦以認識論上之研究如輓識之能力認識之界限等諸問題爲研究哲學時首先所宜解决者　要而言之認識之研究實近哲學之中心問題也

然徵之歷史哲學之始非始自認識之研究哲學以形而上學爲出發點而以宇宙之本源心物之關係等諸研究爲其本來之目的　及形而上學上之研究既經悠久之歲月而後認識能力認識界限之研究示繼之以起　蓋形而上學上諸問題歷時愈久則所以解釋之學說亦因之愈衆而諸說之間或稍有出入或極端反對而又各持之有故言之成理使學者傍徨迷惑艱於取舍於是遂有挾疑於人知之能力而欲攷定其能否解釋哲學上之問題者矣

上古希臘之哲學始自物質之研究如 Miletus 學派如 Elea 學派皆形而上學上之體系也雖此等學派不無一二學說之附屬品耳　其以認識之能力爲主而致力以研究之者蓋造端

於詭辨學派而盛於希臘哲學末期之 Acabemy 派與懷疑派 近世哲學之初亦以建設形而上學的體系爲主要之目的如 Descartes 如Hobbes 如 Spinoza 如 Leibnitz 皆屬於此種體系之學者也 及 Locke 之人間悟性論（Essay on the Human Understanding）出而後認識示成獨立之研究 Locke 之先認識論上斷片之研究雖遠肇自古代之希臘然以嚴密之意言之 Locke 實爲認識論之始祖 顧 Locke 之研究猶多未備 Kant繼之而後認識論之裁益煥然大備而世之學者亦益重視之以爲哲學上之中心問題矣

認識論上之學派 認識論上有三大問題一曰知識起源之問題二曰知識效力之問題三曰知識本質之問題

關於第一項問題有三種之解釋一曰唯理論(rationlism)以爲一切知識爲吾心先天所固具二曰經驗論（empirioism）以爲知識之起起於內外之經驗三曰批評論（criticism）調和於兩說之間而以先天經驗同爲知識之源泉

關於知識效力之問題有不加征驗而斷言其有絕大之效力者 曰獨斷論（dogmatism）與獨斷論處於反對之地位者曰懷疑論（scepticism）懷疑論之論知識也或以爲主觀或以爲相

李振華

對於是又有主觀論（subiectv sm）與相對論（relativism）之區別　獨斷論懷疑論之外尙有所謂積極論（positivism）者則限於經驗範圍之內承認知識之效力

關於第三項知識本質之問題亦有三種之解釋主張觀念論（idealism）者以爲知識之內容不外意識中之觀念　主張實在論（realism 者以爲意識之外實別有客觀之事物存於外界　主張現象論（phenomenalism）者則舉知識之內容歸諸現象而不欲偏廢上二說之所主張

第二章　唯理論經驗論批評論

概說茲章所論爲知識起源之問題而對之以爲解答者有唯理論經驗論批評論三種之學派　唯論理一名先天論（apriorism）　其學說之要旨曰人之理性爲一切知識之源泉而知識之有普遍效力者猶以出於理性爲必要之條件　蓋理性之中先天的具有正確之原理　以此種先天的原理爲基礎而藉演繹推理法以爲研究則正確之知識不難立致　其緣經驗以致之知識則非必至之理法而無普遍之效用　經驗論則舉後天之經驗以爲知識之淵源　且謂人心之初猶素絲白紙未着痕跡及既經驗而後知識始緣以生焉　經驗論之中又有以感官所得

外部之經驗爲原始的要素者以其偏重感覺也故謂之感覺論（sensuaalism）第三派之批評論則調和唯理經驗二說之思想而折衷之　以爲知識之生必有出自理性之形式的要素與自出感覺之材料的要素二者缺一則知識莫由立矣

Plato 之唯理論唯理論經驗論之對峙始自近世之哲學　Descartes 始倡唯理論後之大陸學者大抵祖述是說雖然唯理論之思想古希臘時已有言之者矣如 Plato 之學說實此主義之好代表也 Plato 曰觀念之世界爲實在現象之世界爲虛妄　而人之靈魂本與觀念同類　具有思惟觀照之作用　惟其與觀念同類也故不生不滅無始無終吾生之前靈魂具在吾死之後靈魂猶存其與吾身之結合特暫時間事耳　靈魂墜落而入於肉體則爲物欲所蔽而晦其本性然當其未入塵世未爲肉體所蔽也亦嘗以純粹之理性目睹實體界之觀念　故轉入今世後一與現象界之事物相接觸便能追憶未嘗墮落則所見之觀念也　是 plato 之意以爲天地之理本具吾心固不待經驗而後得徒以蔽於肉體遂昧其眞相耳

Descartes 之唯理論 Descartes 之說與 Plato 稍異 Descartes 亦嘗倡爲天賦觀念之說　然其所謂天賦非如Plato所云靈魂於肉體未生之前嘗目睹實體界之觀念也　但言人之理性有

李振華

不待經驗之證明而自能發生確之原理以爲知識之基礎譬如數學以定義公理爲其第一之原理而定義公理之確切出於理性之承認固不待知覺經驗之證明而後立也而一切科學當以數學爲模範有不以自明之原理爲基用以構成知識之系統者則非眞正之科學也 Descartes 本此意以定物二實體之界說曰精神以思惟爲本質物體以廣袤爲本質又倡爲物質常住勢力常住之命題曰物質之量不增不減運動之力不生不滅 Descares 以上述諸原理自明之理且欲據以爲學問上之定義公理用以論證自然科學上之一切之事項雖然此種純主觀上所立之命題果能與客觀上之事實相符合乎 Descartes 曰數學上之觀念其確實妥當之證據在於概念自身而不在於經驗上述諸命題亦同是理蓋概念之清楚而明晰者即爲確實妥當之概念申言之凡吾人所能明白思惟者即天下之至理也

Spinoza 之唯理論 Spinoza 繼承 Descartes 之思想以爲宜有本性明確之觀念以作一切推論之基礎然後藉數學之方法逐步推論則天下萬物不難明也故 Spinoza 之研究哲學倫理學心理學物理學等諸科學也莫不取範於幾何之研究法先揭定義次揭公理又次揭命題終揭證明雖然此等研究之結果能與客觀之實在相符合乎 Spinoza 曰物質界與精神界爲一體之兩

面故精神之所思惟不能不與物質之事物相符合其發於物質界者謂之事物之原因結果其發於精神界者謂之論理上之理由斷案兩者二而一也

Leibnitz 之唯理論 Leibnitz 亦主張天賦觀念之說其言曰人之思推自觀念不明瞭之狀態漸進而至於觀念明瞭之狀態用以搆成無數之階級然一切階級皆人心所固具自行開發非受之於外也即先具於無意識之中以次出現於意識中也故人之觀念胥出天賦凡憑藉感官之知覺者不過事物之現象而非明瞭之觀念其憑藉理性以認識者始爲宇宙之眞理而理性所依據以爲作用之原則亦爲吾心所固具特人生之初未能明辨及精神發達而後始能自覺耳 Leibntz 認識論上之學說蓋出自形而上學上之思想 Leibnitz 以 monad 爲宇宙之本源而 monad 具有自行發展之能力故人之觀念亦能自發無待外求而此種自發之知識所以能與外界符合者則以各 monad 有豫定之調和而同爲宇宙之縮影故也

Wolff 之唯理論 繼 Leibnitz 而起者爲 Wolff. Wolff 擷取唯理學派諸家之思想以組織整齊之體系其論哲學之研究法也則謂哲學之爲用專恃分析概念以推究宇宙之眞理申言之即彼之所謂研究哲學之不在根本經驗以得歸納之知識而在抽繹吾心自造之根本概念以

李振華

構成哲學之內容 Wolff 雖於純粹演繹的哲學之外亦嘗承認經驗上之學問然經驗上之學問不過提供實例用以示純理的學問所舉諸理法實行之狀況其價值似不能與純理的學問等也

Locke 之經驗論　經驗主義始自 Bacon, 後之英國學者大抵遵奉是說以與大陸之唯理主義對峙然 Bacon 之說不過提示經驗的研究之必要與經驗的研究之方法至於經驗哲學之組織猶未及大成也繼 Bacon 之後盡力以建設經驗主義之哲學者實爲 Locke 故後之學者或推 Locke 爲近世經驗學派之始祖

Locke 先自消極方面攻擊唯理學派天賦觀念之思想然後更於積極方面建設一切知識出自經驗之學說其言曰觀念之爲物非能與生俱存也夫天賦觀念論者之所說不外以觀念之有普遍價值爲其主張之理由今姑假以神之存在與論理倫理上諸原則爲衆人所同具之觀念然同其云云猶未足爲觀念天賦之證明蓋吾人類遭逢同一之境遇經營同一之生活則推此等同一之經驗以造同一之觀念亦理所當然也是觀念雖有普遍之價值尚不足以爲天賦之證明而況實際上並普遍價值而未之有耶道德上之規律非能通於各國之國民論理上之原則非兒童

野蠻人所能知皮之不存毛將焉傅觀念天賦之說益莫與立矣或曰兒童野蠻人之不知此種原則非無此觀念也特以其精神之發達未充足未能喚起此觀念而意識焉耳信如是言凡吾人智力發達之後始能具有之觀念猶得謂之天賦則一切觀念莫非天賦又何待普遍價值爲之證明耶且存於吾心而不爲否所識此爲理之所必無天賦觀念論者以爲觀念本存於無意識之中以次出現於意識此直無意義之遁辭耳

Locke 既否定觀念之與生俱存更進而極積的說明其起源 Locke 謂一切觀念皆成自經驗而經驗之中有藉吾之感官以得者有反省吾之精神作用以得者前者曰感覺又曰外官（external sense）後者曰反省又曰內官（internal sense）至於構成觀念之順序則感覺居先反省居後即先有感覺所得之觀念用以經營精神之作用吾更返觀此精神之作用而後反省之觀念始得爲心之初生如素絲白紙經驗印之始有痕跡而舍此外官內官二途別無攝取觀念之他道故曰吾人之心獨有二窗耳

Hume 之經驗論 Hume 祖述 Locke 之思想而分 Locke 觀念爲二類一曰印象二曰觀念（狹義）印象者或自內官或自外官初現於吾心之狀態也 例如張目見物或心有憂樂是

李振華

皆屬於印象之部觀念者印象之再生者也例如記憶想像皆屬於觀念之部然吾人之知識於內官外官二途外別無可以得之之道觀念不外印象之再生者故一切知識之淵源莫非印象

Hume 經驗論上之功績尤以其因果之說爲最著蓋唯理論者持因界律爲武器用以鞏固其所持之學說以爲事實上原因結果之關係等於論理上理由斷案之關係故因之生果可於論理上演繹而得焉 Locke雖以反對唯理主義著稱然對於唯理論所持之因果律匪特未嘗覆滅之且往往引以爲推論之助也及 Hume出始以因果律爲謬見而益擴充經驗主義之說其言曰因必生果非吾人直覺所能知吾人直覺所能知者不過觀念異同之關係與其時間空間上鄰接之關係耳且因果之律非論理上所能論證若專就論理上之關係而言則亦未嘗不可以作反對之主張也蓋因果之關係非分析的眞理吾人雖取原因而分析之未必即可於原因之中得其結果表示因果之命題不過以客詞附加於主詞耳是故於未嘗經驗二物相繼存在之先而謂可以先天的知彼必生此此必不可得之數也然則吾人將緣經驗以認識因果關係乎吾人雖嘗見一物發生或變化之後他物或繼之以發生或繼之以變化然吾人所眞實經驗者止此事實至於此等事實之間有無必然相繼之關係則非吾人所知也而所謂因果律者乃指此物必生彼物之關係

而言然則此必然之關係吾人何由而想像及之乎在吾人確實經驗範圍之內固但見物物之繼起而未及知繼起之必然然吾人之心有特異之作用不以過去之經驗自畫且進而據過去以推未來以爲過去時中某物既生某物推之未來亦必如是此對於未來之預期實爲因果律由來之根據而此預期之所以生則又觀念聯合之力也蓋過去時中屢見甲乙二物相繼以生相繼以變遂於心中養成習慣每念及甲不得不聯想及於乙於是對於未嘗經驗之事實亦作甲乙相繼之思想而更擴張經驗當時印象之强度與明度以成一種堅固之信念要而言之因東之爲律不論其一般之形式與特殊之形式皆以吾人主觀信念根據而移植於外界以爲客觀之事實亦有此必然關係也

Mill之經驗論　唯理論者以爲數學出自先天無待經驗且引以爲各種料學之模範而 Locke 之評唯理論也但排斥其模範之說而未嘗反對其無待經驗之說以爲數學之爲學固純以演繹推理爲主而無待於經驗上之事實然物理學心理學等以研究對象之作用爲主故非憑藉經驗則莫從而認識焉 Hume 雖主張一切眞理不外吾心之習慣然亦設一例外以待數學以爲數學上之公理乃自明之理也及Mill出始舉經驗主義而一貫之以爲一切知識莫不出於經驗

李振華

雖算數之學亦屬經驗的科學其所含眞理本非先天自明之理亦徒以習慣聯想而眞耳

感覺論　Locke 之學說於法蘭西啓蒙時代輸入法國以革新其思想　而其認識論上之學說　自移植法國後爲 Condillac（1715—1780）等所師承遂漸變而爲純粹之感覺論　Locke 以爲觀念之來有內官外官二淵源而人心之中具有比較抽象諸作用　Condillac則舉觀念之起源及心之活動歸諸更簡單之作用以爲觀念之淵源不外感覺而人心之活動不外感受感覺之能力　而於比較判斷諸作用皆成自感覺之感受非別有此種特別能力也　Condillac之學說以觀念及其他一切心理作用之淵源歸諸感覺一事故曰感覺論

Kant之批評論　批評主義始自 Kant. Kant 以爲唯理經驗二論均屬一偏之見不足以說明知識之起源　其言曰試分析吾人所具之知識可以發見二種之要素一曰主式（Form）二曰材料（Stoff）材料爲經驗所貢獻故屬於後天（aposterioi）形式爲吾心所固具故屬於先天（apriori）Locke 僅以經驗所貢獻者爲知識而不承認天賦之觀念 Leibnitz 等又僅承認吾心所固具者而否定吾心所固具以外之知識是皆一偏之見掛此而失彼者也經驗所貢獻之感覺不過可以爲知識之材料而已然徒有材料猶未足以構成知識了別有施之整理供以形

式者而後知識始成　而此種施整理供形式之作用實爲吾心之所固具非自經驗來也　顧形式雖爲吾心先天之所固具然徒有形式不有材料則空虛無物亦不足以成知識　故形式與材料相需相成不可偏廢

經驗主義之誤謬在不知知識之先天的要素是故以經驗主義爲基礎者其所謂知識必不能有客觀的普遍性與必然性　誠以後天經驗之所得非其時非其處或不必皆如是也唯理主義應用純粹演繹的研究法以作判斷其判斷固普遍而必然矣然不能出同一的判斷與分析的判斷之外　同一的判斷無論已即分析的判斷亦止於概念之分析不足以開示實在之知識此唯理主義之失也　綜合的判斷以主詞概念中未含之義表諸客詞而爲之綜合故綜合之用有待於後天之經驗　惟其爲後天也斯不能有普遍必然之性然則綜合的判斷亦可以先天的成立乎亦可緣是以得普遍必然之性乎　此實認識論上之大問題也 Kant 欲爲解釋此問題析知識爲二要素以爲形式之爲用所以整齊混淆之材料也故形式之研究即認識上最重要之研究也

數學物理學哲學中頗不乏綜合的判斷之例　如算術上五加七爲十二此一綜合的判斷也

又如幾何學上之定理亦綜合的判斷也　自然科學中諸原則其爲綜合的判斷者甚多　哲學之目的亦在造作綜合的判斷以論世界之本源　然則此種綜合的判斷如何而後可以先天的成立乎　Kant 先論數學上綜合的判斷之成立而後次第論及自然科學與哲學

純直觀之形式吾人之經驗事物也莫不於時間空間之形式中知覺之而此時間空間之形式絕非概念乃純直觀而先天的也　惟時間空間之形式爲先天的爲純直觀此數學上普遍必然之綜合的判斷所以能成立也　Kant 論時間空間形式之爲先天的曰（１）時間空間非由經驗而來　蓋經驗之事務不足以生時間與空間而空間上之共在時間上之繼續轉足以助成其爲經驗之事物　要而言之時間空間乃知覺成立之根本條件非待知覺而後生也（２）時間空間必然之觀念也　何以言之　他種事物吾人或可設想其無有惟時間與空間不能作無有之設想　是時間與空間實事物存在之必要條件也　Kant 又論時間與空間之非概念曰空間乃是一個互相連接之空間時間乃是一個互相繼續之時間初未嘗概括許多之空間或時間而爲之概念也　此時此處　乃時間空間之一部分其對於時間空間之關係　與個體對於概念之關係絕異　個體之在概念中不過隸屬之一物非概念之部分也　若夫一時一處則時間

空間之部分耳　時間空間無有關係此亦足以證時間空間之非概念　蓋概念之爲用必指若干一定之性質而言即概念之中其部分有定數也　至於時間空間之分量吾人斷不能賦以一定之制限故時間空間所含之部分無定數也

惟時間空間爲先天的直觀斯數學上之綜合判斷乃能成立何以故使時間空間而爲念則人之互識且不能超越概念所含之外申言之即徒能分析的以進行而已　而時間與空間爲純直觀故吾人於幾何學上得連接空間之部分以成形體而於算術上得繼續時間之部分以成數價其相互間之關係遂可以綜的直觀得之矣

時間空間之直觀本於先天而無待於經驗故時間空間中所得之綜合的判斷　具有普遍必然之性　誠以吾心不能去時空之用心之所向即時空之所趨萬事萬物莫不入於時間空間之形式中以爲吾心所經驗也

感覺爲材料時空爲形式二者相合乃成感官之直觀　試更究時空之異同則空間爲外官之形式時間爲內官之形式蓋所謂外物者莫不共存於空間之上而吾心所意識者莫不連續於時間之中也　然空間上之事物亦爲吾心所經驗而吾心所經驗者莫不入於時間之形式中故時

李振華

間不僅爲內官之形式亦間接爲一切事物之形式

時間空間爲吾心直觀之形式萬事萬物莫不入於其中故時間空間既非實體亦非實體之德乃主觀的而心性的也

純悟性之概念即範疇經驗上之事實非僅時間空間上相先後相鄰接而已申言之即所謂自然世界者非僅若干之感覺互相鄰接互相先後而已也　必且遵從若干之法則以爲成立如因果之法則其一例也　Kant於是進而研究自然科學上知識所由成立之原理亦可以先天的成立否乎　此Kans“純粹理性批評中之第二問題也

Kant曰感覺入於時間空間之形式中以成直觀直觀更經更經概念之有統一作用者爲之組織以成經驗之事物蓋Kant之意以爲感覺之所供給雜亂而無序必藉概念以整齊而統一之而以此統一概念供給吾人者則所謂悟性（Verstand.）是也

以悟性所供給之概念整齊事物而統一之是謂思辯（Denken）故悟性之概念即思辨之形式也思辯之際不能無此種概念亦猶直觀之際不能無時間空間也惟其不能或無故足以證其爲先天之形式惟其爲先天之形式故吾人對於自然界之事物能搆成普遍必然知識而自然科

學於以成立焉要而言之整理經驗上之事物賦之統一而使之成客觀上之事物者不外吾心所具先天的形式之作用耳

然則吾人之悟性具何種概念以作用乎夫悟性之概念不外思議時所施行之統一方法而思利時之統一又即論理學上所謂判斷作用故悟性之概念當得自論理學上種種判斷之形式試取諸種種判斷去其內容之事實而存其純粹之形式即可以得純悟性之概念矣是形式的論理學上之判斷遂一變而為認識論上之範疇（category）專以指悟性之統一作用矣列表如左以資對照

	（形式的論理學上）判斷	（認識論上）範疇
分量（quantity）	單獨（singular）	一體（unity）
	特別（particular）	多數（plurality）
	普遍（universal）	合計（totality）
性質（quality）	肯定（affirmative）	實有（reality）
	否定（negative）	非有（negation）
	不定（infinite）	制限（limitation）

李振華

關係（relat'ou）
- 斷言（categorical）……體德（substanceand accident）
- 設言（hypothetical）……因果（cause andeffect）
- 擇言（disjunctive）……動應（action andreaction）

情狀（modality）
- 或然（problematic）……可能不能（possibility and impossibility）
- 信然（assertorical）……存在不存（existence and non-existence）
- 必然（apodictical）……必至偶然（necessity and contingency）

右列統一的概念凡十二類是曰十二範疇十二範疇之中分量性質六類曰數學的範疇（mathematic categories）關係情狀六類曰力學的範疇（dynamie categor es）此十二類者經驗所由成之先天的條件非積經驗而後生者也　故凡經驗上事物之所存即此種範疇之所施使無範疇便無經驗可言已

應用範疇以統一感官的直觀於是吾人遂得於自然界之中設立種種之法則以構成自然科學上普遍之知識　蓋自然界之爲物緣吾人所賦之法則以爲成立申言之即吾人知識之對象

乃吾人知識力之所造非外界之既成者映寫於吾心也　夫惟自然界之成立出於吾人所賦之法則故吾人所賦之法則　能通行於自然界全體而莫或悖也

吾人於自然界之中固可以得普遍之知識矣顧此種知識其效力之所及限於現象之範圍而莫能逾越蓋範疇爲經驗之先天的條件每有經驗固莫能外是理而經驗以外之範圍則又非範疇　力所能及也　是故吾人知識之所及不出現象之範圍至於現象以外之實體則非吾人所能知

理性之觀念　人之知識不出經驗範圍以外苟有藉概念之用以辨經驗範圍以外之事實則其知識空洞無有實際是故形而上學上之綜合判斷不有確實之根據　然雖無確實之根據而人人猶留意而考究之則亦知識上自然之要求也　何言乎知識上自然之要求　蓋範疇之統一作用乃局部的統一不過取若干現象而施之統一耳　例如因果云者但言此一現象爲彼一現象之原因或結果耳至於一切事物之絕對原因未嘗言及也　要而言之當吾人應用悟性之概念時　不能出相對的統一之外吾人之經驗中未嘗有絕對的統一也

人既應用概念以統一事物而構成知識則必求所以擴張其統一之範圍以達於絕對的統一

顧欲完成絕對的統一勢不得不超越於經驗範圍之外　何則　吾人經驗之範圍中本無絕對的事實故也　此努力以完成絕對的統一之作用 Kant 謂之理性（Vernunft）而完成此統一時所用之概念謂之理性之觀念　所謂形而上學者即藉此種理性之觀念以構成者也

理性之用於形而上學上也有三方面　一曰靈魂之觀念即以絕對的統一供給於內的經驗者而純理心理學（rational psychology）上之根本觀念也　二曰以宇宙爲一體之觀念則以絕對的統一供給於外的經驗者而純理的世界論（ratignai cosmology）上之根本觀念也三曰神之觀念即以究竟的統一供給於內外經驗之全體者而純理神學（rational theo'ogy）上之根本觀念也然此三種觀念均非正當蓋皆出於經驗之外而無可論證故也

第三章　獨斷論懷疑論積極論

概說　認識論上第二問題即知識效力所及範圍之問題也　哲學史上解答此問題之學說有獨斷論懷疑論積極論諸說獨斷論懷疑論處於極端反對之地位而積極論實折衷之

獨斷論　獨斷論一名始自近代而其應用之範圍今昔稍異　昔日之所謂獨斷論其義較廣舉凡哲學組織之未有認識論的研究以論證其確實之程度者皆得以獨斷論之名名之　今之

所謂獨斷論其義較狹凡主張經驗的知識與超絕的事物間不必設明確之界限者始得謂之獨斷論此狹義之獨斷論　既謂經驗的知識與超絕的事物同在吾人知識範圍之內故對於人間知識效力之問題斷言其有絕大之效力而毫不疑其有之一定之界限

獨斷論與唯理論有密切關係主張唯理論者幾莫不主張獨斷論　蓋唯理論以爲一切眞實之知識盡出於純粹之理性而無待外求則人之知識自無客觀上之界限而知識效力之範圍自無窮矣　十七十八世紀唯理論主義之哲學家如 Descartes, 如 Leibnitz, 皆主張獨斷主義而尤以 Spinoza 爲諸家之冠 Spinoza 純藉定義公理等以爲演繹研究之基礎而對於此等定義公理則未嘗有絲毫認識論上之證明　獨斷論之名雖始自近代獨斷論之實則已備於古代之哲學中矣　如 Plato 之以觀念爲宇宙之實體 Democrius之以元子爲現象之根源此皆獨斷之論與十七十八世紀之唯理論者同一論調未嘗於知識之效力上作用精密之論斷也　古人之獨斷其最大原因在於認識論之未嘗發達蓋知識效力範圍之問題未興則知識之有無界限自無人論及而於不知不識之間默認知識效力之無窮矣

經驗主義初亦帶有獨斷論之汚點　經驗論以經驗爲知識唯一之源泉而往往混淆內存者

李振華

與超絕以爲不可分離　此實與唯理論同屬獨斷主義及 Hume 出始明言科學上之叙述與形而上學上之見解不能居於同等之地位而積極主義當然爲經驗主義之輔助

自Kant 嚴斥獨斷主義以來獨斷主義幾已絕跡學界而成歷史上之陳跡矣

懷疑論　獨斷主義對於知識之效力加以絕對無限制之肯定懷疑主義則加以絕對無限制之否定　故極端之懷疑主義以爲人之知識殆不能有所論斷雖如 Socrates 之所謂我自知無知在極端之懷疑主義視之似亦未易遽下斷定　要而言之常人之所謂知識皆無稽之談耳

主觀論及相對論　懷疑主義可小別爲二派　一曰主觀論　一曰相對論今分別述其學說之大要

相對論曰（1）一切知識皆相對的也　相對云者言人之知識憑籍經驗當時之特別狀況而成立故其效力之所及僅限於某時某地與某狀況之下非可通於一切時一切地與一切狀況者也（2）經驗之時必預想主觀與客觀之對峙吾人斷不能離却主觀之關係以認識客觀之事物故一切知識之作用莫非相對的也

主觀論者（1）於經驗之際注重主觀之作用以爲人之知識僅有主觀上之價值比主觀上

之價値以外則無效用也　又曰（２）試察人之推理與證明可以知推理證明之終不可以有斷案何以言之一切論證必設想他之論證以爲基礎而他之論證之確實與否又必待第三論證以爲證明之基礎等而上之無有窮盡是吾人於推理之時不推源窮委以作無量數之論證則擅取一事不復證明聊以充一切論證之根據耳夫逆溯論據不知底止則斷案之能立已可概見而擅取一事以充論據則基礎先危所得斷案又何從證其爲確實乎

詭辯學派之懷疑論　懷疑主義發生甚早希臘之詭辯學派（sophist）實開其端　詭辯學派中著明之學者首推 Protahoras（紀元前480—411）次爲 Gorgias（略與Protagoras同時）Protagoras 以人爲萬物之衡（Man is the measure of all things）一語爲其懷疑論之根據其意蓋謂吾儕知覺外物僅知外物接觸吾感官之狀況非能知外物之實相也　吾儕感官之狀況設有變化　則吾儕之知覺亦不能不與之俱變　所謂知識者存於外物及感官接觸之關係感官之所見即萬事之知識故知識爲個人的亦爲一時的異其人異其時則知識亦隨以異彼我異見前後異宜固不能定其孰是孰非也一切知識既爲主觀的相對的故絕對的萬古不易之眞理非吾儕所能想像也

Gorgias 之言曰（1）世無物（2）假令有之非吾人所能知（3）假令知之亦非能傳諸人

（1）世間無物之論證曰夫有者非有者與亦有亦非有者均無可以存在之理也　何則使其爲有也使其爲所生乎將爲非所生乎將爲一乎將爲多乎使其爲非所生也則必無始無始則無窮矣無窮之物其烏乎存蓋容物者必大於所容物既無窮豈更有大於無窮而爲之容乎使其爲所生也將生於無乎將生於有乎無固不能生有有亦不能生有　蓋有無變化有無生滅也　使其爲一也一不可分不可分斯無體積無體積斯不能成物矣　使其爲多也多成於一一既無有多又何存故有者不能存也然則使其爲非有乎非有既爲無有而又謂之有非有與有並存是自相矛盾也故非有者不能存也　然則使其爲亦有亦非有乎有與非有不能相合故有亦非有者亦不能存也

（2）縱令有物不能知之　蓋外界之實物自實物吾人之思想自思想本非一體故不能通也

（3）縱能知之亦不能傳諸人蓋思想之傳達必藉言語爲符號符號與實物既屬別體且人

之解此符號也不能保其必如吾所欲傳之意故欲以吾之知識傳諸他人誠不可能之事也

希臘末期哲學之懷疑論　希臘哲學極盛之後懷疑主義又復盛行　當時主張此說約可分三派一曰舊懷疑學派（the older scepticism）二曰新 Academy 學派三曰新懷疑學派（The later scepticism）

舊懷疑學派爲 pyrrho（紀元前三百年時人）所始倡故亦曰 pyrrho 學派 pyrrho 未嘗著書其思想相賴其弟子 Timon（死於紀元前二百四十年時）以傳諸世　其言曰吾人之知識非能知事物眞實之本體不過知事物偶然之現象耳感覺之機關理性之作用拘於各人之主觀皆不能示人以普遍不易之眞理　是故一切事物吾人對之但能主張吾見如此不能斷言其必若是也

pyrrho 尤注重於懷疑說實踐上之利益　其意以爲對於一切事物既不可以固執已見則是是非非皆屬武斷之說而無正當之根據　故吾人處事接物之際允宜息是非之論作齊一之觀物既齊一則吾儕對之更無善無不善無可無不可心地坦蕩不爲外物之興衰所擾而臻極樂之境矣

Academy 學派出自 plato plato 嘗集弟子講學於 Academy 體育會其弟子所繼承之師說遂因以爲號焉 Acadeuy 學派傳至 Arcesilaus（紀元前316—240）始採懷疑之說 至 Carneades（紀元前213—128）而其懷疑之思想益盛 Arcesilaus 以後之學派謂之新 Academy 學派以別於從前猶遵奉 Plato 學說之學者 Arcesilaus Carneades 爲欲攻擊 Stoics 之學說專從懷疑的方面以破其知識之論其極也遂至拋却 Academy 學派本來之立腳點而採用 Pyrrho 之懷疑說 其學說要旨亦不外主張事物眞相之不可知而知覺概念之不足恃耳

新 Academy 學派後主張懷疑主義者有 Aenesidemns（紀元前一世紀人）與 Agrppa（年代不明）是曰新懷疑學派 Aenes demus 之所主張不出 pyrrho 之思想 其言曰事物之眞相決非吾人所能知 故無論何種判斷吾人對之皆可以同等之理由作正相反對之主張別是非辨誠僞無益之爭不如其已 人固無知然若自稱無知又屬妄見 誠能去是非之心除膠固之見自能從容自若而心地安矣

Aenesidemus 嘗取其懷疑論之學說列爲十條謂之 Pyrrho 之十句義（Ten Tropes）Agr

ipa 約爲五句（1）人之知覺相對而非絕對（2）人之意見不相一致（3）一切論證遞推可以至於無窮（4）以未嘗證明之事實充論證之前提則其論證爲無效（5）當人之議論中往往有前提之事實必待今所欲立之論而後證明者

近世之懷疑論　近世懷疑主義之足舉者除法蘭西哲學外殆未有其人　當煩瑣哲學式微之時法蘭西學界頗多懷疑之思想而懷疑論者中之傑出者曰 Montagne（1533—1592）Montaigne 以個人意見紛紜不一爲其懷疑思想之基礎　其言曰世之眞理不可不一而人各異其見豈以人之理性薄弱無能不能勝發見眞理之任耶　果爾則吾人日常感覺理性之所認識全不足恃而吾人不能不以懷疑態度爲哲學之木領矣　雖然吾人之懷疑止於學理方面一入實踐方面則吾人之所當行當事者皦然甚明固不容有所疑慮也

Montaigne 之後紹述其懷疑思想以辯護宗教者曰 Charron（1541—1603）Chosson曰懷疑之目的有二一以喚起研究之精神一以發生信仰心而維持焉　夫眞理者神之所獨有人但能研求而認識之耳故・・與研究人種唯一之職務也

Huem 於形而上學上不許於印象之外擴張人之知識且以實體因果之觀念爲生於主觀的

想像之移植以自然界之法則爲人之信念而非確實之知識故後之論者咸曰 Hume 之說爲懷疑說然 Hume 之懷疑說止於理性之範圍其對於直接之印象及其異同之關係鄰接之關係則未嘗挾絲毫之疑念 Hume 學說之要旨以直接所經驗之印象爲知識唯一之淵源去印象愈遠則知識確實之程度愈減故 Hume 之說與其謂爲懷疑主義不若謂爲積極主義之適當也

懷疑論之難點　極端之懷疑主義乃自滅之說也　何以言之懷疑者不得有是非之論人固無知然若自謂無知又屬妄見　今懷疑論者斷言人之知識不能有所論斷是自知無知而有所論斷矣　在懷疑主義視之得非獨斷之說乎　雖然懷疑說之精神於科學研究上實有至大之價値　疑惑之念既足以喚起知識之欲望又足以戒人之速斷而愼密其研究誠研究學問者所宜留意焉

積極論　積極論折衷於獨斷論與懷疑論之間以爲認識之能力自有一定界限而知識之效果亦各異其等差　凡普通知識之範圍與經驗之範圍相符合　一切學術之研究不能出此範圍以外苟越此限則知識爲不確矣　觀念者事實之符號　觀念之結合固足供人以新知識然離卻事實　則觀念非有特別之內容　故欲以概念爲基礎　用以推論實體　誠不可能之事

也

Comte 之極積論 Hume 承 Bacon, Locke 之後發揮經驗主義而一貫之其對於知識效力之問題已取積極論之見解　然積極哲學之名至法蘭西之 Comte 始克成立

Comte 謂科學之目的在使吾人預知事物進行之程序　籍以攝理宇宙而左右其進行也故科學上之知識不外自然現象各種之規律而專以經驗爲基礎　然科學之知識非可一躍而幾也人之知識大抵經三階級以發展　試徵諸各種科學其經歷之跡歷歷可見

第一階級曰神學的階級（theological stage）此神學的階級實人知之出發點也　常此之時爲一切理論之基礎者實惟想像　而其解釋世界之現象也一惟統攝此現象之神是賴　人之思想既不出神之實體以外故人類努力所求者世界之絕對的說明耳　神學的階級中又有若干小階級最初之思想爲庶物崇拜其次爲多神教其終爲一神教

第二階級曰形而上學的階級（metaphysical stage）此階級之說明宇宙現象也不以人格的本體而以抽象的概念　申言之即務欲依據唯一之原理以說明宇宙間萬般之現象也當本階級之初見有特殊之現象即假定特殊之力以爲說明其卒也　合種種之力而統一之用以建

李振華

設唯一之大原力　神學的階級與形而上學的階級均求世界之絕對的解釋　此爲兩階級之所同神學的階級重想像形而上學的階級重推論此則兩階級之所異也

第三階級曰積極的階級亦曰科學的階級　（Positive orscientific stagei）　積極的階級排斥想像與推論而專以觀察爲主　其所判定之命題莫不與事實有關係　積極主義不求自然現象之絕對的原因但求現象間通行之一定法則耳　夫經驗之所示止於有限之關係而世間多數之現象實有不能與他現象合一之勢　故積極論之見解以爲舉宇宙間一切事物而歸諸唯一之原理實爲學問上不可能之事　第一原因究竟目的在積極論視之直無意義之說耳

由是言之神學的階級與形而上學的階級皆不足他人得正確之知識而神學與形而上學皆無成立之根據　對於人之積極行爲亦無絲毫之影響積極哲學者彙集事實上所得之法則而整理之排列之即舉特殊科學所得之法則結合統一之以矯正知識界分業之弊害也　是故科學之分類乃極積哲學上重要之事項

批評論　批評論對於知識效力問題之態度大畧積極論相同　其所不同者積極論不特疑

形而上學之不甚確實且進而疑形而上學之不能成立　批評論則認形而上學爲理性自然之要求其知識雖無確實之根據然亦人所宜留意而考察者也

第四章　實在論觀念論現象論

概說　關於知識本質之問題有實在論觀念論現象論三種之解釋　實在論曰知識之內容出於外界之事物　而外界之事物有獨立之存在不必籍能知之主觀而後成立　申言之即知識之內容非僅主觀上之符號亦客觀上之符號也　實在論又可小別爲二派一曰素樸的實在論（naiverealism）二曰批評的實在論（critical realism）　素樸的實在論以爲耳目之所見聞者　即爲事物之眞相　批評的實在論則加以科學上之修正而承認感覺之主觀性

觀念論之言曰一切經驗之對象自其本質言之　莫非意識上之事實　而觀念論之解釋此意識上事實也又有小異　以此事實爲各個人之純粹主觀的作用者　曰主觀的觀念論（snbjectiveidealism）但泛言一切經驗存於觀念而不言及觀念所屬之主觀者曰客觀的觀念論（objective idealism）　現象論以爲經驗之材料出自現象　而所謂現象者爲主觀客觀所制兼制非有所偏頗也

李振華

素樸的實在論　素樸的實在論以爲外物與觀念之關係猶人之容貌與其所攝之像也　故吾人感覺之所得　與客觀之事物相類似輕重原簿剛柔大小以至色聲香味莫非事物之所固具　觀念所含之性質即描寫事物之性質而成者也　素樸的實在論爲一般通行之見解　世俗之士未加深察　殆莫不奉此以爲圭臬　而古代希臘哲學中亦有持此義以解釋知識之本質者　如物體之微分子持物體上之本形　以刺戟感官之說是其例也

通俗之見所以設想主觀之外有獨立自存之物體以作觀念之型模者非無故也其主要理由約有二端列舉如下

1記憶觀念與知覺觀念　其度之强弱甚相懸殊　如其所含性質亦往往不一　且記憶之爲用可以隨吾之意志以爲起滅知覺作用則爲外界之刺戟所束縛必待刺戟之生而後生亦必待刺戟之滅而後滅其生其滅皆非意志所得而左右也　實在主義以記憶之再生歸諸意志而以知覺之發生歸諸外物之刺戟蓋亦說明記憶與覺之差異之簡便法也

2人之知覺作用固時有間斷而可以爲吾感官所知覺之物體則常住永存未嘗或息　何以明之　以感官作用之際無時不能知覺物體故也　物既常住　烏能無存　Mill　亦嘗舉此理

由用以證明外界之存在

素樸的實在論之難點　素樸的實在論簡而易喻　爲通俗之士所歡迎　然少加審察即可以發見其困難之點而知此說之不能倖存也

1 錯覺幻覺夢境等　皆足以證明感官知覺誤謬　與觀念實物之不相一致　感官之所得固未必常誤然亦有時而誤植木水中視之若折此豈非視覺之迷妄　患熱病者往往無形而有所見　無聲而有所聞而熱病者方自以爲眞有所見眞有所聞不自知其爲幻覺也　籍段而寢則夢蛇飛鳥銜髮則夢飛　方夢之時夢者亦信爲眞蛇眞飛而不自知其夢境也

2 錯覺幻覺夢境等之屬於迷妄　猶爲常人所易知　亦有知覺在常人視之方謂得事物眞眞相而在科學視之實未嘗與事物符合　例如食糖而甘飲藥而苦素樸的實在論者以爲甘與苦乃糖與藥固具之性質也　雖然物與味覺機關相接觸始有甘苦之分　使糖與葯不與舌相接而與目相接或與耳相接則糖何由能甘葯何由能苦　用知甘與苦不存於糖與葯而存於人之知覺　夫糖與葯固具有引起味覺之能力　然非具有甘苦之性質必待味覺機關之作用而後甘苦始生　匪爲物味爲然即聲與色亦莫不如是　無有耳何有聲　無有目何有色吾人所

李振華

可信爲客觀事物所具者僅引起此種感覺之能力耳

3 吾人自外物所得之印象往往因所處情況不同而異其性質　即此事實亦足以證明觀念與外物之不相一致　譬如有物於此其所被明度不同則其色彩即隨以異明度適當則色彩飽和明度過當則色彩漸失其本質而終底於無色　又如吾人所處之位置不同或與物體相隔之距離不同則物之形狀大小亦隨以異　凡此事實皆觀念與外物不同之明證也

4 外界之刺戟增益時內界之感覺非必與之俱增　據近時實驗研究之結果感覺强度增益與否當視感官當時所感受刺戟之强弱如何而定　昏夜囊螢足以照置序之白晝或且熟視無睹　同一螢光而晝夜有明暗之辨者以當時感官所感受之刺戟有强弱之分故也　刺戟增益之度與感覺增益之度其間有一定之比例譬如聽覺必加舊刺戟三分之一而後始有增益之感此刺戟强度與感覺强度間之差異亦足以證觀念與外物之不相一致

批評的實在論由是言之色聲香味不存於物體而觀念與外物未必一致　素樸的實在論之見解　全無科學上之價值不足信也　批評的實在論科學上事實爲根據知色聲香味之存於感覺而不存於物體故但言物質之能力與運動於意識之外有獨立之存在　至於感官所感之

性質固非物體之所本具也　物質之運動刺戟感官用以喚起感覺然刺戟與感覺初無類似之點如聲音與空氣之波動光線與ether之波動其間未嘗有一致之點也

Locke 之說可爲此說之代表其言曰吾人感官所得之觀念平時即視爲外物之性質　然此種性質之中有宜區別者即若干性質屬於外物之體而莫能離若干性質但存於感覺之上而非物所固具者也　廣袤形狀數量動靜及充塞之性爲物體所固具是曰第一性質（primary qnalities）色聲香味寒暖之性質僅存於感覺之上是曰第二性質（secondarypualities）顧此種第二性質雖不得謂爲物體之所固具然其於吾心喚起此種感覺之力則固物體所具也

主觀的觀念論　Berkelev 乃主觀的觀念論之學者Berkeley承Locke之後毀棄第一性質第二性質之區別而一致之　以爲一切物性莫非吾心之觀念而物體存在云者不過能爲精神所知覺云耳　誠以第二性質既存於感覺則第一性質豈不能以同一理由斷言其亦存於知覺乎　無鼻與舌固不能知香味然視覺觸覺不全則廣袤充塞等第一性質亦莫從而知也　Berkeley 本此理由以建設觀念論且以一切外物之存在歸諸主觀之認識　Berkeley 亦嘗承認天地萬物不因個人主觀之消滅而喪失其存在　蓋吾心所具之觀念本爲神心中所存永久之觀

念故吾一人之心縱或消滅而天地萬物不隨之俱喪浸假而有生之屬盡喪其生盡失其心天地萬物猶依然無傷也　是則Berkeley之說亦非純粹主觀的觀念論也

Fichte之思想亦爲主觀的觀念論　Fichte之言曰眞實存在者惟我而已　凡吾人所得而認識者皆存於吾人意識之內　是故實在云者即經驗之謂也舍此之外別無他義　夫我之外固別有非我與我相對　然此分割的我與分割的非我皆我之所立非謂我之外眞有非我之實在也　一切事物皆出自我故常人所認之外界實亦我之內界而知識之內容莫非意識之觀念耳

客觀的觀念論　始倡客觀的觀念論者實爲希臘之Plato.蓋Plato於形而上學上以觀念爲實體以現象爲觀念之影　而其所云觀念即Socrates之所謂概念而益以客觀的實在性者也Socrates之致知以通觀事物普遍之眞相爲其主要之條件Ploto承Socrates之後亦以認識觀念爲確實有效之智識

Fichte之後　主張客觀的觀念論者如Schelling.如Hegel.皆其佼佼者也

現象論　現象論折衷於觀念論與實在論之間以爲知識之內容非純粹主觀亦非純粹客觀實爲主觀客觀所兼制而無所偏頗也蓋不有內界之精神則無以營知覺之作用不有外界之物

體而無以供知覺之內容　主觀客觀固不能偏廢也　Kant之說亦爲現象論之一種然Kant之言物如（Ding-an-sich）也以爲物如之實相固無從探索即物如之有在與否亦無從斷定此則與近時之現象論稍異其趣　近時之現象論斷言物如之存在且引以爲感覺之原因　如Wundt如Mach如Kuelpe,雖其細點不盡同其大旨則一也Kuelpe之言曰吾人經驗之所得渾然一體未嘗有主觀客觀之區別　及如之思辨而後始於經驗之資料上發見其主觀的要素與客觀的要素　蓋吾人專就能知之主觀而言則謂之主觀然斷不能謂經驗之全體爲主觀也　專就所知之客觀而言則謂之客觀亦斷不能謂經驗之全體爲客觀也

西洋哲學概論

Outline of European Philosophy

畢無方講述

第一章　緒論

第一節　哲學底語原與意義

哲學這個名詞是從希臘文 Phi'osephia 一字來的析其字義則 Philo 意義是愛 Sophia 的意義是智合起全字來解爲「愛智」就是求知的意思所以研究哲學不過是求智罷了至於這個名詞究竟是誰先用的書缺有間現在已無從稽考雖然希臘哲學的始祖大家都以爲是Thales不過「Thales 固然創過「水是萬物的本原」一說究竟在他那時候是否有哲學的名稱也是無從考證有人說首先用 Philosophia 這個字的是 Pythagoras 亦不過略備一說畢竟沒有確切的證明翻開西洋哲學史來看惟見 Socrates 嘗自稱爲 Philosopher 表示求眞理者的謙德以別於一般倨傲自是的 Sophist Plats 亦然 Plats 嘗說 Philosopher 不同於常人的地方是因爲能通曉窮久的眞理這些話都是很可證明的所以說與其謂首用哲學名稱的是 Thales 和

Pythagoras 諸人不如說是 Soerates 和 Plats

考哲學二字的原義和 Soerates 及 Plato 二人的解釋所以得稱哲學家的意思可知希臘初期哲學祇在窮理不求致用中古之世各種學術都屈伏於宗教勢力範圍之下哲學也是如此所以當時的哲學不過是做建設宗教教義的工具到了後來始漸漸趨重實踐 Kant 以後哲學又變一種批評的學問了

第二節　哲學的起原

（一）心理的起原　各種學術都有他的起原哲學思想也非偶然發生的實根於人類的天性人心的驚異就是最初引起哲學思想的一種作用 Plato和 Aristotle 都以爲驚異一念是哲學的起原當我們遇着一種新異的現象和我們所經驗的不能一致的時候心中就起了驚異驚異恒與恐懼相伴因爲凡是新異的東西大半帶有一種危險的現象這種驚異可以叫做事實上的驚異但是除了這種以外我們從兒童心理上還可以看出一種同樣的經驗叫做理論上的驚異這種驚異是與恐懼無關的所以思考是從實際上直接關於人生的反應而起的逐漸進步到理論上去不必時時有外物的刺激我們也要去思考了兒童心理表現最早的便是驚異所以年小

畢無方

的兒童常發一種戇直的問題就是他驚異底心理的表現及至年長就引申到科學的研究和哲學的考慮了理論上的驚異和我們終身作件小說和奇異的事實是使我們心中驚異助長增高所以驚異越多則要求解決之心越切驚異一物就求一物的解決驚異萬物就求萬物的解決這種使我們求解決的驚異就是哲學起源的一種

驚異以外還有求統一的心理也是助成哲學思想的一種作用一個人從睡在搖籃裏的時候直到蓋棺的那一日中間實在不知經過了幾多變遷幼年的我已非壯年的我更非老年的我嚴格的說我的改變譬如濯足長流抽足再入已非前水但是我們中間誰也沒有因爲這個緣故忘了統一喪了自我不但看自己是如此而且對於宇宙裡事事物物也取同樣的態度以爲萬物一體茫茫宇宙也可以用一種統一的原理來解釋的這種統一作用也是哲學起源的一種

(二)歷史的起原　文明各國各有他自己發明的哲學從歷史上追溯哲學的發源古代希臘哲學當然是西方思想的萌芽希臘的哲學思想直貫澈到中世紀未嘗少衰近世哲學的發達得他們的資助亦不少他們所舉出的各種問題我們現在還是在那裏研究他們所發明的思想工具我們還是繼續應用下去所以要明白各種問題則希臘哲學的研究仍是不可少的要研究希臘

的哲學必先瞭解希臘人所遺留下來的各種問題不然要想發現創始者教訓的事實上便不可能在古代希臘的思想家當中第一位起來解決宇宙之迷的就是Thales 不過他把水看做宇宙萬物的原質還沒有逃開幼稚的自然哲學底範圍直至紀元前第四世紀大哲 Plato 出世纔有大規模的哲學組織

第三節　哲學的定義

研究哲學隨時代而變遷故哲學的定義也因各派的見解不同竟不能有一定的彙合歷來學者所下的定義大概不外四類—思辯的科學根本的科學綜合的科學與批評的科學

下第一種定義的人以爲哲學家的責任是窮理而窮理的利器是思辯所以說哲學是思辯的科學其實無論那一種學問我們不研究他則已要想加以研究就不能不借重思辯思辯是研究一切科學的共同利器不是研究哲學的一種特別工具哲學的定義既說是思辯則一切科學都可稱爲哲學這種定義不免太寬泛了 Fichte, Schelling, Hegel 三人不重經驗偏重理性以爲萬物皆備於我宇宙事物都可由先天的理性演繹而得他們所下的哲學定義同是一個鼻孔出氣 Fiehte說「哲學是知識的科學」Hegel 說「哲學是事物之思辯的考察」並且說『惟有理性的是眞實惟眞實的是有理性」這種思辯的哲學到 Hegel 的時候可算極盛了不過他們這種見解是根據於 Kant 因爲 Kant 曾經說過「哲學是理性的知識」

第二種定義說哲學是根本的科學這種心理也許人人都有的宗教家的靈魂不滅說和迷信的人想得道長生成佛成仙都是這種心理作用宇宙現象瞬息萬變忽生忽滅忽有忽無前不見古人是過去的不能常住後不見來者是現在的也不能常住後之視今猶今之視昔則將來的又何嘗可以常住這種變動不居的現象是不能滿足人心的所以古今的學者都以爲生滅是一種幻象孕育這種幻象的綱維這種幻象的必是一個不生不滅終古常住的根本的實體是研究哲學的對象哲學的責任是要從無常的以外求出那種常住的從生滅以外求出那種不生不滅的古代的 Plato 和 Aristotle 近世的 Schopenhauer 和 Ueberweg 都是主張這種定義的Plato 說哲學是通曉實在的 Aristotle 說哲學是研究事物的原理的 Schopenhaur 說哲學是研究宇宙實體的眞相的 Ueberweg 說哲學是原理的科學

下第三種定義的人以爲哲學和科學的分別不過所研究的對象一是宇宙的全體一是宇宙的部分宇宙譬如一謎各種科學把他分成若干份各去研究一份譬如生物學以生活的一部事物

爲研究的對象物理學以物質物力的現象爲研究的對象哲學是科學的綜合體把科學所發明的事理作研究的材料根據種種材料以解釋宇宙全體如綜合各種自然科學的公例去其齟齬通其隔閡以搆成自然哲學綜合自然科學和精神科學的公例而論定爲最高原理以搆成實證哲學這都可作這種定義的舉例所以 Spencer 說『沒有統一的知識是最低下的知識科學的知識是部分的統一哲學的知識是全備的統一』

第四種定義出於 Kant 以後因爲 Kant 的哲學以批評爲主義他的純粹理性的批評實踐理性的批評和判斷力的批評都是很有名的著作所以他的門徒就以爲哲學的唯一責任祇是批評於是哲學又多了這一種定義了

上面四種定義第一種太泛第四種適得其反所以漸爲研究哲學的人所擯棄今尙通行的惟有第二第三兩種然亦不免各有所偏不如兼取其義說哲學是「綜合各科學研究所得的智識融會貫通以解釋宇宙根本的實體」

第四節　哲學與宗教

哲學和宗教很有密切的關係從經驗上構成宇宙觀是兩造所同的對於思想力和心理的搆造

畢無方

力有一種天然的信仰對於智識和想像所產出的都有一種堅決的信託[illegible]是兩造所通有的哲學家 plato 堅信「觀念」的眞實也不減於宗教裏面善男信女相信死後的生活所以最早的哲學是宇宙論在宗教一方面則有創造天地人物的設想和宇宙論相對待支離荒誕程度雖有高低要說明宇宙的原理則一不過宗教的宇宙觀和人生觀是家族或社會的集合體非個人的思想才力所特產哲學却不然他的起原是肇於個人智識的衝動哲學家是一個超然孑然的思想家用他自己的思想和考察批評古來傳記的理論搆造他自己的宇宙觀他的進行是獨立的精神甚至於有時反對古來傳說的理論和反對他同時的學說一樣所以說宗教是社會的是有權力的哲學是個人的批評的因此之故凡講到一種哲學必有創造這種學說的人如說 Aristotle 的哲學孔子的哲學等而世界的宗教誰也不能說出他的始祖像耶穌莫漢默德和釋迦皆非始祖不過是改革宗教的人罷了而且宗教的信仰純粹是迷信不許有纖毫的懷疑哲學研究的態度純尙自由不爲成說所束縛

哲學和宗教的衝突在希臘的時候就有了 Xenophanes 對於 Homer 的有人格的神說多所非難 protagoras 于神的存在多所懷疑 Epicurus 以爲神之存在是意想的形像並且極力排

斥神力可以左右世界說 Socrates 以身殉道而倡邪說侮神明惑青年却是他所負的罪名這都是宗教和哲學衝突最早的例

另一方面從事調和哲學與宗教的也是早有其人 plato 和 Aristotle 同用一種理論的方法構成神的觀念不過對於神和世界的關係各有各的解釋 Stoics 用寓言式將英雄和神的傳說參合在他自己的哲學內 philo 用寓言的解釋想在創世紀內發現一種純粹哲學的宇宙論基督教徒用哲學的思想建設教義中世紀的經院哲學以說明「信仰」和「理性」一致爲目的這都是歷來學者要想調和哲學宗教的例不過到了十七十八世紀自然科學昌明哲學的智識亦因之豐富形而上學亦有同樣的影響有所研究必借重「觀察」和「實驗」因爲觀察和實驗是經驗的知識最可靠的源泉於是哲學與宗教界限分明雖欲調和勢有所不能干

第五節　哲學與科學

哲學與科學的出發點同是求知而求知方法又同是不憑信仰不據傳說所以歷來學者 對哲學和科學的分別各持異議有以哲學之名包涵科學的也有以哲學和科學爲同義的關於這兩種見解蔡孑民先生著的哲學和科學一篇論文裡面敘證很詳晰茲節引如左

畢無方

其在古代所謂哲學者常兼今日之所謂科學而言之如 plato 分哲學爲三大類一曰辨學二曰物理三曰倫理而以辨學爲綱 Aristotle 則分哲學爲「理論」與「實際」兩大類其屬於理論者爲分析術（論理學）玄學數學物理學心理學其屬於實際者爲倫理學政治學辯論學詩學者等觀念至近世哲學家如 Bacon Descartes 亦尚仍之 Bacon 分學術爲三大類一曰記憶之學史學是也二曰想像之學詩學是也三曰思想之學哲學是也哲學之中分爲自然宗教學宇宙論人類學三綱於宇宙論中分爲自然學（物理）及自然鵠的論（玄學）二門又於自然學中分爲自然記述學（具體的物理學）及自然說明學（抽象的物理學—物理學及化學（其於人類學中分爲「各人」及「社會」二綱屬於各人者生理學（其應用爲醫學）及心理學（包論理學及倫理學）其屬於社會者爲政治學 Descartes 著哲學綱要一書其第一編爲「認識論」及「玄學」之概論第二編爲機械的物理學要旨第三編爲宇宙論第四編爲物理學化學生理學之說明說者謂等於學術叢編焉 Descartes 自序謂哲學即人類和知識之綜合其主要者（一）玄學（二）物理學（三）機械的科學包有醫學機械學及倫理學云皆以哲學之名包一切科學也

又有以哲學與科學爲同義者 Hobbes 分哲學爲三部分曰物理學曰人類學曰政治學又謂不屬於哲學者爲神學及歷史（自然史及政治史）何也以其非科學也 Locke 分哲學爲二部一曰物理（亦謂之自然哲學）二曰應用（如倫理學論理學等）一千六百九十六年英國著名算學家 Wallis 於皇家科學會成立式演說「曰本會者超乎宗教及政治之外而專爲哲學之研究者也研究之對象曰物理學曰解剖學曰形學曰天文曰航海術曰統計學曰磁學曰化學曰機械學曰實驗之自然科學我等所討論者曰血之流行曰靜脈曰 Copernicus 的學說曰慧星及新星之新質曰木星之慧星曰遠鏡之改良曰空氣之重量曰眞空之能否要之一切所謂新哲學者皆包之而已曰科學曰哲學曰新哲學初未爲界別也 Wolff 者於十八世紀中組織通俗哲學者也分哲學爲三部曰自然神學曰心理學曰物理學此模範科學也爲第一部曰論理學曰與心理學相應之實用哲學曰與物理學相應之機械學爲第二部曰本體學爲綜合一切現象而考定之之科學爲第三部是亦以哲學包科學者也至 Kant 作純粹理性批判別人之認識爲先天後天二類先天者出乎固有後天者本於經驗前者爲感想而後者爲分析法前者構成玄學（即哲學）而後者構成科學於是哲學與科學始有畫然之界限

哲學較重思辯科學較重經驗誠不刊的定論不過眞正的知識不是單從經驗或或單用思辨所來的所以哲學知科學各有他存在的價值至於他們的區別可說有兩種科學研究宇宙的一部分哲學綜合一切科學研究所得的材料根據這種材料以解決宇宙的全體換句話說科學是哲學的基礎哲學是科學的綜合體上面哲學的定義一節已分別說過了這是哲學和科學的一種區別科學研究事物常常有所假定如物理學假定物質的常住心理學假定精神的眞有哲學研究事物不牖見聞不本假定對於物質精神的存在不肯貿然相信必詳審其究竟所以有唯物唯心的爭論和一元二元的調和這又是哲學和科學的一種區別

第六節　哲學的分類

哲學的分類猶同定義一樣各人有各人的特殊見解 Plato 的分類在哲學史上可西洋哲學概論算最早他分哲學爲三類（一）辨學（二）物理學（三）倫理學辨學包括『認識論』同『形而上學』兩種論概念和事物的主要性質物理學包有自然科學自然哲學和心理學這一項可說是自然知識的研究至于倫理上研究的範圍 Pleto 以爲是道德的行爲這種見解和現在的

倫理學定義完全一樣後來 Staies 和 Epieurus 都採用 Plato的分類於是在哲學思想上這種分類的影響竟繼繼繩繩直至中古

Aristotle注意實踐他的哲學分類——理倫實踐和詩三類——在後世思想上影響很小

近世哲學的初期有一種包羅較廣陳義較新的分類這種分類出於 Bacon 他根據智識的功能以爲心理的考察是哲學科學的基礎智識的功能是記憶想像和了悟三種由記憶而發生歷史由想像而發爲詩歌由了悟而產有哲學哲學的研究又分爲三類即神自然和人所以他的分類是神學（theology）自然哲學（natural philosophg）和人類學（anthropology）三種

Wolff 也根據心理上知識的功能和慾望的功能哲學爲理論和實踐兩部理論的哲學研究神心和世界三項故包有神學心理學和宇宙學（物理學）而以實體學爲之本實踐哲學分倫理經濟政治三項復取論理學作理論哲學與實踐哲學的緒論

近世大哲H egel 以爲知識的完成自始至終有六個歷程發展這些歷程的方法是論理的非心理的這方法就是辨學辨學的要旨不是僅將知識較高的歷程充補較低的位置乃是將較低的歷程的一切好處都搜羅來以完備較高的歷程所以這完成知識最高的一級是包羅較低的歷

畢無方

程中所具的眞理

Hegel 以爲論理學是論智識的內容的故因論理學而有哲學的分類（一）自然哲學（二）心的哲學 Wundt 也分哲學爲二大部曰認識論和原理論原理論又有一般原理和特殊原理的分別一般原理論即形而上學特殊原理論即自然哲學心的哲學 Villpe的分類是一般哲學與特別哲學形而上學論理學認識論屬於前項自然哲學心理學倫理學美學法律哲學宗教科學和歷史哲學屬於後項而社會學則包在歷史哲學中

Jerusalem著的哲學概論除部首通哲學外計分五部（一）哲學的預備科心理學論理學屬之（二）知識的批評和認識論（三）形而上學（四）美學的方法和目的（五）倫理學和社會學

以上列舉歷來學者關於哲學的分類頗不一致因爲哲學是是綜合科學研究所得的智識作材料哲學與科學本有密切的關係所以他們許多學者多把獨立的科學歸入到哲學又因各人的見解有所偏重所以選入哲學的科學人人不同不過形而上學和認識論兩種乃哲學的主要部分是他們所共許的無論何人不能把牠棄掉的因爲哲學的研究是要解釋宇宙根本的實體故

形上學是哲學的主要部分但欲求了解宇宙根本的實體非緣於知識作用不可於是知識的原起知識的效力和知識的本質種種研究便成爲哲學上的重要問題認識論就是解釋這些問題的所以也是哲學的主要部分 Paulsen 僅分哲學爲形而上學和認識論二部誠有確見將來在本論中就分這兩部討論另外還要採用 Ierusalem 哲學的預備科在緒論內畧加討論以奠哲學之基其餘如倫理學社會學美學等昔雖附麗於哲學今皆已脫離哲學而獨立各有專門的研究不必牽合在一處了

第七節　哲學的預備科學

（一）論理學 Lagie

1 論理學是什麼　論理學是什麼這個問題西方歷來的學者紛紛討論各有各的答案有說論理學是思想律的科學有說是推論的學也有說是思想程式的或思想必要法則的科學這幾種見解沒什麼大不相同的地方並且都以爲論理學是研究思想的一種學問說他是研究思想的一種學問固然是不錯不過論理學不止研究思想和思想律思想程式就算完結若單說論理

畢無方

是思想的科學豈不是同心理學沒有什麼分別嗎因爲心理學也是把思想作研究的對象不過心理學所包較廣思想以外凡一切精神作用都入於心理研究的範圍又心理研究的思想是一種自然發生的僅研究他成立的原因和他結構的狀況對於是非正誤都不過問是也好非也好無根據的臆想同謬誤的幻想都是一種精神作用心理學是不負掠正責任的論理學就不然了他固然研究思想成立的原因和結構的狀況但是除此以外還有他的重大責任就是研究怎樣可以獲得正確的思想方法和怎樣操縱思想指導思想保護思想使思想不致舍正路而不由論理學和心理學的關係Dewey 有兩個說明的例子現在且把他引來說『論理與心理的關係猶同物理學與程建築一樣物理學討論普通的原理工程建築應用此種原理求達到良好的目的他們的關係也同生理學和衛生學的關係一樣生理學討論身體各部的構造狀況以及種種作用不問有病無病衞生學却不然他的唯一目的是求健康故所討論的是怎樣可以却病怎樣能夠健身所以單說論理學是研究思想的科學不是一個完備的定義若拘於思想律思想程式則所見不免太狹並且偏于式往往忽畧事實須知程式的正確固然緊要而事實的正確尤甚論理學在中世紀沒有進步就是太偏重形式的緣故』照這樣說可見得上面幾個見解都可以使

人發生誤會所以不能算爲正確的定義現在權且將Dewey所下的定義引在下面作這個問題的答案

論理學是思想的科學一方面用來作求認理求正知的工具他方面又作免除荒誕的謬誤的知識底工具

論理學既然是一種科學當然與技術有別爲什麼還有人說論理學是一種技術呢科學和技術的分別甚爲明顯就是科學明理技術致用不過各種科學都要應用到實際上去的若不能應用到實際上去則與人生沒有關係我們又何必夙夜孳孳去研究他呢並且各種技術是依靠科學的因科學的智識進步技術方可以漸趨完備星學是航海術的基礎生理學是醫術的基礎所以從應用的一方面說一切科學可以稱爲技術而科學和技術的界限其間不能以寸知道了這個界限我們就可了解論理學爲學爲術的問題了論理學一方面研究思想和思想方法他方面又負控制思想和思想方法的責任這種精神是所有的科學所同具而必不可少的

2　論理學的重要　論理學既然是控制思想的科學明白了思想的重要就可以知道論理學的重要所以現在要將思想詳論一下

（一）思想的涵義類與別

思想本是一個通用的名詞凡通用的名詞往往包涵多義因爲平常信口說不加思索久而久之竟把他的涵義變成牽涉含混不能確然指出思想這個名詞的涵義也是如此Dewey在他著的How we Think的開宗明義章就有詳細的討論他說思想第一義最廣凡盤旋在腦海的裏面忽起忽滅的平常我們都稱爲思想第二義的範圍比較的狹小些凡感官不能直接感受祗可以意想的皆屬之例如聽人說寓言的時候你問他這都是事實嗎他答道不是這不過是我的意想這個說寓言的意想就是思想第二義的一種舉例第三義的範圍最狹凡有所必有確鑿證據因爲依據的証據不同故又可以把他分成兩種第一種的依據同信仰一般不問所信的果否可以相信竟貿然信之第二種却不然凡有思考不但有所依據並且考驗相信的理由這種思想叫做論理的思想論理的思想是已受過節制的和心理方面的思想不同心理方面的思想是從日常生活中自然發生沒有受過節制的若是加以控制就成爲論理的思想所以心理思想實在是論理思想的源泉

（二）思想的緣起

無論那一種現象都有他發生的原因心理的現象又何嘗不是一樣有發生的原因呢人類不是生來就有思想的思想也不是常時隨便發生的人遇着不得不思考的時候才有思想發生生理家說身體健康的人不覺得他有身體脾胃强健的人不覺得有痛苦思想的發生也是這樣人若是生活在眞空的中間四面沒有阻力這時思想自然不會發生就是要作一個形如槁木心如死灰無思無慮的人」沒有不到的無如人要圖他的生存所以要適應環境支配以後可獲享環境的利益不致受環境的妨害而且環境是時常變化的適應他的支配的時候總不免有許多的困難遇着了困難當然要想一個解脫法子於是就不不借重思想了

適應環境不單靠思想即本能和習慣也是適應環境的工具譬如雛鷄出孵就會啄食譬如雛鷄出孵就會啄食大多數鳥類都會營巢這都是全靠着各物的本能來適應環境的又如我們要到前門去這是我們去慣的路所以不用思索一直就走到了這就是靠着習慣的不過本能和習慣不能夠完全作適應工具有時候要發生了衝突還是不能不用思想作解決的工具譬如小兒有飲食的本能也有愛父母的本能他看見東西要吃而父叫他不要吃這時候飲食本能和愛父母的本能就在心中起了衝突了吃呢還是不吃呢二者不能並行小兒心中必定想

一想然後可決定又如我們行到了三叉路口是我們從來沒有到過的我們就沒有習慣可靠了必定要想一想然後可以決定向那一條路走去如此說來可見得思想的發生是由於適應環境當我們適應環境的時候本能和習慣內部起了衝突不能作應付環境的工具因此就有了疑難了想解決這疑難就是思想的起原所以凡是疑難發生的時候就是用着思想的時候人能思想實在由於困難逼迫孔子曰「不憤不啟不悱不發」亦是此意

（三）思想的大用

考察思想的緣起已可以見思想大用的一斑在此還要引 Dewey的一段話來表明思想的用途是很緊要的Dewey 說思想的大用有三（一）有了思想可以脫却形氣的驅使（二）有了思想可以見微知著（三）有了思想可以解釋世界的意義

a. 脫却形氣的驅使是怎麼講呢凡是動作總不外自動和被動自動必定要引導物思想就是引導物沒有思想就不能自動有了思想我們的動作方有一定的把握有一定的方向譬如坐汽車坐車的人心中早有一個目的地但是這汽車的機器是因爲受蒸汽的驅使不得不動而且達乎其所不知因爲他自已是毫無意思的這就是自動和被動的分別人若無思無

慮豈不是同機器一樣嗎

d.人有思想作自動的引導物所以要先事預防太古原人思想簡單飢則求食飽則棄餘不到餓的時候不去找東西吃吃飽之後也不知把餘剩的留待下次餓的時候再吃這就可以表明原人沒有遠慮不知預防後來思想漸漸發達知道要收獲必先要播種到了科學昌明時候則處處都知道先事預防海中有暗礁設燈塔以誌之氣候的改變有天文臺預報沒有思想能夠辦得這般周到嗎

c.有了思想便可以格物窮理研究事物的意義例如有個素不相識的人來到你的屋子裡你心中必定起一種驚疑等到知得姓名又明白了他的來意你便心安了因爲先前沒有了解此事的意義所以驚疑後來已經了解所以心安我們對於世上事物那一椿一件不是如此萬事萬物的意義果能用思想去解釋豈不就是解釋世界的意義嗎

(四)思想致誤之由

因爲人有思想所以能脫却形氣的驅使但是思想一方面可以利導人一方面也可以陷害人引人達於康莊大道是思想引人入於歧路陷阱也是思想無思無慮的動物率性而動既不曾

蒙其福故也不受其害無論何人決不能因噎而廢食那末思想雖不能有益無害我們可以想出方法來享受他的利免除他的害所以我們不得不詳考思想致誤的原因

Baeon 謂人的心中有四種偶像——種族的偶像市場的偶像窟穴的偶像劇場的偶像——是思想致誤的原因凡是第一種偶像的人他就不能大公無我合我意的就容納他不合我意的就拒絕他這是根人種普遍性的第二種偶像是根於言語的以爲每有一個名必有一種實和他相副第三種偶像是根於個人的井蛙不可以語海曲士不可與言道就是這個緣故末一種是根於一時的風俗習慣有了這個偶像就不得不隨波逐流了

Loehe 以爲思想致誤有三個原因（一）依賴心（二）自私心（三）囿於一曲第一種的人自己有腦筋而不去刻苦應用拙椿椿件件總是把他人當作模範沒有一樣不是根據別人的並且對於所依據的靠住靠不住自己毫不肯想想祇是一味的相信就算了第二種人是『執着』太深凡是看輕自己的人不免有所依賴而堅守我執的又不免發生自私心凡是自私的人祇要能夠滿足他的私慾則是是非非全不顧及雖有至理亦把他拒於千里之外第三種人比前二種總算好些因爲有求眞知的心不過見識膚淺一件事到了面前他不能就各方面去

考察他所能見到的僅限於一隅坐井觀天就是這一類的人

Deweg 說的比 Bacon Locke 二人所說更爲淸晰他把思想謬誤的原因分成兩類（一）原於個人的心理（二）原於社會的心理原於後項的謬誤範圍很廣而且不易躲避因爲無論那一種社會都有古代遺傳下來的迷信傳說習慣根深蒂固令人不得不信並且足以抵抗科學使牠不能充分發展前一項可分做四個子目『缺忍耐性』『自欺』『偏頗』『偏於簡單純一』四種

a. 缺少忍耐性的人每遇到一種問題發生就急於求結論祇要得到結論便自覺得滿足了結論的是非正誤那裏還有心去根究他並且不願人發疑問因爲質疑問難或是找出什麼破綻來他所得的結論就不能敷衍過去了所以對於異己的人極力排斥這種精神狀態在心理上稱作武斷(Dognatism) 凡是武斷的人不但不能利用思想來能脫疑難簡直是把自己重行陷入疑難的中間終久不能自拔

b. 由武斷的結果便生出自欺的心明知自己的謬誤而强要敷衍苟被他人指出他還要想種種方法去文飾不但欺人還以自欺

畢無方

c. 偏頗是人人所不免的無人相無我相無衆生相不是人人可以做得到的譬如學校裏比賽足球和來賓沒有什麼關係但是到場參觀的人總免不掉偏於一方的傾向兩犬相爭與人有什麼關係呢然而旁人的心理也有一個誰勝敗誰存在心中又如兩塊木片在水面上漂流總算極小的事和人毫無關係了然而人的心理也有一個『那一塊流得快』的見解看了這幾個例就可見人心是不能中立不倚的所以一般的人對於自己有利的事希望他成功反是便希望他失敗

d. 喜歡籠統概括亦是心理上的缺點我們談論的時候大多數的人喜用全稱命辭研究學術的人也免不了這種弊端其結果就陷於牽強附會了

以上四節是拿來證明思想的緊要並且說明思想不是單有利而沒有害的必待控制然後才不致陷入謬誤論理學是教我們怎樣控制思想的而且給我們種種控制思想的方法故論理學的目的第一使人遇事懷疑問難不盲從不苟安第二使人研究事物的態度從主觀移到物觀祇知根據事實而求眞理不恃感情以得結論第三使人廓然大公無黨無偏第四使人注重個別具體的事物絕去籠統第五使人解脫社會上一切束縛至於論理學的方法則有三個歷程（一

一)歸納的歷程就是搜集具體事實作研究的資料搜集的方法或用觀察或用實驗因地制宜不得有所偏頗經了幾度審愼周詳的研究然後匯同離異將所研究的事實貫串起來求出一種假定的普遍原理如Galileo觀察抽氣筒能使水升高至三十四尺而止他就立個解釋說抽氣筒不能使水升高超過三十四英尺是因爲空氣有重量和壓力(二)演繹的歷程就是將假定的原理應用到具體的事實上去如 Jovvicelli 將Galilee 的解釋應用到水銀上去說水銀比水重十三又十分之六倍則水銀祇能升高至三十英寸Pascal 又以爲山頂的空氣稀薄若帶個水銀管子登山則管內的水銀當漸漸下降這二種說明都是從Galileo的解釋演繹出來的(三)證實的歷程就是將原理原則應用到事實上以後看他兩造竟究發生些什麼關係如Forricelli和 Pascal 二人將 Galileo的解釋應用到水銀上去實地考驗所得的結果和他們所演繹的果然符合而 Galileo 的解釋就成爲一種定說矣假使當時實地考驗所得的結果和他們所演繹的不能符合就可說 Galileo 的解釋不是一個普遍原理這三個歷程是求眞知必由之路所以說論理學是一切科學的基礎Bacon 稱論理學爲『科學的科學』也是此意

3，論理學的發達　論理學之在歐爲一切科學的根本極其重要無論那種學術都是用論理學的法則來組織的以故歷來爲歐人所重視代代都有學者的新貢獻跡其初生是發源於希臘當紀元前五世紀時希臘詭辯之風最盛 Socrates 起來矯正他們主張概念的智識 Plato有關於觀念的定義和分類的研究 Aristotle繼承師說乃從事考訂推論和證實種種法則詳細精密卒築就論理學的基礎

Aristotle 深信論理學僅限於證實日常思想的結果對於眞理新知的發現是無能爲力的他又明白的說論理學的責任是拿推論來推論配合到一定的法式以考驗這推論的正誤若要達到這一層我們須先將這些推論詳爲分析歸根到推論所托足的判斷上去復將將這些判斷歸根到概念上去所以 Aristotle 自稱他所研究的是一種分析的科學或是分析術控名責實這是很正當的

Aristotle關於論理著作頗具有整飭的科學體裁經他的門人總纂成集叫做Organon從上古的末年一直到中世紀的時候在教科書中很佔重要位置後來 Stoics 從事修補於論理學的前途頗有功效中世紀的經院哲學也是竭力研究 Aristotle 的論理學不過他們是將種種方法應

畢無方

用到宗敎上去作神學上一種辯論工具而論理學的眞義反因此鬱而不宣隱而不彰了所以這個時期所諍論的分唯名唯實二宗唯實宗以爲共名先於別名故共名是實唯名宗的見解恰巧和唯實宗相反他們以爲別名先於共名共名不過是統合別名的凡號取便稱謂完全是人造的若講眞實祇有別名可以當得其實兩造的辯論不過是敎統的關係因爲說共名眞實的人無非要借此定敎王的一尊使他可以統攝世界一切餘敎行使宗敎專制的威權他方面說別名眞實的又無非要借此廢除敎統這種是非名爲論理的辯論實是宗敎的競爭不但不能助長論理學的發展且足以阻撓他的進步

十六世紀的時候反對 Aristotle 和經院哲學派最有力的就是萊姆斯 Ramus 他把論理學的內容分做兩部第一部論概念和概念的定義及分類第二部論判斷和推論這個體裁現在的普通論理學敎科書都守爲藍本不過畧有損益而已

英國哲學家 Bacon 氏在他著的 Novum Organum 一書中駁斥 Aristotle 的論理學不能啟發新知並說明歸納法的重要 Bac n 以爲人的心中有四種偶像是求知的屏障去了這屏障以後方可說到求知求知是要根據事實的故當求知的時候首應蒐集宇宙間具體的個別事物加

畢無方

以精密的觀察別其同異於是從這些同品事實裡找出一個共通的原則來他方面仍將那些異品事實詳細考察以證明所找出來的共通原則是否同有而異無若果同品偏有異品偏無然後再檢察同品事實關於所發見的程度高下以分別等差經了這三個歷程方可證實所找出來的共通原則所以他的研究方法分列三表（一）表列積極的事物（二）表列消極的事物（三）表列舉凡同類事物的差等

Bacon 對於演繹歸納兩法有個極有趣味的比喻他說演繹法偏重理性懸空抽象由肚裏吐出來是蜘蛛的方法至若偏重事實將一切事物堆積起來不知用理性去分配安排又是螞蟻的方法惟有他自己所創的歸納法是要將匯集的事實次序之整理之於是找出一個精密的結果好比蜜蜂採取了種種材料復加製造融化使變成蜜糖所以他的方法是蜜蜂的方法

但 Bacon的時候科學知識很淺不能有具體的說明所以他的方法從現在看起來還是有許多的缺點沒有什麼用處不過他知道經驗的重要於舊有的論理以外別開生面促後來的進步於論理學的發展實著大功

Bacon 以後Locke 繼起本歸納法研究悟性譔『人間悟性論』他以為凡是成功一種推論至少

總有二個意象以上然後方有比較攷驗由此而三而四連續比較考驗上去若是不發現謬誤方算正確的推論什麼三支式都用不着他並且不承認全稱命辭祇要個體的聯合得不差便是正確推論不須用全稱命辭作冒子 這種見解於歸納法的發展助長不少到一千八百四十三年 mill 著的 System of Logic 出板歸納論理乃告大成

大陸方面如 Descartes Wolff, Kant 諸人對於論理學各有各的供獻 Descartes 的論理方法可分兩種（一）直覺（二）演繹直覺的涵義和因明「現量說」相似他的演繹法和普通論理學裡的三支法不同是將最簡明的觀念作基礎然後一步一步向複雜的一面求進去好比建築磚牆一般一塊一塊的砌上去手續分明次序不亂 wolff 以論理學作哲學的緒論上面已經說過他照他的哲學分類法分論理學爲理論和實踐兩部前項論概念判斷和推論後項論科學的研究法

Kant不但承認形式論理而且自創新說稱爲超絕的論理他深信他自已在判斷的形式中發見人類悟性的根本作用外來的印象是靠這種作用去整理的他以爲這種根本作用是人類心中生來就有的並且能統一自然法這種能解實承認論理的形式具有創造力 Kant 以後研究論

理學的分成兩派一重形式一重超絕不過超絕論理實涉入認識的範圍了

Hegel又創一種形而上的論理他以爲概念之論理的發展必定和自然界事物之實際的發展相這種論理學頗極一時之盛一直到十九世紀的末葉

大抵經驗派重歸納唯理派重演繹是非無窮莫若以明於是有實驗派出而調和將歸納演繹二法鎔冶於一爐叫作實驗論理

4 論理學的派別　看了上面所述論理學的發展就可明白歷來的學說和研究的方法頗不一致約畧分之可得四派（一）心理學的論理學（二）認識論的論理學（三）數學的論理學（四）實驗論理學

心理的論理學研究思想原則之心理的基礎以實際的思想爲出發點而闡明思想的本質此派學者常以爲論理的法則是通常的經驗和所證實的經驗組合起來的效果據這種見解論理學的職務是在發現所經驗的每種事實中究竟含有若干普遍的證實的經驗　Jirusalem　是這派著名的學者

認識論的論理學不但研究知識的內容而且劃定知識的界域這般的研究法實已超越論理學

畢無方

的範圍而涉及形而上學和知識的批評此派所研究的固然有許多的問題是很重要的不過他們對於論理學應盡的職務不免有所缺畧因爲他們窮究太深而且對於物觀的眞理完全未能堅信

數學的論理學的目的要找出那能夠表示判斷和推論之精密的方式推論時通用符號故亦稱符號的論理學若採用這般研究法則舊時論理上種種規律更可愈趨簡單這不過就簡單的方式一方面而言若複雜的方式往往因其過於繁雜反不易了解

實驗派以爲思想發生於疑難有補助本能習慣及支配環境的功能但思想不能常常正確論理學就是負捄正的一種工具採用實驗論理學之名的實從 Baldwin 及 Dewey 肇其始

（二）心理學 Psych.logy

1. 心理研究的發展　心理學是研究心靈的生活力的科學故心靈生活力就是心理學研究的對象—思考感覺意志等—簡約的說起來在心理的繼續不斷的流動中間凡我們所經驗的都是心靈的生活力所以心理學所論及的純是這些作用的結構狀況和發達程序至於心體如何吾人不易有此經驗只得將此問題讓給形而上學去解決心理學是不暇顧問的好比重學但

畢無方

說明力的作用不問他的實體故心理學與自然科學很相接近心理學純粹以經驗爲主自然科學也是純粹以經驗爲主並且他們的研究方法也是相同不過研究的對象彼此大異罷了至於心理學脫離形而上學而獨立成一科學的目的近數十年來始獲達到

精神可以離身體而獨立身死以後精神脫了軀殼依然繼續存在不與身體以俱滅這種信仰在人類天性中植根很深太古草昧民智未開以爲夢境覺境判然二界生死的分別不過氣息的存亡因此推尊氣息認爲一身的主宰這主宰暫時的出遊則成夢若一去不返則身死而於作夢的時候有氣息沒有太古人民思想簡單却沒有想得這般周到考 Psychology 的語原就可以證明太古人民所說的精神是形器的非抽象的所以有精神和身體合則生離別死的信仰世界所有宗教的教義亦完全是憑藉這種信仰而產出甚至於初期的希臘哲學亦是如此 Anaximenes 以爲精神出於空氣 Heracleitus 以爲精神成自火主張元子論的人以爲精神和物質同出於元子不過有精粗之分這幾種見解固然沒有科學的價值但我們可以由此而知心理生活的研究實在是很早的到 Plato 的時候精神和物質始有判別他的門弟子 Aristotle 對於這項研究也有極有價值的資助心理學就因他粗具了學問的體裁

Arist tle 著了一本書叫着 On the Soul 可算得心理學上最古的著作這本書第一編批評他以前的心理學說第二編論精神的功能最下的精神功能是營養功能植物和最下等的有機物皆有之這種功能之上復有感覺的精神兼有這兩種功能的就是動物此外還有一種合理的精神是精神功能發展到最高的一級 Aristotle 以爲人類首出庶物的地方就是於營養感覺兩種功能以外還兼有這種合理的精神 Arstotle 以營養作用歸於精神足以證明他將心理生理看作一樣第三編討論感覺概念（記憶與想像）了悟欲望行動等

中世紀的經院哲學沒有什麼發明不過根據 Aristotle 的思想分合理精神和下等精神兩種這兩種的分別不但是人和禽獸的界限而且是生滅和不生滅的區分並於理性感覺之間劃了一道鴻溝以爲理性是常住的出世間的感覺是限於時間與器世間的所以後人稱 Aristotle 和經院哲學家的心理研究爲心生同視期

這種見解直到近世之初還有人主張如意大利的自然哲學家分精神爲兩部——生滅的和不生滅的知覺屬於前項理性屬於後項他們以爲不生不滅的精神是直觀的藉這直觀的精神可以知眞理生滅的精神須依賴感官須待乎證明

畢無方

到了 Locke 的時候心理的研究又進一程 Locke 以爲心是內官的他的意思是將純粹有機作用屬於生理不屬於心理因爲這種現象是由於外官的感覺和無機的現象沒有區別這種說法 Leibnitz 知 Locke 同是一個鼻孔出氣他的分類有兩種就是外官的活動和內官的活動 Locke 這種分類和孟子所說的『耳目之官不思……心之官則思……』一段話是一樣容易發生流弊的因爲精神與身體並非獨立不倚各不相關所以人的心不是獨立於耳目之官以外耳目之官不靈敏的他的心思必純而無物聾者無以與乎鐘鼓之聲瞽者無以與乎文章之觀就是這個道理嚴格說起來因外官感受外物的刺激方有內覺這種內覺作用並沒有一種什麼體同他對立心實無官可言故心官內官不過借喻的名詞近世認識論曾證明吾人原始的經驗並無差異內知和外知的表示乃根據觀察而後起的名詞根本上並沒有不同的作用這些缺點我們不能替 Locke 諱言的

近年以來心理學家頗知 Locke 的學說未能完備於是他們就別立了一種假設認能經驗的主體爲心理的原素他們以爲原始經驗固然是渾一的但是抽象的反省是人類的習慣因此主觀的世界和客觀的世界似乎有分別的存在故不妨以主觀和客觀作心物的區別凡經驗起於

能經驗的主體者爲主觀的原素其起於所經驗的客體者爲客觀原素感覺觀念知覺是主觀原素的名對象性質狀況是表示客觀原素的

一八二九年 James Mill 著了一本人心現象的分析這書是首先揭示脫離形而上學之心理的生活 Herbart 又應用數理解釋心理的現象於是經驗的心理學乃確然列入科學之內他的門弟子 Lotze 復著書闡明心理的生活和生理現象有連帶關係後來 Fechner和 Wundt 更應用實驗法研究心理的現象 於是爲心理學開一新紀元 現在研究這種學問的人都承認 Fechner和 Wundt 二人是近世心理學開山的鼻祖

2　心理學的研究　搜集多數事實匯而通之以求概括的原則是每種經驗的科學所同然的這種歸納的研究於心理學尤其重要他的第一種方法就是觀察心理學的觀察和自然科學的觀察是不同的用我們的感官觀察心理的現象不能和觀察自然一樣心理的現象我們只可用自己所經驗的來體察然後加以判斷心理學家最要的基本方法就是觀察他自己心理的經驗這種反求諸身的觀察又名內省法

內省法也有許多困難和不相合的地方因爲我們用心理的經驗去觀察的時候內部的精神作

畢無方

用必隨而改變現所得的結果往往或加或減與原有的狀態已不能一一盡合如當怒時欲略加注意而觀察之則怒氣即時退息已非原有狀態因此有許多人以爲內省法萬難應用且觀爲完全無用這種見解亦不盡然如觀察簡單的感覺的精神作用可以不隨之改變並且可藉記憶力於事後作當時的回想所以反求諸身的觀察是和記憶有密切關係的

觀察以後則應用分析大抵經驗的進行異常駁雜並非簡單純一的加以精密的檢查就可曉然發見一種純一原素使這種精神作用的進行不與他種相混是很必要的所以分析一法可算內省法必需的一個歷程不過這種分析是有限止的譬如視覺對於外物的觀感已極簡單欲求分析已非內省法所能辦到於是有實驗法以補助之

心理學的實驗和自然科學的實驗取同樣的態度心理學的實驗是要檢查心理作用的進行和結構的狀況於種種不同的質量求統系用圖表而列記之施心理實驗時至少須有兩人一實驗者一被實驗者實驗者設爲種種試驗隨時改易不守固定的狀況不使被實驗者對於設備預有所知或受暗示然後使被實驗者報告他當時具有的印象或用言文或用預定的符號將所有報告登錄下來這時候被實驗者的觀察當然是由於內省法作成的於是凡施行實驗時不可僅限

於一人不可求其速成須歷多時多人然後匯合所有的結果而統計之即或偶有非實驗者所預期的結果尤當詳密的登記不得疏略

晚近數十年來於實驗法多有改良並發明許多精巧的儀器藉易施用且得着較精密的結果於官覺的分析尤著特效現在我們知道眼球的運動和有效應的肌肉激刺連合網膜的激刺然後組成視覺觸覺也是同樣的情形實驗法也把普通肌肉感覺的重要之點都宣露了我們對於心理生活的性質的觀念因此有一種根本的改變如觀念的連續聯想的法則記憶的作用和感覺的原理都因實驗法而有詳明的解釋但我們還要希望全部精神作用的研究可以從此更有種種發現藉收圓滿的效果

還有一種外觀法就是用我的精神作用觀察他人的精神作用他人心理的進行是不能直接觀察的其可以為我們所觀察的不過言語舉動和容貌的表現而已於是觀察者由此種種表現乃本於自已的經驗以推及他人心理的進行這種觀察對於小兒或因罹惡疾而傷失知識的人是很可以利用的

內省外觀二法各有短長截長補短不可專恃若專恃內省則各恃一已的特性以為人人所同然

畢無方

不但立說武斷終必衆說紛紜難望一致若專恃外觀則所得結果純是間接的究不如內省直接的深切終不免有所隔膜故二法並用方可無弊然同是內省同是外觀而又有單純觀察和實驗的分別前項的對象任其自然起伏後項的對象則隨地隨時可以人力造作條件使現象起伏而施觀察前爲所動後爲能動故自有實驗法以來我們研究心理學的人利便多了

3　心理學的分類　我們說心理學三個字的時候並不加以形容詞因爲平常都以爲這是研究人類心理的一種科學所謂人類的心理是人類的全體並沒有人己的分別和個人年齡的限制其實人心不同各如其面一人有一人的心理一社會有一社會時心理就個人的心理而論自兒童而少壯自少壯而衰老中間也不知經幾多變遷所以我們研究心理就不能不有一個分類的問題現在可以拿生物學來做個比喻普通生物學實包有三種科學（一）機體學研究機體的構造（二）生理學研究機體的功能（三）發生學研究機體的發展心理研究的範圍也是一樣精神作用異常駁雜所以有構造的心理學分析全部精神作用以求其最簡單的原素即自簡至繁以論其構成的種種作用並求發見組織的方法但是我們又以爲心是有機能的所以有機能的心理學說明精神作用全體具有何種機能對於外物的順應具有何種效用更有發生

的心理學研究兒童的精神作用漸次發達以至於成人並成人的精神作用漸次衰頽以至於老耄這三種心理學都是不能偏廢的不過就研究的程序而言構造的心理學實屬首要（一）我們若是不能領會什麼是心就不能知道心的作用所以 Spencer 說沒有施用功能的構造之智識就沒有功能的智識（二）構造心理學的發展在種種情形之下都非餘二種所可及他的研究方法愈改良則所得的結束愈確切研究心理的人僅恃背書主義或單靠記憶力將種種事實記在心理還是不夠的事必熱悉他自己心理進行程序而且能自由使其起伏加以觀察這種訓練祇有構造的心理學可以給他們的因爲餘二種心理學尚在幼稚沒有確定生物學不僅論個體的生活並論各類的生活心理學也是如此所以有階級的心理學研究各種階級各種職業的精神現象有社會心理學研究社會的精神現象又有比較的心理學研究最下等動物的精神作用逐漸發達以至於最高種物的人類比較心理學在科學的常軌上也還沒有長足的進步上述幾種心理學都是屬於常態的但是精神作用有時不能保持其常態而發見異常的狀態爲患精神病的人或受催眠的人他的精神作用都是變態的現象有種種精神作用在常態時反不易觀察明白及與變態現象對比他的性質竟因以大顯觀變知常所以我們又有一種變態心理學

畢無方

的研究

更有科學的心理學是現世紀的出產品和以前的心理學不同之點有三（一）完全脫離哲學不受形而上學和認識論的影響（二）心理的研究趨重實驗（三）搜求心身的密切關係因此於心理學和生理學中間又產出兩種新科學即生理的心理學和心理的物理學生理的心理學對於神經系統感覺機關的研究比實驗心理學加詳但是他的方法却不及實驗心理學的多心理的物理學須列出種種心理的物理學的方法以知心與物的關係也就是研究心和身的關係怎樣及身和心的關係又怎樣從此可以發見心物相關的原理亦即究明心身二者相連系的法則

4　心理學和哲學　近世的心理學雖然拒絕了形而上學的玄空理論自成一種獨立經驗的科學但是心理學和哲學的關係依然存在嚴格說起來心理學家可以不受形而上學的學說所拘束而今日的哲學更不能不乞靈於心理的分析哲學若想構成一種完備的宇宙觀當然要遵守心理學所發見的心理上種種法則哲學家欲說明人類知識的界限和表見的形式更不能不以心理學作基礎例如意志自由與否乃哲學上一重要問題苟哲學家不根據心理學上意志的

分析不明白意志的性質必不能有正確的是解 Jerusalem 以心理學爲哲學的預備科學就是這個意思

畢無方

第二章　形而上學

第一節　單元論與衆元論

單元論主張宇宙的現象出於單一的元理這種學說在西方哲學史上是最古的形而上學不過當時的思想尚未發展凡所主張畢竟不能出乎直接知覺的範圍以外如 Ionic 一派所抱的單元主義都是於日常經驗之中舉出一物以爲宇宙的本原他們的說理固未臻於精深而哲學思想實萌芽于此後來漸漸變遷又一轉而入於衆元論衆元論者特立多數的元理以說明宇宙的現象茲分述於左

塔利斯 Thales （Abouk 624—543 B. C.）

研究哲學史的人都推 Thales 爲哲學界的始祖他說水是先萬而有的所以水是萬物的本原萬物皆出於水皆入于水他所說的水不是我們感官尋常所見的水不過是水汽的或流質的一種不可捉摸的東西他所以有這種見解是因爲所有的生物——動物和植物——都要賴水以生存若是沒有水就不會有現在的世界後來 Aristotle 替他解釋說 Jhales 的主張是從觀察上得來的他觀察萬物的滋養是由於水汽「熱」是水汽裏面產出

的一切生命是靠「熱」來護持的至於水的化學性質如何 Thales 還沒有這種觀念他不過見到水有流動性和水的變化有時凝結成冰有時化爲稀薄的細微的氣罷了水既變化多端所以他說水是萬物的本原

安納西滿德 Anaximander（610—540？B.C.）

Anaximander 是 Thales 的忘年之交傳說他是一個首先用文字發表思想的人但是他的著作不傳他主張萬物的元理是無窮或無界限無窮包括萬有萬有都由無窮裡面產生又復歸於無窮之中無窮是沒有始終的不能分解的不生不滅的

安納西門尼斯 Anaximenes（560—500？B.C.）

他是 Anaximander 的弟子他反對 Thales 以水爲萬物本原的說法而主張生命的原始是空氣所以空氣是萬物的元理萬物變化是由于空氣的永久流動空氣有一種狀態是水所沒有的就是無限他以爲 Thales 的水太偏於物質 Anaximander 的無窮又偏于太無邊際空氣是居乎二者之中的空氣包含萬物因空氣有稠密稀薄的變化萬物於是乎生至於他的理由是因爲人生端賴呼吸而且無處無空氣所以他說人的精神是呼吸（一

空氣）天地是平的都是由空氣支持住的

以上三人屬於依俄尼克 Ionie 學派

巴門尼逮斯 Parmeuides（510—430 B.C.）

他說凡我們不能想到的就不能說有這種事實變化的觀念他以爲是不可設想的所以宇宙之間祇有「有」由無而有和由有而無的變化是不可能的有是萬物的本原有是永久的無過去無將來祇有一個永久的現在「有」是不可分割的無變遷的所以宇宙間無所謂衆多無所謂運動因爲運動必在空間而空間不外「有」或「無有」使空間爲有是運動於「有」中即等於靜使空間爲「無有」就是無物存在的意思既是無物存在那末就是無物可以在空間運動所以運動是妄見

澤諾 Zeno（about 500 B. C.）

繼承 Parmenides的高足弟子就是 Zeno 他的學說同他的先生是一樣不過正反面的不同 Parmenides 論有的存在 Zeno就反面論「無有」不能存在宇宙只有一個純一不變的「有」無衆多無運動因著難多難動兩論以摧殘論敵的基礎所以 Ar st tle 稱他爲

辯學家的始祖

難多論　積單一而成衆多但眞實的單一是必不可分割的凡是不能分割的就不能有廣袤所以多是不能廣袤的因此多的說法不能成立

難動論　動也是不能有的事情一種動體所經過的空間距離我們可以分做無數的段落例如一動體由甲至乙必先經過距離的一半而此一半的距離又須先經歷成半半之又半至於極微到此地步何嘗見他動合起來看好像動體由甲至乙分開來看則動體總是停在一點上所以可說「飛矢不移」

以上二人屬於愛利亞 Eleatic 學派

前述兩派都是主張單元論但兩派亦有不同之點約畧言之可得三端（一）Ionic 派所說單一原理是物質的 Eleatic 派所說的是論理的（二）Ionic 派所說的萬物本原是流動的變易的 Eleatic 派所說的是不動的純一的（三） Ionic 派所說的係根據日常所經歷的事實 Eleatic 派所說的是出於宗教思想的反射

黑拉克萊圖斯 Heracleitus（536—470 B. C.）

畢無方

他以前的哲學家，都說宇宙是固定的，恒久的。而他說萬物，非固定的，是變遷的。萬物的恒久，卒然看去，似是固定。其實不然。每物皆在流轉不絕之中。所有的物類，流動不息，沒有一刻停止不進。自生至死，自死而生，譬如長流一波一波的過去，濯足其中，抽足再入，已非前水。因爲川流水遠，沒有分秒的時間是主故常的。不但個體如此。即全自然界，也是綿綿不絕的周流改換。

Heracleitus 又以火作這種永久不息底進行的模範。火是不息的，忽而飛騰，忽而烏有，具一種活潑的能力，毀滅萬物，改變萬物。他以火作萬物流轉的模範，似可說他主張單元論。其實不如說他的學說是衆元論。將他的學說分析一下，就可知道他主張萬物流轉，不外二義。(一)變遷是和「有」相對待的，也是和「無有」相對待的，同時包含二者。Eleatic 派將「有」和「無有」看作分立的。Heracleitus 將二者看作變遷的元素。(二)變遷由「有」和「無有」二元素組合而成的時候，這二元素，彼此交互出入。變遷是無始無終，所以我們不能說一物有固定的情狀。變遷不是躍越的，是一個漸次連續的進行。乍生乍滅，乍有乍無 尤如連環，無有間斷。

恩拍達克萊斯 Emped cles (about 490—430 B.C.)

恩氏的哲學，可以說是合治 Eleatic 派的「有」和 Heracleitus 的「萬物流轉」于一爐。他說，組成宇宙的元素，有四。——地，水，空氣，火，——這四種元素，是萬物之根。因這四種元素的聚合離散，萬物由是乎而有生滅。元素聚合，乃生萬物。萬物滅絕，復離散而爲元素。因元素的聚合不同，故物各有其差別性。而元素聚合離散的進行，又有二種流動的力，即「愛」與「憎。」愛憎二力，非元素的固有性，乃抵抗元素之獨立的力 二力的原始，非有明晰的區分。愛是聚的因。憎是離的因。「有」不能變爲「無有。」「無有」不能變爲「有」。故變遷不過是易位。

安那薩哥拉斯 Anaxagoras (about 500—427 B.C.)

他以爲宇宙既有千種萬狀無數的事物，當然先有千種萬狀無數的元素，爲這些事物形成的張本。宇宙是一大宗元素積合而成的。這些元素，不是 Emped cles 所說的地，水，空氣，火。乃是萬物的種子，或是根。至簡至精，充滿宇宙。元素的流動，乃 Nous 的功能。Nous 離合各元素，使他們各循其性。Nuus 與元素不但是程度之差，而且是本質的不同。Nous 是自動的，不爲元素所動。元素皆因 Nous 的自動。始各循一定的軌道而動。

德摩克利徒斯 Democritus (about 420 B. C.)

Leucippus 和 Democritus 師徒二人。同是主張元子論的。他們以爲所有的物體。是宇宙間無數不可見不可分的元子組合而成。元子因有種種的組合。乃賦物體以形式和重量。這二人中。Democritus 更爲著名。而且富于才辨。所以Cicero 嘗把他比做Plato

Democritus 以爲元子是很難想像的。小至無可再小，充滿空間。元子是充實的。元子和元子的中間，有空虛的存在。所有元子同是一類，並無性質的差別，僅有分量的不同，非有冷暖甘苦明暗的不同，僅有大小輕重形式的差異。據元子論者所說，宇宙間除了分量以外，沒有其他差別。至於性質上的差別，非眞有的，不過因感官而生。萬物的生滅，不外元子的離合。當離合的時候，各元子猶自保其個體，不與他體相融合。

以上四氏，都是主張衆元論的。餘如 Plato 和 Aristotle 的哲學，則兼取二論而成。

柏拉圖 Plato（427—347B. C.）

Plato 的觀念論，是他的哲學思想底基礎，也是他的哲學底菁華，並且可以說是兩種不同的 Heracleitus 和 Eleatic 學說的調和。他以爲純一和衆多，恒久和變遷在宇宙間各有他的存在。前者存於觀念界，後者存於感覺界。他所說的觀念。即事物的概念具有物觀的實在性，至於觀念之數目若干，則 Plato 的思想，先後不一，他初以爲一切普通名詞都有相當的觀念。美有美的觀念，醜有醜的觀念。大小有大小的觀念。長短有長短的觀念。金石有金石的觀念。糞土有糞土的觀念。到了晚年，他又改造其說，以爲自然之物和具有美善的，始有相當的觀念。餘則無之。又謂善的觀念乃一至高無上的觀念。所以我們可以說 Plato 的哲學，是兼有單元衆元二論的

他說，宇宙萬物，乃各該類觀念的幻影，眞實界是由許多特立的觀念所組合。這是他的衆元論。但是他雖說觀念是特立的，並未說念彼此之間毫無關係。而且以爲

畢無方

感覺界所有別的個體，都受觀念所統攝。而所有的觀念，又受一個善的觀念所統攝。這善的觀念，是萬物的究竟。這又是他的單元論

亞里斯多德Aristotle（285—322 B. C.）

亞氏主張萬物生滅的變化，是形質的關係。形是實現的性●質是實現的形。形質相合●乃成宇宙。質是形之始，形是質之成。質是潛藏的，形是顯著的。形質二者，如同一物將成與既成的關係，不能截然分而為二。他又說，形為主動，質為被動。宇宙萬物，因所含的形質不一，故有上下之差分。最下之處，乃原始之質，即純粹之質。極上之處，乃純粹之形。純粹之形和純粹之質，各居上下兩極端。前後二說，主義不同。前說為單元論。後說又近於二元論。故可以說Aristotle的哲學，也不是純粹的單論。

笛卡爾Descartes（1596—1650）

Descartes以為研究學問，須先持一種懷疑的態度。宇宙萬物，沒有一樣不是使人懷疑的。他因懷疑的結果，乃發見一不可疑的根據。這根據就是『我思故我在。』復

由我的存在，證明神的存在。他以爲神是唯一原始的實體，不依託他體而自存。精神與物質，也同是實體，不過這二者的存在，仍賴乎神，無神則不能自存。神的實體。是唯一原始的精神和物質的實體，是所造的。此種學說，似可列入單元論。但是Descartes又說，心是思維的實體，物是廣袤的實體。二者各自獨立。彼此完全不同。是又顯然二元論了。

斯賓諾莎Spinoza（1632—1677）

Descartes分精神與物質爲二實體。Spinoza繼之，始構成嚴格的單元論。他證明實體是自相圓滿，無待於外的。唯有實體是究竟的存在。至於精神和物質，都非實體，乃實體的屬性。這兩種屬性，譬如一物兩面，同是表現實體的。廣袤和思維，雖似有別，倒不是完全異其存在，彼此之間，實有表裏的關係。

萊布尼茲Leibnitz（1646—1716）

Leibnitz的哲學，乃近世著名的衆元論。他以爲宇宙乃無數獨立的力，組合而成。這種力雖無形質，依然眞實。雖不可分割，依然自動。雖無分體，依然無所不包。

雖不可捉摸，不可見聞，依然是萬物的基礎和萬物的本質。這些本質，（力）叫着Monad Monad 乃全物質界和全精神界的基本要素這些Monad，和Spinoza所說的實體不同。Monad獨立自在，爲數無窮。他方面與元子論所說的元子，亦有分別。元子有廣袤，而Monad無廣袤 物有廣袤，則思想上似猶可以分割，未足以成其純一。這些活動的Monad，有兩種特性，就是一方面迎，一方面拒，他們不受生滅的變化。每個Moonad，乃一個小世界，自行發展。除了神和自身以外，好像沒有他物的存在，但是就他方面說，一個Monad有代表所有其他Monad的能力。一個Monad足以映寫全宇宙，所以我們對於一個Monad苟能完全明白，則對於宇宙的全體就可瞭然，世界的過去和將來，都包藏在每個Monad中。故 曰Monad，是映寫全宇宙的活鏡，是全宇宙的縮影，

費希特Fichte（1762—1814）

Fichte對於Spinoza 的哲學，本來很有研究。但是他的哲學思想，完全是受Kant的影響，他繼承Kant「境由心造」的思想，以我爲宇宙究竟的根本，他說「我」是純粹

的活動，所有眞實，都是我的出產品。我以外沒有眞實。因我的活動而立我，同時又立非我，以與我對。我與非我，彼此互相限制。他所說的我，非各個體的我，乃普遍的我在所有各個體中表現。故可說這個我是各個體意識的總代表，是絕對的我。所有各個體的我，都存在這絕對的我中，萬物皆由是絕對以出入。

色林Schelling（1775—1854）

他不承認Fichte立非我以與我對的話。他以爲非我是我的準備，我的前導。自然界是絕對的我的一種表現。心物是一種較高的太一的兩方面，我卽精神界、非我卽自然界。自然是看得見的精神，精神是看不見的自然。自然發達到極點的時候，然後有精神界出現。精神界出現以後，自然界的眞意才顯。故自實體視之，這二界是彼此相倚而無差別的．這絕無差別就是宇宙根本的實體。

黑格爾Hegel（1770—1831）

Hegel的哲學，以絕對的理想爲根本。他說自然界就是絕對的理想的表現、而精神界就是潛的理想。潛在的理想，就是意識的活動，簡言之，則理想的表現，爲自然界。理想的收囘，就是精神界了。所以一切事物，全是這絕對的理想所表現的。而所現出的理想，也就是一切事務所含的意味。那末，一切事物的「實在」是什麼呢也不過是這意味罷了。故 Hegel 的主張，是「理想卽實在，實在卽理想」這是很明白的單元論。

黑爾巴特 Herbart （1776—1841）

Herbart 是一個衆元主義的學者。以 laeR爲本原素。laeR 的意義是「現實」。這個現實既無廣袤，又無分量，且沒有程度上的差別，乃是一種單純不變的體。這個體是形而上的體，並非是時間上和空間上的體。他這種主張，和元子論的 Atom 及 Leibpu tz的 Monad 同是衆元的意義。但是元子有廣袤，有分量，是空間上的體，而 Real則不然。Monda具有發展的力，而Real則沒有。這是Real和 Atom及Monad 不同的地方。

叔本華 Schopenhauer （1768—1860）

叔本華主張單元論，以意志爲究竟的唯一的實在。世界森羅萬象，遠觀諸天，近取諸地，無一不是意志的表現。意志是慾的先導。慾越盛，則意志越不滿足。越不滿足，則希求越切。希求切而不能得，煩惱就隨之發生。人是萬物之靈，所以人的煩惱最多

費希內 Fechner（1807—1881）

他說神是萬物的根本。且說精神和物質二者不同，是現象上的不同，並非實體上有什麼差異。因爲物質是神的外面，精神是神的內面，內外雖然不同，而形體則一。他曾把物質和精神的不同，比諸圓球。（Ball）圓球有凹凸兩面，從球的內面看去，是凹的。自球的外面觀去，又是凸的。簡約說來，物質和精神，不過是實體的兩方面罷了所以 Fechner 的主張，也是一種顯然的單元論。

這以上所舉的，是歷來學者對於單元論和衆元論的大概論調。以下當說明唯物論和唯心論。

第三節　唯物論和唯心論

唯物唯心兩派主張，都是任取一種東西，來規定宇宙底實體的。牠們的發生和演進，自有哲學以來就有牠們的生命。主張唯物論者，規定宇宙實體是物的。所以一切物事，祇有物而沒有心。主張唯心論者，認定宇宙的實體是心的。遂說森羅萬象動靜有無，只有心而沒有物。在西洋哲學史上，古往今來的哲學家，論諍紛紜，總逃不出這兩種派別的圈套。因為在哲學的園地裏，牠們倆兒主人翁，所以牠們的地位很重要。又因為研究心物的人各走極端，所以至今不能解決。茲就唯物唯心兩派主張的發生和演進，分別敘述於左。

（一）　唯物論

唯物論這個名詞，函義最廣，總其大要，可析為兩類。

1.理論上的唯物論 Theoretical Materai lism

2.實踐上的唯物論 Praetical Mater aaliem

實踐的唯物論，討論人生的究竟目的，在於求物質上的美善。這是屬於人生哲學上的見解。而理論的唯物論，則屬於形而上學的見解。現在所討論的，就是這一種。

（甲）古代希臘的唯物論

「唯物論的歷史和哲學的歷史，有等長的延續性。」這是 iange 的名言。我們準此言而考究之，實無不合。試看古代第一期的希臘哲學，那一家不是唯物主義呢。人皆知 Thales 是希臘哲學的鼻祖，他不是以水爲宇宙根本的原理嗎。水不是物質的嗎。踵 Thales 底後塵的哲學家，或以氣，或以火，主張雖各有不同，但不能不說是物質的一種。既都是物質，那末，自然的同屬於唯物論了。」 Miletus 學派的三個學者，未嘗論及精神生活。至 Heracleitus 已有靈魂同出於火的思想了。 Anaxagoras 以 Nons 爲動植物的靈魂，但 Nous 還是物質，並不是純粹的精神。及至 Demseritws ，又以元子的說法，去解釋物質和一切精神的現象。他說宇宙之內，一切物類，無一不由元子造成。因元子的本質相同而形狀各異，所以千種萬態的現象，層層化生，變幻不窮。所謂精神，所謂靈魂，也都是成於元子。惟靈魂元子是平滑而光圓的，在一切元子之中，是最精妙的。他又說，宇宙萬物，既都有這種元子，也都具有這種靈魂，只因分量有多寡，所以程度便有

畢無方

高低的不同。他又說，靈魂元子最輕微，最容易活動，每逢空氣流入身體的時候，元子便受壓迫，幾元乎全失了活動力，幸賴呼吸作用能使空氣出入調和，才可維繫於不蔽，呼吸作用既能吸入，空氣以抵禦體外空氣的侵入，又能於吸入的空氣裏，攝收新的元子，以補充體內元子的損失。所以一遇呼吸作用停止，則體溫就漸漸減去，生物就不能保持其生命，這全因元子時時損失而沒有新元子來添補的緣故。

以上是古代希臘關於唯物論的說法。一直到中世紀，都莫能逃出這種範圍。降至近世，雖有英法德各國的唯物論者，先後輩出，也不過因舊知新，加上一翻研究發揚而已。

（乙） 近世英國的唯物論

自倍根Baeon倡言徵服自然之說，成立了海洋經驗哲學，那英倫三島的唯物思想，便磅礴發展起來。而英國唯物論成立，實始於霍布士Hobbes。他是一個數理學專家，又是倫理政治的專家。他對於宇宙的原理，曾下過慎審的觀察。他說，『一切存在，都是有形之體，一切現象，都是有形體的運動。精神作用，與此理無異。所謂精神作用，就是有機體內部的運動，並無別種秘奧在內。』依他的說法，則哲學之所以爲學，不過是研究形體運動的學問而已，換句話說，就是察於形體的運動，以求現象的原因，再由原因以說明現象之所以發生，所以變化，是也。自霍氏以後，精神作用之不能離身體而獨立，其理益明，唯物論遂不得不呈長足的進步了。

自由思想家的禿蘭德Toland（1670—1722）曾說過，『運動是物質的本有性。猶之廣袤之性，非物質所能缺少的一樣』。他的意思，以爲物體本是動的，但在吾人感官的接觸，常常有若靜止的現象的緣由，乃是反對運動互相牽制的結果，思想作用，也不外是腦中的運動，和尋常物質的運動是沒有麼差別的。

當十七世紀時，有呼克Hooke者出。他說『記憶，是吾人腦質中觀念物質的貯藏。』並且說，『人生自成年以後，至於老死，其腦質中所得的觀念，無數無量，全是從腦中無數的空處涵容而成的，試以顯微鏡驗之，自見分曉。

聯想學活的哈特雷Hartley「1704—1757」，把休謨 Hume 的聯想說。擴充起來，而論及生理方面，其意義亦甚精到。他以爲腦神經的微分子，都有振動底作用。其單純振動，可以互相結合而成複雜的振動。和精神方面由單純觀念互相結合而成復雜的觀念，情形正同。當精神方面單純觀念作用的時候，生理方面就起了單純振動和牠相應待單純觀念結成複雜觀念的作用，同時生理方面又有複雜的振動，和牠相應。足見心理生理兩方面，相遂相應，相反相成，分之雖各異其性，而其活動的情形，實在相同準。哈氏之說而考覈之，他所說的，不過是心理和生理兩方面的相應。而已，尙未能建立完全的唯物論。及拍來斯脫雷Priestley（1733—1804）出世，遂將哈氏的學說加以研究，引申其義，成立了唯物論 他以爲物質是一切作用的基礎心理作用必恃生理作用而成，不但是相應就算完事。這以上全是近世英國的唯物論

（丙） 近世法國的唯物論

在康德Kant以前，唯物論潛滋暗長，進衍不已，到了十八世紀法蘭西的哲學時代，牠算進步到極盛的地位了。法國自笛卡爾Deseortes以來，學術極盛。他的思想，幾乎瀰滿了歐洲大陸。如英國的霍布士Hobbes，洛克Locke爲增廣見聞起見，莫不到法國去游學。到了十七世紀之末。英國哲學，進步迅速。牠的哲學思想，轉輸入於法國，以啟其新思

潮　當時法國的學者，蒙太奎Mentesguteu和佛爾太Voltaire 對於英國的思潮，盡量輸入。所以英法兩國的思潮，便成了對流的狀態了。那時的思潮，在歐洲哲學史上稱為法蘭西的思潮啟蒙時代（French Enlightenment）

Locke的哲學，傳到法蘭西以後，於是笛卡爾Descartes唯心派的哲學，大起了變動。他的認識論上的觀念說Ideology，遂一變而為感覺說Sensualism，更加生物學生理學上的觀察聯合，遂造成形而上學上的唯物論。

當英國思潮，流入法國的時候，法國唯物論的領袖哲學家是誰呢，就是著有「人間機械論」L'Homme Machine」的Lamettrie。他申述唯物論的宗旨，以為一切的心理作用，都不外是物質上的變化。人類思想，是藏在腦裏。每種思想，各在腦質上佔據一定的位置。既佔有位置了，則必有廣袤可言。既有廣袤可言，自當屬諸物質，斷不容疑的。從前Descarte 以下等動物為機械的。 sLamettrie 說不但下等動物是機械的。就是人類、也在在離不開機械觀的。人類和動植物之間，祇有程度上的不同，其根本性質上，沒有什麼區別的。

近代德國的唯物論

畢無方

開班尼Cabanis（1757—1803）曾將生理作用和心理作用的關係，施以研究。其結果，竟發見精神生活，必受身體及其生理關係所規定。他曾說過「腦髓的分泌思想和肝臟的分泌胆汁相彷」的話。這實在是唯物論上的名句。也是後世學者爭論的一個大題目。

法國當唯物論極盛之後，有一種『自然的體系』System of natnre 一書，應運而出。書中暢論唯物的本旨，極爲詳備。可惜未署作者的姓名，竟不知出於誰手。有人說，是出於Holbach（1723—1789）的手筆。也有說，是Dederot（1713—1784）和Grimm（1723—1807）幾位學者共同編纂的。書中大旨，極力排斥一切超自然的思想，而以物質的理論貫澈一切。他說，宇宙之內，祇有物質。物質有廣袤性，並且具有運動力。世事紛繁，萬有不齊，總之沒有不可以具有廣袤性和運動力的物質去說明的。所謂精神作用，也不外這種運動力的結果。以上都是近世法國的唯物論。

（丁） 近世德國的唯物論

十九世紀中葉，德國唯物的思潮極盛。一般學者，極端歡迎。究其興起的原因，計有兩種。（一）因反抗赫格爾Hegel思辨哲學的跋扈。（二）是從心身關係上得有新觀察新實驗的影響。

德意志十九世紀的新唯物論，和十八世紀的舊唯物論不同。其主要之點，就是曉得認識論上的理由 這認識論，確是維持唯物論的見解所不可少的工具。

佛格特 Vogt 曾說，思想的界限和經驗的界限，是相應的，是一致的。斷不能越界逾限，而別有所思索。又說，腦髓是精神作用的機關。精神和腦髓的關係，猶同胆汁和肝臟一樣，也同便溺和腎臟一般。都不過是一種細胞的作用。莫雷勺德 Moleschott 說，宇宙萬物，都是依賴其各機關而存在。自己存在的物，（thing in itself）和吾人所見的物（thing for us）並無何等差別。物性刺激吾人感官，使盡知物情，則物的眞髓爲吾所得，吾的知識自爲完全的了 他又說，思想，不過是腦髓的運動。當其呈顯作用的時候，一定要經過若干時間 證之心理實驗，便可明白了。

彼希內 Buechner說，勢力和物質，猶同精神和身體，乃同一實在的兩面。而此種實在，究係何物，非吾人所得而知的。他這種見解，是純粹的一元論。他又說，物質的存在，先於精神。精神的發生，必預想一個有機組織的存在。因爲物質，是物質力的寓所。也精神力的宿舍。精神是腦髓全體作用之綜合的表現。猶同呼吸爲呼吸機關全體作用之綜合的表現一樣。至於神經細胞，何以能生感覺和意識。其理雖不易明曉。然腦髓的細胞爲分泌思想的機械，是斷不容疑的。

錯爾彼（z）be（1819—1873）說，感覺作用和物質作用，乃是同類的運動。當刺激從外界發來的時候，藉感官和神經以傳達於腦髓。其間並沒有性質上的變化，感覺意識，既和運動爲一。那末，運動也必和感覺意識爲一。所以運動之所在，必有意識。可以曉然了。

韋伯威 Ueberweg 的唯物論，其理論與衆稍異。因他專恃論理上演繹的推理，以建設他的學說。他說，我的觀念，就是現象界的物體。物體有廣袤，所以我的觀念也必有廣袤。而觀念時時在我的精神中起伏，所以精神也必因之而有廣袤。凡有廣袤者，皆屬物質。那末精神也自然是物質的了。以上都是近世德國的唯物論者所建立的學說。

唯物論者建立其學說的論據有三種如下？

a，方法論上的論據 methodological Argument —初民之世，文化未興，人類思想單簡，對於一切現象的解釋，都以爲是不可思議的神靈底安排。這實在是科學未有進步的緣故。及唯物論者先後輩出，以爲世間各種現象，都可用科學方法去解釋的。心體的假定，實形而上學上武斷的論調。這是注重經驗的唯物論者所極端否認的。

b. 機械論上的論據 mechanical Argument—近世以來，自然科學長足進步，其結果乃發現一種有力的原則。這原則，就是『宇宙勢力常住律』大宇宙內，上自諸種天體，下至大地形色，莫不由勢力的轉化而成 運動力變而爲熱力，熱力變而爲光力，光力變而爲電力。從形式上看，雖然變動不居，轉化無已。而其分量，則實在未嘗增減。這便是勢力常住律的意義。一切科學，沒有不適用於這種定律的。換言之，一切科學應用這種定律，在在皆通，并沒有什麼乖謬的地方。但要將此定律應用到精神作用上，則實不可能。因爲精神的活動，必賴諸身體各機關而表現。苟無身體，苟無機關，則所謂精神者，誰得而見呢。簡單說來，精神是有待於身體而現作用的。斷不是一個獨立自存的體。至於意志，原來也是物質的。倘意志不屬物質，又怎能爲筋肉伸縮的原因呢。所以精神的假定，是形而上學上的獨斷，和勢力常住律是決不相容的 豈其能

畢無方

爲形而上學的基礎麼。

c.宙論上的論據 Cosmological Argument ——人類寄跡大地，休養生息，世世遞承，順乎天則。自有始以來，就是如此。但追原厥始，大地本是一個極熱的火球。始而熱度過高，不適於有機體的生存。及地殼漸冷，地面上適於有機體生存的條件，亦逐漸全備。於是草木生焉，禽獸居焉，卒至人類發現，精神現象，也伴着有機體活動起來了。如此說來，精神的起源，既是伴著有機體的存在，那末，精神不能離身體而獨立，是無用疑的了。

以上三項，是唯物論家所依以建立其學說的根據。然反對方面，常有扯碎他們的論據，直指唯物論的弱點。那末，唯物論算不得完備無缺的學說，可以明矣。

（二） 唯心論

形而上學上的思想，有心物兩相反對的兩方面、就是唯心論和唯物論。由哲學史上看來，唯物先出，唯心後現。按諸人智發達的程序，物心先後，是自然的趨勢，是當然的事實。當人智未開的時候，祇知注意於外界的事實，對於內部的精神作用，實不暇顧及。

一到人智進步之後，注意力才由外界而移諸內界，才知道以精神上的事實，作研究的對象。於是唯心論乃漸漸成立了。茲分述歷來著名的唯心論者的學說如下。

（甲）柏拉圖 Plato 的唯心論

在西洋哲學的園地裏，初立唯心論的學者，實始於Plato。他的哲學，曾受過三方面的陶冶，又旁採餘論，綜納百家，以構成完美的系統。所謂三方面，就是（一）比薩哥拉斯 Pythagoras，（二）愛利亞Elea，（三）蘇格拉底 Socrates。Pythagoras 學派，以「數」Number 為萬物的本原。而對於宗教，則承認有天國。人死以後，靈魂即脫離軀體而出。生時行為良善的，其靈魂可上升天國，享自在的幸福。Plato 承受這種天國的思想，因以造成他的理想底觀念界。觀念界就是實體界，也就是理想的完美世界。Elea 學派認「有」Bieng 為萬物的本原。「有」的本體，是無始終的，無生滅的，唯一不二的，常住不變的。Plato 又承受了這「有」的思想，遂認為觀念界是常住不變的。至於以觀念界為實體界，且以善的觀念為萬物的極致，這都是從 Socrates 的思想中得來的。Socrates 厭棄物質，而趨重主觀，以致知為目的，以明德為標準。知識就是過德 Plato

畢無方

承之，將此種概念施於客觀的實在上，以造成觀念的世界。又Socrates主張道德爲究竟底目的。Plato因取其義。以立『善的觀念統攝一切觀念，而爲一切萬物底究竟目的』的學說。

（乙） 萊布尼茲Laibnitz的唯心論

古代的唯心論。始於柏拉圖而近世哲學之初Leibnitz實唯心論的主唱。他的哲學方法，是數學的。他以爲哲學猶同數學。當用演繹的研究法。從單簡推到複雜。由含混以通明晰。惟有數學方法最明確。他這種思想，完全從唯理派的Descartes來的。所以他主張，研究學問最要緊的一件事，就是遵守（同一律）Law（Principle）of cldentity和（矛盾律）Law（principle）of Contradiction。依此二律定出嚴明的界義，然後學有系統，理法一貫。他的哲學系統和他的根本主張。很能一致。舉其要者，不外由（實體）的界義裏，正引旁證。以顯示他的主義罷了。

實體的說法，本始於Descartes 。Descartes認實體爲（神）God。他說，什麼是實體呢實體就是不偏不倚，永世常存的本體。也就是不依賴他體而爲他體所依賴的自存底體此種實體，名曰（神）他所說的他體，就是精神和物質。精神和物質，是賴神而有的若沒有神，則精神和物質都歸於無有。而神則獨立自存，無待於他，神既是常存永有的，那末，精神和物質。也是繩繩繼繼。綿綿不斷的呈獻着。Spinoza承Descartes之後，否定Descartes的混含說法，而以神為唯一的實體 他說，神就是實體，就是自存自知的體。並不假他體而存在。所謂精神，所謂物質，不過是神的兩種屬性而已。及至Laibnitz 他的（實體）界義，和Descartes的說法，無甚出入。所不同處，只是（一）與（多）的問題罷了。Descartes認實體為一，而Laibnitz則說實體為多，為無量數。他的Monad（譯為靈子，或元子，或元點，或元力，）就是說明這種貨體的。他說Monad是獨立自存的實體的單位。並說，凡為自存的實體，必具有根本的活動力。Monad有自動的作用，所以Monad是自存的實體 而自動作用，也就是Monad的精髓。

Monad 之為體，既沒有形氣，又沒有廣袤 既不可見，又不可分 雖然普通譯為元子，但不是科學上所說的元子。科學上的元子，是現象界的元子。而Monad 却為形而上學上的元點。

畢無方

Monad是宇宙的縮影，所以表現宇宙的全體的。無數的Monad，形成大宇宙。而每一個Monad，却又是一個小宇宙 換句話說，大宇宙是Monad的展開，而Monad却又是宇宙全體的縮小。再從Monad的活動上說。牠的活動，就是思察的意味。那末，Monad活動的發展，也就是思察的發展了。而所謂發展，是什麼呢。就是從不明晰的觀念情狀，活動進行，以達到觀念明晰的情狀。但其活動發展的時候，差別橫生：等類不齊，其原因在Monad中根本具有（進行）和（抑制）的兩種力。這兩種力。具於一切Monad之中，惟神能超越自在，所以Leibnitz又於無量數的Monad之上，立一個最高的Monad爲神。因爲有神爲一切Monad的原因，所以Monad獨立自展，初時雖有異同，而終能密合無間。自思想上說。monad從無始以來，就存在神的心裏故也

我們現在既然知道萬物的生成，概爲monad的聚合。而monad既沒有廣袤，又不可分割。宇宙之內，盡充滿了monad。那末，空間（space）的觀念，緣何而有呢。在這一點Leibnitz說的很清楚。他說，空間是吾人主觀的心理構成的，並不是外界實有的體。總之，無論是空間，無論是空間的一切運動，都是吾人主觀上的現象罷了。以上是Leibnitz的唯心論。

（丙） 柏克來Berkeley（1685—1753）的唯心論

自英國的洛克Locke著有人間悟性論（Theory of the Human Undnrstaoding），作了認識論的開祖 Perkeley繼承其後，便依認識論爲出發點，以建立他的唯心論。這是他和別的唯心論者不同的地方。他把洛氏的學說力加糾正，精益求精，實在値得說是（靑出於藍）了。當初洛氏討論物性的時候，認爲物的性質有兩種，就是第一性(Pr.mary gnalities)和第二性 (Secondary qualities）。廣袤，形狀，動靜，數量等性，屬於第一種而聲色，香味，寒暖等性，屬於第二種。第一性是一切物質所固有的，第二性却藏於感覺之中。 Berkeley 竟放心大膽底把這兩種性打倒了，認爲一切物性，並無一二的差別，乃都是我心裏的觀念。他說，物體的大小，距離的遠近，非視覺所能知曉的，牠的起源，是由觸覺所得的經驗和視覺相結合而成的。及其習之既久，習慣一成，則一開眼就能如曉了。如此說來，那大小遠近等性，既是視觸感覺間相互的關係，則其沒有客觀上的存在，便可曉然了。

畢無方

Berke'ey又否定實體的存在說一切物類都不外 其具有性質的結合體而 一切性質都是觀念所以一切物類又不外是觀念的集合體罷了但他所否認的實體是專指着物質的實體而說的論到精神方面則是本來具足天然存在就是于觀念以外另有一種思維觀念的體我們所思維的是觀念而思維的作用是意志意志是能動的以其能動所以能存在精神是活動的所以精神是能存在的森羅萬象全是觀念的結合體苟非觀念的物體則不能存在吾人所以有外界的觀念因爲有外界的事實作原因而這外界的原因必是兼具智慮和意志的精神因爲不具意志就不會活動不具智慮便不能給人以觀念這外界的原因就是全知全能的精神那末宇宙萬物全是神所賦與我們的觀念便了無疑義了神的活動是有規律的所以自然界雖然複雜到萬分我們都相信有神在那兒管理牠安排牠決不至凌亂無序的

又是人心中所具有的觀念原來就是神的心裏所永存的觀念假使吾人的心失了存在以及有生之類皆失其心而那宇宙萬物依然毫無所損其所以無所損都是神的力量給牠維持的所以Berkeley主張結束起來說就是眞實的存在只有神和人的心神是無限的精神而人心乃有限的精神這是他的很鮮明的唯心論

（丁）費希特 Fichte 的唯心論

Fihcte 的哲學以「我」Self or ego 的研究爲出發點但費氏所研究的「我」不是研究我之爲何物是研究「我」之何所事換句話說就是不討論「我」的實體是專論「我」的行爲他以爲吾人遇事必先思維自己而後能思維對象其理自明　那自行思維就是「我」的最根本的行爲純粹的自己並不是靜的事實乃是動的行爲而這種行爲的意識就是知的直覺因此「我」立「我」的第一原理便已成立了「我」的本質固在於立「我」爲實在但是經驗的意識之事實裏面除去「我」的思維以外還有和我的思維正相反對的行爲因此又有「非我」反對「我」的第二原理成立了又「我」和「非我」都在「我」的當中互相限制於是「我」之中立分割的「非我」以和分割的「我」相對的第三原理又成立了總起費氏的見解來看他所說的「我」是一種純粹活動而無實體的當沒有活動的時候本沒有「我」的實在我的實在乃是活動的結果離開活動便尋不出「我」的實在他這樣肯定「活動的自我」底唯心思想影響到德國的社會上有很偉大的勢力

（戊）叔本華 Schodehauer 的唯心論

畢無方

叔本華的思想大部分是出自康德 Kant 他論宇宙是從表象和意志兩方面立言的他說吾人直接所得到的表相屬於感覺其能認識宇宙於客觀的存在則屬于悟性悟性的作用是無意識的就是直覺Intuition 的發生處時間空間和因果法都是認識力的條件而這些條件全是先天所固有並無待於經驗的因此世界的存在實由於吾人的認識力而世界的內容乃是表象的團結體雖然如此但是表象的世界乃祇就其存在的外面來說不免還漏了內面究竟表象之所以表現其內在的原因如何是不得不結合內外兩方的經驗以抉其底蘊了因此便有意志的討論

意志是人的本質但同時亦現於物質之中人和世界的本質都是一樣的所以世界也是以意志爲本質意志和認識是兩種不同的事件就是意志超絕乎理由的法則而認識是遵循理由的法則去進行的意志是常住不變的而認識是有始終有變化的意志就是衝動就是努力一切的感情和情緒概是意志的表現而知識之有進步意識之有連絡也都是意志做主使所以人格的統一乃統一於意志而非統一於意識云

叔氏既說意志統一了人格又有意志統一了宇宙的說法也就是把意志的概念擴充到客觀的

自然界他以爲自然力和意志實爲同一作用那一切的自然力都不外是自然界裏純一的意志底形相吾人日常所能認識的形相就是自然界的物質歸結起來說意志是絕對的實在牠是站在物質和精神兩界之中以爲究竟底本源的當牠很沈靜的時候我們止能從理性上去體會牠及其發爲表象之時能給吾人以感官的接觸便變成了物質所以精神和物質是一種東西不過精神有思慮而物質則沒有這算是牠們的差異但是這種差異又祇是程度上的差異而程度上的差異又祇限於現象的範圍至於論到現象背面的本源便是同而無異的

（巳）洛茲 Lotze 的唯心論

Lotze 本是現代唯心論的大哲他說『形而上學以研究宇宙的實在爲目的』至於這宇宙的實在怎樣能去了知呢他說『自然科學所求得的法則所考得的原素都不足以了澈宇宙的義意必須於自然的機械作用以外兼知機械作用所欲達的目的以及世界進化所現的價值然終算得眞知宇宙所以研究科學於機械的見解以外不可沒有目的底見解

洛氏的形而上學是從一存在的分析上出發他說『昔日柏克來 Berkeley 主張的存在因於人類的知覺和黑爾巴特 Herbart 主張物的存在由於獨立自存都不是恰當的說法』他的

意思以爲物體存在是與他物發生相互的關係物性是變易的而存在則永無變易當一種物性有變易時別種物性常常和他相應起同樣的作用但物性的平衡却永無變易若人對於客觀物體上所能認識的不過這種相爲關係的運動和反動罷了所以吾人不得不承認一種涵容一切至高無上的統一以爲萬物的根源以爲存在的基礎這個統一就是精神這個個的精神也就是萊布尼茲 Leilrity 所說的 monad morad 直接涵容在實體（絕對的精神）裏面因此 monad 和 monad 之間便有了相互的關係。而這種形而上學上所立的絕對實體也就是宗教上人格的上帝

以上所說的是將哲學史上著名的唯心論者的見解略事述說唯心論的幽深玄遠實超乎唯物論之上但其見解之偏頗却和唯物論站在平輩的地位平心而論物質和精神是兩相對待唯的物是客觀的具體的心是主觀的抽象的二者有相互的關係怎能夠廢呢

第三節　機械論和目的論

（一）機械論

物論者的機械論　依自然界勢所必至的因果關係認爲表現底普遍原理的就叫着機械論

機械論和唯物論兩家的關係很密切凡是主張唯物的學者多半是提倡機械主義試看希臘元子論的陸西頗斯 Leucippus 和德摩克利徒斯Democritus 便可曉然他們一方爲唯物論的老將一方又是機械論的先驅

Democritus 說宇宙的根原本是些充實而不可分割的元子元子自身具有活動力且有極輕微的重量故能從無始以來就在無限的空間中活動但其活動是必至的事實是循着機械的因果關係以爲生滅的別無目的之可言

霍布士 Hobbes 也是一個機械論的學者他說一切存在都是有形的體一切現象都是有形的體底運動而物體的運動實由於機械的必然的因果關係以起因此可知哲學分內的事就是觀察物體的運動以根據現象的原因再根據所求得的原因以說明現象之如何發生罷了

十八世紀的法蘭西唯物哲學盛行當時有何巴其 Holbach 著了一部自然之系統（System of nature）一的傳誦尊如聖經書中大意主張機械論他說宇宙萬物運行不息此爲彼因彼爲此果彼爲此因此爲彼果綿綿續續沒有終極而萬物的運行及其保持自體的存在一

畢無方

概是因果關係初無目的可言也沒有什麼善惡之可評。世人妄認爲有目的有秩序且有善惡的形相全是主觀的妄測假想並非自然界所固有的

一元論者的機械論　唯物論者固然多倡機械論而機械論者則未必主張唯物論例如一元論的代表斯賓諾莎Spinoza他也是機械論的重要代表他以爲一切事物都有他的原因就是由一觀念作根據引申推論使一事的存在逃不出必然的軌律則此一事就是某種原因之所生所以原因和結果的關係猶同理由與結論他又主張神是萬物的原因和這種意義也是相同的他主張神爲原因底意　並非是神能運用自由意志以創造萬物簡直的說就是既有這神就不得說明不有萬物他又說自然界一切現象必須藉著物體的運動去說明欲依物體運動去就不得不應用機械的方法了若論到目的論一方面不能不說是陷於推己及物的謬誤果照目的論所說以爲準那末神就算不得完全圓滿的實體了就是神既具有目的當他未曾達到目的以前不算是完全必須目的既達纔算得圓滿

（二）目的論

柏拉圖 Plato 的目的論　目的論者以宇宙萬象都趨向於一定的目的爲主張在西洋哲學史

上主張純粹目的論底人本不多見大多數是採用目的論爲主要的普通原理另外再承認因果關係以爲附屬的原理例如 Plato 的目的論就是這樣

柏氏主張觀念是眞實的現象是虛妄的舉個例來說觀念可比着形聲而現象則比着影響形是影的原因聲爲響的原因觀念也就是現象的原因而柏氏所說的原因就是最後的目的也就是美善的理想也就是萬物的極致又因爲觀念是萬事萬物最後的目的所以是常住的却在現象界裏現其形相而現象界的各個體因各志於目的底追求所以生滅變化是不常住的雖然個體生滅變化不能常住 但其生滅變化的途程總逃不掉因果的 關係以作自由的行動

亞利斯多德 Aristotle 的目的論 亞氏的思想和 Plato 差不多他以爲自然界的變動可分作兩方面去看一方面是空間的運動純粹服從了機械的因果關係一方面却又具有目的的以爲變動他曾把宇宙間萬事萬物之所以變動分做四種原因如下

（一）質料因 material cause

（二）形相因 Formal cause

畢無方

（三）動力因Effieient cause

（四）目的因　Final cause

以上這四種原因可以就築室來作例證（一）磚瓦木材是質料因（二）計畫圖案是形相因（三）工匠動作是動力因（四）工竣室成是目的因所以一室成功必須具有這四種原因推之一切事物莫不如此但四因之中其後三因（形相因動力因目的因）實是一因就是形相因室的形相和室已成形的目的本是一件事情而築室的動力又因築室的目的而起實在也難截然劃分那末一室之成雖有四因約而言之不過形質二因而已形相因之中含有目的因可說形相因也就是目的因依此例看去世界萬物的生長變化總不外乎形相和質料的關係引申說來就是萬物因欲表現他所涵容的形相纔有變動的現象故萬物的變動當莫不具有一種目的這便Aristotle的目的論

康德Kant的目的論　康氏本是調和大陸海洋兩派的哲學家在西洋哲學史上取批評的經驗的態度去分析目的底觀念以應用於一切自然的現象上他實在占有了第一把交椅他說目的底適合性有兩種一種是主觀的目的適合性一種是客觀的目的適合性所謂主觀

的目的適合性是指着事物能適合於吾人的了悟所謂客觀的目的適合性是一切事物各盡其分而各適其性從主觀的目的適合性以下去觀察名曰審美上的判斷（Aestheto judgment）由客觀的目的適合性以下觀察則名曰目的上的判斷（Teleologieal judgment）康氏第三批評（判斷力的批評Critique of Judgment）就是研究這兩種判斷的原理的

生物在客觀界裏最能表現那目的適合的關係因爲生物身體的各機關以及各機關的作用今是用以保存一已的身體和繁衍子孫的所以生物之成可以說是成於目的而生物的說明除以機械的關係以外便不得不借助於目的上的關係了生物既是成於目的那末推廣起來宇宙全體當然也是一個有目的底體系這宇宙的目的便是道德

目的這個名詞是指導的意思（regulation）不是構成的意思（constitution）學者須先明瞭終種意思這能曉得目的論和機械論是互相調和的是互爲補助的決不是衝突的